TOMO UNO

Mensajes para edificar a los CREYENTES NUEVOS

WATCHMAN NEE

Living Stream Ministry
Anaheim, California • www.lsm.org

Primera edición: febrero del 2007.

ISBN 0-7363-3076-3
(juego de 3 tomos)
ISBN 0-7363-3077-1
(mensajes 1-17)

Traducido del inglés
Título original: *Messages for Building Up New Believers*
(Spanish Translation)

Publicado por
Living Stream Ministry
2431 W. La Palma Ave., Anaheim, CA 92801 U.S.A.
P. O. Box 2121, Anaheim, CA 92814 U.S.A.

Impreso en los Estados Unidos de América

07   08   09   10   11   12   /   9   8   7   6   5   4   3   2   1

CONTENIDO

PREFACIO

En 1948, una vez reanudado su ministerio, Watchman Nee conversó, en numerosas ocasiones, con los hermanos acerca de la urgente necesidad de suministrar a los creyentes una educación espiritual apropiada. Él deseaba que tuviéramos como meta proveer las enseñanzas más básicas a todos los hermanos y hermanas de la iglesia, a fin de que tengan un fundamento sólido en lo que respecta a las verdades bíblicas, y manifestar así el mismo testimonio en todas las iglesias. Los tres tomos de *Mensajes para edificar a los creyentes nuevos* contienen cincuenta y cuatro lecciones que el hermano Watchman Nee impartió durante su entrenamiento para obreros en Kuling. Estos mensajes son de un contenido muy rico y abarcan todos los temas pertinentes. Las verdades tratadas en ellos son fundamentales y muy importantes. Watchman Nee deseaba que todas las iglesias locales utilizaran estas lecciones para edificar a sus nuevos creyentes y que las terminaran en el curso de un año y, luego que las mismas lecciones se repitiesen año tras año.

Cuatro de las cincuenta y cuatro lecciones aparecen como apéndices al final del tercer tomo. Si bien estos cuatro mensajes fueron dados por Watchman Nee en el monte Kuling como parte de la serie de mensajes para los nuevos creyentes, ellos no se incluyeron en la publicación original. Ahora, hemos optado por incluir esos mensajes como apéndices al final de la presente colección. Además de estos cuatro mensajes, al comienzo del primer tomo presentamos un mensaje que dio Watchman Nee en una reunión de colaboradores en julio de 1950 acerca de las reuniones que edifican a los nuevos creyentes, en donde presentó la importancia que reviste esta clase de entrenamientos, los temas principales que se deberán tratar y algunas sugerencias de carácter práctico.

ACERCA DE LAS REUNIONES PARA EDIFICAR A LOS CREYENTES NUEVOS

ACERCA DE LAS REUNIONES
PARA EDIFICAR A LOS CREYENTES NUEVOS

*(Una conversación con los colaboradores
sostenida el 12 de julio de 1950)*

LA IMPORTANCIA DE EDIFICAR
A LOS CREYENTES NUEVOS

Uno

Al inicio de su vida cristiana se le debe enseñar enfáticamente a todo nuevo creyente a no confiar en sí mismo. Supongamos que un hermano es salvo a los cuarenta años de edad. Durante esos cuarenta años, esta persona vivió en el mundo, desperdició sus días en pecado, siguió las costumbres de esta era, y Satanás lo tenía atado. Durante esos cuarenta años de su vida, tal persona vivió conforme a su propia manera de ser y se condujo en conformidad con sus propios conceptos, sentimientos e ideas. Ahora que es salva, esta persona ya no debe tener ninguna confianza en sí misma. Debería, más bien, desconfiar mucho de sí misma.

Los cristianos tenemos ciertas normas, que son los estándares para llevar la vida cristiana, los ideales cristianos y los conceptos cristianos. Quienes desconocen tales normas no conocen lo que significa ser perfeccionados. Ellos, con arrogancia, se jactan de sí mismos y tienden a sentirse satisfechos consigo mismos y a confiar en sí mismos; puesto que desconocen esas normas, confunden lo erróneo con lo correcto y viceversa. Únicamente los que han aprendido las lecciones de la vida cristiana y conocen las normas que ésta supone, podrán decirles a los demás lo que no deben hacer y lo que no deben decir. Solamente ellos podrán distinguir entre lo correcto y lo incorrecto. La edificación de los nuevos creyentes consiste en enseñarles

esas normas de la vida cristiana a fin de que puedan condu-
cirse conforme a ellas.

Dos

Lo primero que un nuevo creyente necesita hacer es anular
total y completamente su pasado. ¿Por qué dijo el Señor: "De
cierto os digo, que si no os volvéis y os hacéis como niños, jamás
entraréis en el reino de los cielos" (Mt. 18:3)? Esto significa
que nuestra pasada manera de vivir era errónea; vivíamos en
vanidad, y aquellos días no contaban para nada. Por ello, es
necesario que todos nosotros tengamos un nuevo comienzo.
La regeneración, de la cual se habla en el capítulo 3 de Juan,
nos muestra la necesidad de tener una *nueva vida*, mientras que
volvernos y hacernos como niños, que se menciona en Mateo 18,
nos muestra la necesidad de anular nuestra pasada manera
de vivir. Así pues, todo cuanto pertenece al pasado deberá ser
demolido y desarraigado. El perfeccionamiento de un nuevo
creyente consiste en derribar, uno a uno, todo elemento perte-
neciente a su pasado. Perfeccionar a una persona que ha sido
salva a los cuarenta años de edad significa derribar completamente todo lo que ha adquirido durante los previos cuarenta
años de su vida. Son muchos los que se arrepienten de sus
pecados, mas no de lo que son ellos mismos. Nosotros no estamos tratando de poner vida en lo que está muerto, sino que
nosotros hemos pasado de muerte a vida. Así, la edificación
de un nuevo creyente consiste en identificar aquello con respecto de lo cual se deben tomar medidas, aquellas cosas que se
deben eliminar, y las cosas que necesitan ser añadidas. Todo
deberá ser juzgado de acuerdo con las normas bíblicas. Si algo
no pasa la prueba de estas normas; es decir, si la manera en la
que una persona se conduce sigue basada en sus experiencias
pasadas, sus viejos hábitos o sus antiguos conceptos; entonces, tal persona está viviendo en grotesco error. En cuanto
alguien cree en el Señor, tiene que abandonar todos y cada
uno de sus antiguos conceptos. La regeneración le otorga
nueva vida al hombre, mientras que al volverse como un niño,
derrumba su vida pasada. En cuanto a la edificación de un
nuevo creyente, en el aspecto negativo, ésta consiste en derribar todo cuanto él ha adquirido en el pasado; en el aspecto

positivo, consiste en tener un nuevo comienzo, que le permitirá llevar una nueva manera de vivir.

Si un nuevo creyente no elimina y destruye todo cuanto ha adquirido en el pasado, él tendrá muchos obstáculos en su andar cristiano. Las cosas que hizo en el pasado seguirán remordiéndole la conciencia, y todo cuanto reciba de parte del Señor llegará a ser una mera añadidura a lo que él ha adquirido en el pasado. El resultado será una mezcla de la vida del Señor con la vida pasada de esta persona. Probablemente, esta persona todavía se tenga en muy alta estima y hable a los demás acerca de su sinceridad, su paciencia, así como de sus muchos sufrimientos. Quizás esté llena de orgullo y, aun así, se comporte con mucha humildad. Quizás codicie la vanagloria y los tesoros terrenales, sin embargo, piensa que ella está por encima de toda ambición mundana y toda ganancia vil. Muchas hermanas tienen una manera de ser muy peculiar y les resulta muy difícil llevarse bien con los demás. Muchos creyentes que son padres tienen ciertas ideas muy extrañas acerca de sus hijos. Tales cristianos pueden seguir viviendo de esa manera, sin cambiar, por diez o veinte años; y es precisamente para no seguir este camino que un nuevo creyente debe desconfiar completamente de sí mismo desde el inicio mismo de su vida cristiana. Él debe poner en tela de juicio todo cuanto procede de su pasado; deberá abandonar sus antiguos conceptos, sus viejos hábitos, sus antiguas ideas y, en suma, deshacerse de todo cuanto sea viejo. El nuevo creyente deberá volverse como un niño y comenzar una nueva vida.

Tres

El bautismo implica sepultar todo lo que pertenece al pasado. Supongamos que una persona que tiene cincuenta años de edad es salva y está a punto de ser bautizada. Para tal persona, el bautismo no sólo debe significar que el Señor sepulta su antigua manera de vivir sino que, más específicamente, el Señor quita también todos y cada uno de los cincuenta años de su antigua existencia. Puesto que el pecado ha impregnado todo su ser, dicha persona está enferma en todo aspecto. Por lo tanto, todo tiene que ser sepultado en el agua, para que después resucite de la sepultura. Tal persona, inclusive, tiene que deshacerse de las ropas que vestía mientras estaba en la sepultura. El acto del bautismo debe revestir tal seriedad.

Cuatro

En el momento en que un hombre es salvo, sus conceptos con respecto a los valores que regían su vida deberán sufrir un cambio fundamental, ya que todos sus conceptos pasados en cuanto a los valores que regían su existencia eran erróneos. Así pues, perfeccionar a un nuevo creyente significará hacerle ver los errores y equivocaciones de su antiguo sistema de valores. Tal persona deberá ver algo nuevo, deberá tener una nueva concepción de los valores que rigen su vida. Todo lo que ella valoraba, ahora es considerado como basura. Todo lo que ella consideraba como ganancia, ahora es pérdida. Ya no le será posible desenvolverse con el mismo temperamento, ni utilizar el mismo vocabulario, y tanto sus vestidos como sus alimentos no podrán ser los mismos de antes. Ya no puede aferrarse a su antigua manera de entender su vida matrimonial y sexual; antes bien, deberá adquirir nuevos puntos de vista y nuevos conceptos acerca de la paternidad y la amistad. Ella deberá ser diferente incluso en cuanto a las distracciones o la carrera que elija para sí. Ahora todo es nuevo; por tanto, el nuevo creyente deberá tener un nuevo comienzo.

Cinco

Si lección tras lección entrenamos al nuevo creyente, y él derriba aquello que debe ser derribado y edifica lo que debe ser edificado, él se conformará cada vez más a la norma que corresponde a un cristiano normal.

ALGUNAS COSAS QUE DEBEMOS OBSERVAR DURANTE LAS SESIONES DE ENTRENAMIENTO

A fin de fortalecer las reuniones para edificar a los nuevos creyentes, primero tenemos que entrenar a los hermanos y hermanas para, después, poder encargarles el cuidado de los nuevos. Esperamos que ningún nuevo creyente evite entrar en este proceso. Aquellos que han sido debidamente entrenados para cuidar de los nuevos creyentes deberán prestar especial atención a lo siguiente:

(1) No confíen únicamente en los mensajes que hayan impartido. Animen a los demás a hacer preguntas. En 1 Corintios 14:35 se hace referencia a formular preguntas. Esto denota que las primeras iglesias daban a los santos plena libertad para hacer preguntas. Una reunión en la que no se permite hacer preguntas ciertamente resulta excesivamente formal. Quienes dirigen la reunión deben animar a la audiencia a hacer preguntas y a no quedarse callados si hay algo que no entendieron.

(2) Al contestar las preguntas, no trate de quedar bien a expensas de la verdad. Si usted sabe la respuesta, dígalo, y si no lo sabe, admítalo.

(3) Todos los que dirigen esta clase de reuniones deberán preguntarse si están representándose a ellos mismos o a la verdad. Todos ellos deben ser representantes de la verdad; ninguno de ellos debe actuar como representante de sus propios sentimientos o de su propia manera de ser; sino que todos deben manifestar la verdad. Ninguno de ellos debe expresar sus propias opiniones. Por ejemplo, con respecto a la práctica de cubrirse la cabeza, es posible que uno de los que dirige la reunión no entienda todos los aspectos de esta verdad; aun así, él no debe decirle a los demás que esta práctica es opcional. Las verdades divinas son absolutas, y todos debemos hablar una misma cosa. Si nuestras trompetas dan un sonido incierto, pelearemos la batalla con incertidumbre. Incluso si alguno está en desacuerdo, aun así, debe expresarse únicamente por medio de sugerencias constructivas, nunca por medio de críticas negativas.

(4) Todos los que dirigen estas reuniones deberán comprender desde el inicio de las mismas que su papel consiste en ser únicamente un canal por medio del cual la palabra de Dios es divulgada y que no son ni amos ni maestros. Así pues, ellos deberán asumir una posición inferior: la de uno que conversa con otro hermano de la misma posición. Jamás deben tener la actitud de ser uno que ocupa una posición superior y que le está enseñando a otro que ocupa una posición inferior.

Nadie puede desempeñar el papel de maestro. Todos deben tomar la posición que le corresponde a un mensajero.

ASPECTOS PRÁCTICOS
QUE SE DEBEN TENER EN CONSIDERACIÓN

Puesto que edificar a los nuevos creyentes es en sí un adiestramiento básico, es de esperar que todas las iglesias locales tengan esta clase de reuniones, es decir, reuniones para edificar a los nuevos creyentes. Permítanme ahora presentarles algunos aspectos prácticos que hay que tener en consideración.

Quién puede ser considerado como nuevo creyente

Apenas un pecador crea en el Señor y sea bautizado, es un nuevo creyente. A partir de la semana en que ha sido bautizado, deberá participar de la reunión para los nuevos creyentes. Después de un año, habrá escuchado la mayor parte de lo que necesita escuchar y habrá aprendido la mayoría de cosas que debe aprender. Sólo entonces podemos afirmar que este creyente ha recibido el adiestramiento básico. Y de allí en adelante podemos esperar que tal persona sea edificada de una manera más avanzada y profunda.

Tan pronto un pecador crea en el Señor él debe asistir a la reunión para nuevos creyentes independientemente de cuán avanzada sea su edad, de cuánta educación haya recibido, de cuán alta sea la posición que ocupe en la sociedad o de cuánta experiencia haya acumulado en el mundo. Si su pasado no es derribado, le será difícil vivir apropiadamente la vida cristiana. Por tanto, cuando alguien haya creído en el Señor y haya sido bautizado, sin importar quién sea, tenemos que tratarlo como un nuevo creyente e invitarle a participar de las reuniones para nuevos creyentes.

Aquellos que nunca han recibido esta clase de adiestramiento básico, aun cuando hayan sido creyentes por muchos años, también pueden participar de las reuniones para nuevos creyentes si así lo desean. Estas reuniones tienen como propósito derribar lo viejo y edificar lo nuevo. No se trata de cuántos años una persona haya sido un creyente, sino cuanto de su pasado ha sido derribado desde que se convirtió. Conozco un hermano que, en toda su vida, nunca ha confesado sus pecados a nadie y, sin embargo, ¡ahora él es un hermano a quien se le ha encargado ciertas responsabilidades! No importa por cuántos años él haya sido un cristiano; en lo que a su experiencia espiritual concierne, necesita un nuevo comienzo y debe asistir a las reuniones para nuevos creyentes.

Los días en los que debemos celebrar las reuniones para nuevos creyentes

Al hacer los preparativos que demandan esta clase de reuniones, todas las iglesias deberían esforzarse al máximo en dedicar ya sea el miércoles o el jueves. Ya sea que se involucre a muchos o apenas a unos cuantos, a toda la congregación o a un solo pequeño grupo, dicha reunión debería celebrarse en un miércoles o jueves de cada semana. Siempre que un nuevo creyente vaya a otra localidad en la que hay una iglesia, a él le debería ser posible participar de inmediato en esta clase de reuniones y no perderse ninguna lección.

Reuniones de entrenamiento

Entrenamientos periódicos intensivos

Estos entrenamientos de corto plazo deben ser conducidos por un hermano (tal vez uno de los colaboradores). Para ello él debe reunir a los hermanos de un distrito o una región que tengan la capacidad de ministrar la palabra. Todos estos entrenamientos breves deberán abarcar de diez a veinte lecciones. Después de celebrar dos o tres entrenamientos como estos, se habrán cubierto todas las materias. Así, cuando los hermanos retornen a sus respectivas localidades, ellos podrán asumir la responsabilidad de enseñar en las reuniones para nuevos creyentes de su localidad.

Entrenamientos semanales por localidad

En una ciudad como Shanghái hay muchos nuevos creyentes. Si los dividimos en varios grupos de doce, necesitaríamos más de cien hermanos responsables a fin de entrenarlos a ellos primero. Para resolver este problema, podríamos pedirle a un hermano que se encargue de reunir, una vez por semana, a los hermanos que dirigen las reuniones para nuevos creyentes a fin de adiestrarlos. Por un lado, ellos podrían conversar acerca de los problemas que enfrentaron durante la semana así como los errores que cometieron; por otro, podrían estudiar los temas que deben tratar la siguiente semana. El mejor día para hacer esto es el viernes. Si el viernes no es el día más indicado, debería realizarse a más tardar el lunes. Esto les daría a tales hermanos un mínimo de tres a siete días para preparar sus lecciones y para concentrarse en los temas principales de los mensajes correspondientes.

Los libros de lecciones y los cuadernos

Si durante las sesiones de adiestramiento, un nuevo alumno no tiene el libro que se está estudiando, tendrá que tomar notas, pero si tiene el libro, debe leer la lección cuidadosamente. Si se encuentra con algo que no comprende, él debe hacer la pregunta correspondiente, y todos los demás juntos deberán examinarla. Ellos deben preguntarse cuál es el tema central de la lección, cuántas secciones tiene y cuáles son los principales asuntos que se tratan en cada sección, así como cuáles son las palabras cruciales y las enseñanzas más importantes de cada sección. Deben identificar cuáles son las cosas que deben ser eliminadas y cuáles las que deben ser edificadas. Ellos deben estudiar la lección sección por sección y hacer preguntas mientras escuchan la exposición de la misma. Después, el jueves siguiente deberán ir a sus respectivas clases y conducir sus propias reuniones.

Alcanzar los objetivos propuestos

Al impartir una lección, la meta principal no consiste en ayudar a los nuevos creyentes a comprender más doctrinas sino en formarlos. Debemos prestar especial atención a las áreas respecto de las cuales ellos requieren ser "tallados", o sea, que ellos deben saber qué es lo que debe ser derribado y qué es lo que debe ser añadido en ellos. Estas lecciones deben servir como herramientas para la edificación de los creyentes y deben contribuir a hacer de ellas personas nuevas. Por supuesto, a fin de lograr el objetivo deseado, los hermanos encargados de dirigir tales reuniones deberán tener las experiencias de ciertas áreas respecto de las cuales ellos mismos están hablando. De otro modo, no podrán hablar con autenticidad, y lo que digan solamente serán palabras vanas que no tienen ningún impacto. Todos los encargados de dirigir una reunión para nuevos creyentes, deberán considerar detenidamente este asunto.

Dividir a los creyentes asignándoles a distintas clases

Si en una iglesia no hay muchos creyentes nuevos, o si no hay suficientes hermanos para dar los mensajes, no habrá necesidad de dividir a los nuevos creyentes asignándoles a distintas clases. En tales casos, deberá ser una sola persona la que asuma la responsabilidad de enseñar estas lecciones y de conducir la subsiguiente sesión de preguntas y respuestas una semana tras otra. Pero si en una iglesia son muchos los nuevos creyentes, habrá que dividirlos en clases más reducidas y adiestrarlos por separado. Las clases podrían ser conformadas por orden geográfico o nivel intelectual y tomando en cuenta las necesidades de orden práctico que puedan existir en una determinada localidad. Si hay un número adecuado de hermanos responsables, las clases podrían variar desde algunos grupos muy pequeños hasta grupos de doce o más. Al dividirlos en las clases, debemos tener en cuenta los siguientes puntos:

Prestar atención a los estudiantes

Supongamos que una determinada clase tiene en común un nivel de educación superior; entonces se deberá asignar a los hermanos más preparados para enseñar a dicha clase de estudiantes. Si otra clase está conformada por personas de un nivel de educación inferior, los encargados de dicha clase deberán ser los que tienen mas experiencia en enseñar las verdades bíblicas de una manera simple. Una vez que tengamos a los maestros apropiados con los estudiantes apropiados, a los hermanos encargados no les será muy difícil enseñar y la audiencia será edificada.

Si no se usa el libro de lecciones

En algunos lugares, únicamente los que dirigen las reuniones poseen un libro de lecciones. En este caso, todos los que están en la audiencia deberán llevar consigo un cuaderno para anotar los puntos más importantes presentados así como el tema central de cada sección. En algunas clases, los nuevos creyentes tal vez sean analfabetos o casi analfabetos. En tales circunstancias, no hay necesidad de distribuir los libros. Más bien, los encargados de dirigir la reunión deberán escoger por lo menos uno de los versículos más cruciales y leérselo a la audiencia una y otra vez. Deberán pedir a la audiencia que repita el versículo después de ellos. Entonces, deberán explicarles los puntos más importantes de la lección. Finalmente, deberán preguntar a los asistentes si entendieron la lección y darles la oportunidad de hacer preguntas.

Si se utiliza el libro de lecciones

En aquellos lugares en los que se usa el libro de lecciones, a todos los asistentes se les deberá dar un ejemplar de dicho libro durante la reunión. Quien dirige la reunión deberá ayudar a los nuevos creyentes a leer al unísono la lección o a leerla por turnos parte por parte. Después, deberá hacerles preguntas a medida que avanza en su lección, y los oyentes también deben sentirse libres de hacer preguntas mientras lo escuchan. A veces, se les puede pedir a los oyentes que digan algo, pero su participación deberá ser breve. Esto hará que la reunión se torne más animada. Esfuércense al máximo por evitar dar discursos o sermones. Los que pueden tomar notas deberán preparar un cuaderno en el cual anoten los puntos más importantes que se hayan abordado durante la lección.

El tiempo

Todas las reuniones deben durar un máximo de una hora y media. La reunión no debe extenderse más.

Algunas cosas que debemos observar al hablar, al preguntar y al responder

Al hablar

Nuestras voces deben ser lo suficientemente audibles como para que todos nos oigan. No se desvíen del tema central, y los ejemplos y las historias usados deben concordar con el mismo. Lo mejor es hacer referencia a los puntos principales con claridad y en conformidad con el texto de la lección. No aprovechen la ocasión para hablar sobre lo que les gustaría hablar. No se vayan por las ramas. No den sermones, sino mezcle su hablar con preguntas.

Al preguntar

Las preguntas deben guardar relación con el tema de la lección y ceñirse a ello. No entren en temas que no vengan al caso. Por ejemplo, al hablar de "La salvación por medio de la fe y el bautismo", como parte de la lección acerca del bautismo, deberíamos hacer únicamente preguntas relacionadas a este aspecto de la salvación. No salten de este aspecto de la salvación a hablar, por ejemplo, de la salvación de nuestra alma y, de allí, a hablar sobre el reino y la diferencia entre participar del reino e ir al cielo. Si abarcamos un espectro muy amplio y las preguntas se apartan demasiado del tema, perderemos de vista el tema inicial y nuestro estudio al respecto será estéril.

Al responder

Las respuestas tienen que ser muy claras. Si las preguntas se alejan mucho del tema, podemos responder diciendo que nuestra prioridad es estudiar la lección misma y que podemos reservar las otras preguntas para una ocasión posterior. Por ejemplo, si alguno hace preguntas acerca de la salvación por medio de la gracia o sobre la salvación del alma cuando la lección que estamos impartiendo se refiere al bautismo, basta con responder simplemente que la salvación tiene diversos aspectos y que, para esta lección en particular, sólo nos interesa el significado general de la salvación.

Debemos verificar si la lección ha sido puesta en práctica o no

No teman repetir el mensaje. Es posible que un hombre escuche un mensaje este año y que el próximo año no lo recuerde, y si ustedes le preguntan al respecto en el tercer año, quizás todavía no haya puesto en práctica dicha lección. Nuestro propósito no es simplemente dar mensajes a los nuevos creyentes; sino, además, verificar con ellos si están poniendo en práctica lo que han escuchado. No debemos hablarles respecto de algo para que luego se olviden de ello. Por eso, debemos preguntarles si están poniendo en práctica lo que han oído o no. Por ejemplo, tal vez hayamos hablado acerca de madrugar; entonces, tenemos que verificar con ellos si están madrugando. Si les hemos hablado sobre la lectura de la Biblia, tenemos que verificar con ellos si están leyendo la Biblia o no. Si les hemos hablado acerca de la oración, tenemos que verificar con ellos si oran o no. Constantemente tenemos que exhortarles a que pongan en práctica lo aprendido, y verificar con ellos si así lo vienen haciendo hasta que concienzudamente, ellos comiencen a ponerlo en práctica y tomar las medidas correspondientes.

Clases de recuperación

Los que dirigen las reuniones tienen que determinar cuánto tiempo deberán dedicar a una determinada lección y por cuánto tiempo deberán detenerse en ella. Sin embargo, esperamos que las diferencias en cuanto al ritmo que lleva una u otra lección no sean muy grandes. Si algunos no han entendido algo o están muy atrasados, debemos organizar lecciones para que ellos se pongan al día. Estas lecciones de recuperación deben ser conducidas con la mayor seriedad, y debemos repasar minuciosamente aquellos temas que no supimos cubrir debidamente. Si no hacemos esto seriamente, no tendremos nada que impartir a los demás.

NECESITAMOS TENER UN ESPÍRITU FRESCO

Debemos impartir estas lecciones un año tras otro; ellas deben ser impartidas continuamente. Por tanto, los expositores tienen que aprender a mantenerse frescos en su espíritu. Las verdades serán las mismas aun después de diez años, pero el espíritu no puede permanecer igual. Si los que dirigen la reunión han aprendido a ejercitar su espíritu, y si poseen un espíritu fresco, podrán repetir una misma lección una y otra vez durante diez o veinte años. Si los demás han de ser afectados por nuestras palabras, es necesario que tales palabras, primero hayan afectado a nuestro espíritu. Debemos tener una percepción fresca en nuestro espíritu. Si nuestro espíritu se ha hecho viejo y solamente transmite enseñanzas, los demás recibirán ayuda únicamente en cuanto a la doctrina. Así, la doctrina llegará a convertirse en algo parecido a una oración del libro *La oración común,* que la gente repite durante algunos servicios cristianos semana tras semana. Pero si la Palabra ha sido tocada por nuestro espíritu, el hecho de repetir las mismas lecciones no representará problema alguno.

NECESITAMOS LA BENDICIÓN DEL SEÑOR

La vida cristiana es una vida que depende de la bendición del Señor. Si la bendición del Señor reposa sobre nosotros, aunque no le demos al blanco no erraremos por mucho, aun cuando los arreglos prácticos no hayan sido los más apropiados. Pero si la bendición del Señor no reposa sobre nosotros, no obtendremos buenos resultados, aun si todos los preparativos estuvieran perfectos. En algunos casos, el Señor persiste en darnos Su bendición aun cuando las circunstancias no son las ideales. En otros casos, es posible que la bendición del Señor esté ausente debido a un pequeño error. Un cristiano no debe procurar obtener que todo esté correcto externamente; sino, más bien, siempre debe estar buscando el camino de la bendición divina.

MENSAJES PARA EDIFICAR A LOS CREYENTES NUEVOS

(1)

CAPÍTULO UNO

EL BAUTISMO

Lectura bíblica: Mr. 16:16; Hch. 2:38; 22:16; 1 P. 3:20-21; Ro. 6:3-4; Col. 2:12

El bautismo es un tema muy destacado en la Biblia. Hay dos aspectos del bautismo que debemos entender claramente. Primero, antes de ser bautizados, necesitamos saber lo que el bautismo puede hacer por nosotros. En segundo lugar, después de ser bautizados, necesitamos mirar retrospectivamente y preguntarnos acerca del significado de nuestro bautismo. En el primer caso, el bautisterio y el agua están delante de nosotros. Cuando vamos a ser bautizados debemos preguntarnos: "¿Qué puede hacer el bautismo por mí?". Después de ser bautizados, tenemos que preguntarnos: "¿Qué significado tiene mi bautismo?". La primera observación se hace mirando hacia el futuro, y la segunda, mirando retrospectivamente. Aquella tiene que ver con lo que uno sabe antes de ser bautizado, mientras que la última, con el entendimiento que uno tiene después de ser bautizado.

I. LO QUE EL BAUTISMO
HACE POR UNA PERSONA

"El que crea y sea bautizado, será salvo; mas el que no crea, será condenado" (Mr. 16:16). Este versículo nos muestra lo que el bautismo hace por una persona.

A. El bautismo nos salva del mundo

"El que crea y sea bautizado, será salvo". Me parece que este versículo infunde cierto temor a todos los protestantes y, por ende, no se atreven a leerlo. Siempre que lo leen, lo cambian por: "El que crea y sea salvo, será bautizado". Pero eso no es lo que dice la Palabra del Señor. A fin de evitar el error del catolicismo, los protestantes deliberadamente dan rodeos al exponer la Palabra de Dios. Sin embargo, al tratar de evadir el error del catolicismo, ellos mismos caen en otro error. La Palabra del Señor es clara: "El que crea y sea bautizado, será salvo". El hombre no tiene autoridad para cambiarlo por: "El que crea y sea salvo será bautizado".

1. Ser salvo es ser liberado del mundo

Volvamos ahora nuestra atención al significado que la Biblia le atribuye a la palabra *salvación*. ¿De qué es salva una persona? Según la Biblia, las personas son salvas del mundo, no del infierno. Lo contrario a la vida eterna es la perdición, pero la Biblia no considera la salvación como lo contrario a la perdición. La Biblia nos muestra que la salvación es nuestra liberación del mundo. Mientras una persona forme parte del mundo, ya está destinada a la perdición eterna.

Consideremos ahora la condición del hombre delante de Dios. Hoy en día, no es necesario que los hombres hagan nada para merecer la perdición eterna. No es que yo esté destinado a la perdición eterna porque haya asesinado a alguien, o que seré salvo de la perdición eterna porque no he cometido ningún homicidio. El hecho es que el mundo entero está en camino de la perdición eterna. Y de entre todos aquellos que están destinados a perecer, Dios nos ha rescatado a nosotros y nos ha salvado. El mundo entero, corporativamente, está en camino de la perdición, pero Dios está salvando a los hombres individualmente, uno por uno. No es que Dios atrape a todos los peces del mar para después separar los buenos de los malos, destinando unos a la salvación y otros a la perdición eterna. No, sino que todos los peces del mar están en camino de la perdición eterna; pero aquellos que son atrapados por Dios son salvos, mientras que el resto permanece en el mar.

Por tanto, el asunto de la salvación y la perdición eterna no guarda relación alguna con el hecho de haber creído en Dios ni con lo buena que pueda ser nuestra conducta, sino que se relaciona con nuestra posición, es decir, con el lugar donde uno se encuentra. Si uno está en el barco, es salvo, pero si todavía permanece en el mar, habrá de perecer. Tal vez usted no haya hecho nada, pero en tanto que esté en el mundo, eso basta para que perezca. No importa si usted es bueno o malo, si es un caballero o un villano, ni si usted vive regido por su conciencia o no. Mientras forme parte del mundo, usted carecerá de toda esperanza. Si no ha salido de allí, está condenado ante Dios.

2. La salvación está relacionada con nuestra posición

Debido a que Adán pecó y llegó a ser un pecador, todos los hombres vinieron a ser pecadores. Hoy el hombre no necesita pecar para ser pecador porque todos han llegado a ser pecadores por el pecado de un solo hombre. Mas ahora, Dios nos ha salvado de entre muchos hombres. Si usted pertenece al mundo, entonces, independientemente de la clase de persona que usted sea, usted está en contra de Dios y es Su enemigo. Por tanto, usted está en la posición incorrecta, en virtud de la cual usted está destinado a perecer y está en camino de la perdición. Si usted todavía está en el mundo, está destinado a perecer.

La palabra *salvación* ha sido usada liberalmente entre nosotros y con mucha confusión. Existe una diferencia entre ser salvo y obtener la vida eterna. Obtener la vida eterna es un asunto personal, mientras que ser salvos no consiste sólo en recibir la vida eterna en el ámbito personal, sino que también implica salir de una entidad corporativa que está errada. Hermanos y hermanas, ¿ven claramente cuál es esta diferencia? Recibir la vida eterna es un asunto personal. Pero la salvación no es sólo un asunto personal, sino que además tiene que ver con la entidad colectiva a la que pertenecíamos anteriormente.

Por consiguiente, ser salvo significa salir de una entidad y entrar en otra. Recibir la vida eterna hace referencia a la entidad a la cual hemos ingresado, no a la entidad de la cual hemos salido. Pero la salvación incluye tanto la salida como la entrada. Así que, la esfera de la salvación es más amplia que la de recibir la vida eterna. Ser salvo incluye ser liberado del mundo, es decir, salir del mundo.

3. Cuatro hechos principales delante de Dios con respecto al mundo

La Biblia nos muestra cuatro hechos principales con respecto al mundo: (1) a los ojos de Dios, el mundo está condenado; (2) el mundo yace en el maligno; (3) el mundo crucificó al Señor Jesús; y (4) el mundo está en enemistad con Dios; es enemigo de Dios. Delante de Dios, estos son los cuatro hechos principales con respecto al mundo. Si una persona permanece en el mundo, ya está condenada y perecerá, sin importar cuál sea su conducta.

Recuerden que la salvación del hombre no se relaciona con su conducta. El hombre está errado debido a que su posición es la posición equivocada. Sabemos que no es fácil ser liberados del mundo. ¿Cómo puedo salir del mundo si aún me atrae? Sin embargo, cuando me doy cuenta de que el mundo está en una posición equivocada con respecto a Dios, tengo que abandonarlo, no importa cuán atractivo me parezca. Por tanto, la salvación no se relaciona simplemente con nuestra conducta personal. La entidad colectiva a la que pertenecemos está equivocada; necesitamos ser salvos de nuestra relación con el mundo y de nuestra posición en él.

Cuando los judíos trataron de deshacerse del Señor Jesús, clamaron: "¡Su sangre sea sobre nosotros, y sobre nuestros hijos!" (Mt. 27:25). Aunque nosotros no matamos al Señor Jesús personalmente, nuestros antepasados sí lo hicieron. Aunque nosotros no cometimos tal acto personalmente, sí lo hizo la entidad colectiva a la que pertenecemos. El cuerpo colectivo al que pertenecemos es enemigo de Dios y está condenado a perecer. Esto no tiene nada que ver con que hayamos errado o no personalmente. Espero que puedan ver que no solamente somos pecadores en el ámbito individual y como tales necesitamos ser salvos personalmente, sino que además pertenecemos a una colectividad errónea. El mundo al cual pertenecemos es enemigo de Dios. El mundo en el cual estamos está condenado por Dios. Necesitamos ser librados de la relación que tenemos con él y de nuestra posición en él.

4. Ser salvo es salir del mundo

¿En qué consiste la salvación? La salvación consiste en salir de cierta entidad colectiva; es una liberación de cierta posición y de ciertas relaciones. En otras palabras, significa salir del mundo. La mayoría de las personas presta mucha atención a su salvación personal, pero ahora, debemos preguntarnos: ¿De qué somos salvos? La salvación que se recalca en la Biblia se refiere a ser salvo del mundo, no del infierno. El mundo en su totalidad está condenado por Dios.

No cabe duda de que aquel que cree en el Señor Jesús tiene vida eterna. Hemos predicado esto por muchos años. Una vez que una persona cree en el Señor Jesús, tiene vida eterna y es salva para siempre. Todos sus problemas son resueltos. Pero recuerden que si una persona cree pero no es bautizada, todavía no es salva. De hecho, tal vez usted ha creído en el Señor y tiene vida eterna, pero a los ojos del mundo, ¿es usted salvo? Si usted no ha sido bautizado, no es salvo, ya que nadie sabe que usted es diferente. Usted tiene que tomar tal decisión y ser bautizado, declarando que ha puesto fin a su relación con el mundo. Solamente entonces será salvo.

5. Creer se relaciona con lo que necesita ser afirmado, mientras que el bautismo se relaciona con lo que debe ser negado

Entonces, ¿qué es el bautismo? El bautismo es una liberación. Creer se relaciona con lo que necesita ser afirmado, mientras que el bautismo se relaciona con lo que debe ser negado. El bautismo nos saca de una entidad colectiva. Muchas personas del mundo pueden decir que usted es uno de ellos. Pero en el momento en que usted es bautizado, verán que usted ha llegado a su fin. Aquel a quien ellos conocieron por años, ahora es salvo y se ha bautizado. La amistad que usted tenía con ellos ha terminado. Usted está en la tumba, pues ha llegado al fin de su curso. Usted ya sabe que tiene vida eterna, y ahora que es bautizado, es *salvo*. De ahora en adelante, todos saben que usted es del Señor, pues le pertenece.

"El que crea y sea bautizado, será salvo". Esto es cierto

porque cuando una persona cree y es bautizada, todos conocerán su posición. Si uno no cree, no tendrá la realidad interior correspondiente, y lo que haga no tendrá sentido, pues será un simple acto externo. Pero al creer se produce una realidad interior, y si uno da el siguiente paso, el paso del bautismo, se separará del mundo y su relación con éste llegará a su fin. El bautismo es una separación; nos separa de los demás.

"El que crea y sea bautizado, será salvo". Lo que dijo el Señor Jesús es muy claro. Además añade: "El que no crea, será condenado". No creer en el Señor es razón suficiente para que la persona sea condenada. En tanto que una persona pertenezca a esa entidad colectiva, su incredulidad es suficiente para condenarla. Pero aun si uno cree en el Señor, necesita de todos modos ser bautizado. Si no es bautizado, no ha hecho público su éxodo.

6. Algo asombroso en el mundo

Es asombrosa la actitud que el judaísmo, el hinduismo y el islamismo tienen hoy en día con respecto al bautismo.

Un judío que abrace la fe cristiana en secreto, no será perseguido. Muchos judíos creen en el relato histórico acerca del Señor Jesús. Su mayor dificultad no consiste en llegar a creer en Él, sino en ser bautizados. Una vez que son bautizados, son expulsados del judaísmo. Algunas hermanas, después de haber sido bautizadas, fueron envenenadas por sus prometidos. Tales cosas suceden aun en comunidades civilizadas como las de Londres o Nueva York. No hay problema si una persona cree en su corazón, pero una vez que se bautice, sufrirá persecución.

En la India nadie le hará daño a un creyente mientras éste no sea bautizado. Pero una vez que se bautiza lo expulsan de la comunidad. Ellos pueden tolerar que uno crea en el Señor, pero no pueden permitir que uno se bautice.

La reacción de los musulmanes es aún más violenta. Algunos han dicho que es difícil que un musulmán que haya creído en el Señor Jesús permanezca vivo. Tan pronto cree, le dan muerte. El Dr. Swema fue la primera persona que tuvo éxito al trabajar entre los musulmanes. Él dijo: "Mi obra nunca crecerá, porque una vez que una persona cree en el Señor, inmediatamente tiene que ser enviada lejos. De no ser así, le matarían a los dos o tres días de ser bautizada". Esta costumbre prevalece aún hoy entre los musulmanes.

El bautismo es una declaración pública de que uno ha salido. "El que crea y sea bautizado, será salvo". No pensemos que en este versículo la salvación se refiere a la salvación personal de nuestro espíritu. En la Biblia, la salvación significa ser liberados del mundo y no del infierno.

B. El bautismo se relaciona con el perdón de los pecados

El día de Pentecostés los apóstoles dijeron a los judíos: "Arrepentíos, y bautícese cada uno de vosotros en el nombre de Jesucristo para perdón de vuestros pecados" (Hch. 2:38). A los protestantes se les hace difícil aceptar este versículo. No obstante, este versículo ha sido enunciado claramente por los apóstoles: "Bautícese cada uno de vosotros en el nombre de Jesucristo para perdón de vuestros pecados". Es extraño que el énfasis dado por el apóstol no sea la fe, sino el bautismo.

¿Era acaso el objetivo del mensaje de Pedro en Hechos 2 persuadir a los hombres a que creyesen? Por supuesto que no. Ahora, ¿significa esto que la predicación de Pedro era inferior a la nuestra? La Biblia nos dice que el elemento más crucial de la salvación es la fe. Entonces, ¿cómo pudo Pedro haber ignorado esto? Él podía haber ignorado otras doctrinas en su mensaje, pero ¿cómo pudo dejar de hablar de la fe? Es cierto que Pedro no habló directamente sobre la fe, ya que en lugar de ello, él habló del bautismo, y el corazón de los que escuchaban fue compungido por el Espíritu Santo. ¿Y qué predicamos nosotros? Nosotros proclamamos que la fe sola es suficiente, pues pensamos que este es el cristianismo ortodoxo. Sin embargo, Pedro dijo: "Bautícese cada uno de vosotros en el nombre de Jesucristo".

Pedro sólo habló acerca del bautismo porque los que le escuchaban eran los que habían dado muerte al Señor Jesús. Cincuenta días antes, ellos clamaban: "¡Fuera con éste!". Ellos eran las mismas personas que daban gritos en Jerusalén. Ahora ellos debían separarse del resto de los judíos. Esta es la razón por la cual no era necesario hablarles acerca de la fe. Ellos solamente necesitaban ser bautizados. Con eso bastaba para que salieran de esa entidad corporativa. Tan pronto como fueran bautizados, su relación con ella terminaría. En el momento en que fueran bautizados, ellos saldrían de esa entidad colectiva, y sus pecados serían lavados. Ya no serían parte de ella; estarían fuera de ella. Por eso Pedro dijo: "Bautícese cada uno de vosotros en el nombre de Jesucristo para perdón de sus pecados". El acto del bautismo los sacó de la entidad a la que pertenecían, y todo conflicto pendiente quedó resuelto.

Ahora usted debe darse cuenta de que al principio estaba en el mundo y era enemigo de Dios. Puesto que ha salido de allí, usted es salvo. Necesita confesar delante de Dios y delante de los hombres que ya salió del mundo y que no tiene nada que ver con esa colectividad. Usted ya le puso fin a eso. "Bautícese cada uno de vosotros en el nombre de Jesucristo para perdón de vuestros pecados; y recibiréis el don del Espíritu Santo". Esta fue la enseñanza principal dada el día de Pentecostés. A este respecto, su mente debe ser dirigida por la Palabra de Dios y no por la teología protestante.

C. El bautismo nos lava de los pecados

Examinemos el caso de Pablo. Ananías vino a Pablo y le dijo: "Levántate y bautízate, y lava tus pecados, invocando Su nombre" (Hch. 22:16).

Pablo fue el principal y más destacado maestro, profeta y apóstol del cristianismo. ¿Hubo acaso un pequeño error con respecto a su experiencia? Algunas veces predicamos doctrinas correctas, pero tenemos la experiencia equivocada. ¿Qué sucede cuando damos nuestro testimonio? ¿Qué sucedería si otros hicieran lo que nosotros hacemos? El testimonio de un maestro es crucial porque puede desviar a otros. ¿Es posible que la experiencia del principal maestro del cristianismo estuviera equivocada?

"Ahora, pues, ¿por qué te detienes? Levántate y bautízate, y lava tus pecados, invocando Su nombre". Presten atención a este versículo. Dice que el bautismo puede lavar los pecados de uno. Al citar este versículo, los católicos lo hacen considerando únicamente el aspecto individual de este asunto delante de Dios. El error del catolicismo estriba en decir: "Si *usted* es bautizado, *sus* pecados serán lavados". Por ende, ellos recalcan que si una persona se bautiza en su lecho de muerte, dicho bautismo puede lavar todos los pecados que dicha persona haya cometido en el curso de su existencia. Pero no se dan cuenta que el significado del bautismo atañe más a nuestra relación con el mundo que a nuestro testimonio delante de Dios.

Anteriormente, Pablo era un hombre que formaba parte del mundo. Después de haber creído en el Señor Jesús y de haberlo visto, necesitaba levantarse y ser bautizado. En el momento en que fue bautizado, sus pecados fueron lavados. En el momento en que él puso fin a su relación con el mundo, sus pecados se desvanecieron. Si usted se hizo cristiano secretamente y no fue bautizado, es posible que los del mundo todavía lo consideren como uno de ellos. Usted puede decir que es salvo, pero el mundo no reconocerá esto. Puede decir que creyó en el Señor Jesús, pero ellos dirán que no han visto nada al respecto. Una vez que usted entre en el agua, ellos lo verán y sabrán que usted creyó en Jesús. De no ser así, ¿por qué habría de ser tan necio como para entrar en el agua? En el momento en que uno es bautizado, es liberado del mundo. El bautismo en agua pone fin a nuestra relación con el mundo.

Si una persona cree en su corazón, pero no manifiesta ninguna señal externa al respecto, el mundo seguirá considerándole como uno de los suyos. Por ejemplo, en Kuling, Fukien, se celebra cada otoño una gran tradición idólatra, y a todos se les exige que donen dinero para dichas celebraciones. Si una persona dice que creyó en el Señor, los demás no le creerán. Pero en el momento en que es bautizada, saben que ya no es uno de ellos. Así que, el bautismo es la mejor manera de ser liberados del mundo. Si quiere ser liberado del mundo, tiene que ser bautizado. Debe decirle al mundo: "Mi relación contigo ha terminado". Al hacer esto, sale del mundo.

El bautismo es un testimonio público, y no debemos temer que otros sean testigos de ello. Los incrédulos también pueden estar presentes durante nuestro bautismo. Recientemente, cuando bautizamos a algunas personas en Fuzhou, un hermano dijo: "No nos gusta llevar a cabo la reunión del bautismo de una manera tan desordenada. Ha habido demasiados espectadores". Si este fuera el caso, Juan el Bautista tendría que haber aprendido de este hermano, ya que los bautismos de Juan no eran muy ordenados. Aun los bautismos de aquellas tres mil personas el día de Pentecostés no fueron muy organizados. Lo importante no es si una reunión es ordenada o no. Si bien es cierto que no es bueno ser desordenado, todos los hermanos y hermanas deben saber lo que estamos haciendo. Cuando bautizamos a alguien, debemos permitir que todo el mundo sea testigo de lo que estamos haciendo.

D. El bautismo lleva a la salvación mediante agua

La Escritura es coherente en cuanto a sus principios. En 1 Pedro 3:20 dice: "En los días de Noé ... algunos, es decir, ocho almas, fueron llevadas a salvo por agua". De nuevo, este versículo nos muestra que el bautismo lleva a la salvación. El Señor Jesús dijo: "El que crea y sea bautizado, será salvo". En el día de Pentecostés, Pedro dijo: "Bautícese cada uno de vosotros ... para perdón de vuestros pecados". La acción de Pablo nos muestra que cuando una persona es bautizada, es lavada de sus pecados. Estos no son solamente perdonados, sino lavados. Esto se debe a que cuando ponemos fin a nuestra relación con el mundo, somos lavados de nuestros pecados. Lo dicho en 1 Pedro también nos muestra que somos salvos mediante agua. Así que, el bautismo lleva a la salvación mediante agua.

Aquellos que no pasan la prueba del agua no son salvos. Una persona que no pueda pasar por el agua, se ahoga. En los días de Noé, todos fueron bautizados, pero solamente ocho almas sobrevivieron. Todos fueron bautizados y sumergidos en el agua, pero solamente ocho almas emergieron de ella. En otras palabras, el agua llegó a ser agua de muerte para algunos, y para otros, fue agua de salvación. Hay quienes entran en el agua y allí permanecen, pero nosotros pasamos por el agua y emergimos de ella. Lo que dijo Pedro tiene un sentido positivo. Cuando el diluvio vino, todos se ahogaron. Únicamente las ocho almas que estaban en el arca, a quienes el agua no pudo vencer, emergieron del agua. Mientras el resto perecía, estas ocho almas fueron salvas. Actualmente, el mundo entero está bajo la ira de Dios. Ser bautizado significa pasar por el juicio de la ira de Dios. Pero quien se bautiza no sólo ha venido a estar bajo la ira de Dios, sino que ha salido de tal posición. Al emerger, se muestra que uno ha salido. Esto es el bautismo.

El bautismo, por un lado, significa entrar en el agua, y por otro, equivale a salir de ella. El bautismo significa pasar mediante agua y salir de ella. Usted debe hacer énfasis en el aspecto de "salir". Todos entraron en el agua, pero solamente ocho almas salieron de ella. En nuestros días, somos salvos mediante el bautismo. ¿Qué significa esto? Cuando fui bautizado, no entré en el agua para quedarme sumergido en ella, sino que entré en el agua y salí de ella. Si usted no ha creído en el Señor Jesús, su bautismo no hará que usted emerja de las aguas. Al entrar en el agua y salir de ella, doy a entender que soy diferente de usted. Puedo salir del mundo al pasar por las aguas del bautismo. Al hacerlo, doy testimonio a los demás de que soy diferente al mundo.

E. El bautismo nos liberta del mundo

Los cuatro pasajes de la Escritura mencionados anteriormente nos muestran claramente lo que es el bautismo. Una vez que somos bautizados, somos libertados del mundo. No necesitamos años para ser libertados del mundo. Lo primero que un nuevo creyente debe hacer es bautizarse. Usted tiene que percatarse de la posición que el mundo ha asumido ante Dios. Usted ha renunciado completamente a la posición que antes tenía al formar parte del mundo. En esto consiste la salvación. Debe despojarse totalmente del mundo. De ahora en adelante, usted ya no forma parte del mundo, sino que está en el lado opuesto.

Una vez que creemos en el Señor, debemos comprender que ya no formamos parte del mundo. Nuestro bautismo es una señal de que fuimos libertados del mundo. Por medio del bautismo desempeñamos un papel diferente. De aquí en adelante, permanecemos en el arca y somos personas diferentes. Podemos testificar ante los demás que no hacemos ciertas cosas debido a que hemos creído en Jesús; más aún, podemos decirles que no hacemos tales cosas debido a que hemos sido bautizados. Hemos cruzados el puente y estamos en el lado opuesto.

Hoy en día tenemos que recobrar el lugar que le corresponde al bautismo delante de Dios. ¿Cuál es el significado del bautismo? Significa salir del mundo. Es un paso que damos para ser libertados del mundo. Nuestro bautismo es una declaración de que estamos fuera. Es como las palabras de un himno que dicen: "Después viene la sepultura, ante la cual nuestros seres queridos nos lloran, / Al saber que hemos expirado" (*Hymns,* #628). Nuestros seres queridos ahora saben que hemos llegado a nuestro fin y al final de nuestro curso. Hemos sido completamente aniquilados. Únicamente este bautismo es efectivo. Si no hemos comprendido esto, nuestro bautismo es superficial y carente de significado. Debemos comprender que fuimos libertados del viejo círculo al que pertenecíamos y que hemos salido de él. La vida eterna es algo que nuestro espíritu obtiene delante de Dios, pero la salvación es el acto mediante el cual nos separamos del mundo.

II. EL SIGNIFICADO DEL BAUTISMO

Todo el que ya ha sido bautizado necesita volver a examinar el significado del bautismo. Aun si fue bautizado hace diez o veinte años, debe reflexionar al respecto. Siempre debemos recordar el versículo que dice: "¿O ignoráis que todos los que hemos sido bautizados en Cristo Jesús, hemos sido bautizados en Su muerte?" (Ro. 6:3). Este versículo habla en forma retrospectiva y no se refiere a un evento futuro.

Los versículos que leímos en Marcos 16, Hechos 2, Hechos 22 y 1 Pedro 3 están dirigidos a quienes no han sido bautizados aún, mientras que los versículos de Romanos 6 y Colosenses 2 están dirigidos a los que ya fueron bautizados. Dios les dice: "¿No sabéis que cuando fuisteis bautizados, moristeis juntamente con Cristo, fuisteis sepultados y resucitasteis juntamente con Él?".

En Romanos 6 se hace hincapié en la muerte y la sepultura, aunque también se menciona la resurrección. Colosenses 2 va más allá, pues recalca la sepultura y la resurrección, siendo esta última el tema central. El énfasis de Romanos 6 es la muerte: "¿O ignoráis que todos los que hemos sido bautizados en Cristo Jesús, hemos sido bautizados en Su muerte?". Aquí, se hace hincapié principalmente en la muerte, en el hecho de que debemos morir juntamente con Cristo. Romanos 6 habla de morir y ser sepultados, mientras que Colosenses 2 habla de ser sepultados y resucitar.

Las aguas del bautismo tipifican la tumba. Cuando en nuestros días una persona es sumergida en las aguas del bautismo, es como si estuviera siendo sepultada. Salir del agua equivale a salir de la tumba. Antes de ser sepultado, uno primero tiene que estar muerto. No se puede sepultar a una persona viva. Si una persona se vuelve a levantar después de haber sido sepultada, eso, sin duda alguna, es la resurrección. La primera parte de esta verdad se encuentra en Romanos, y la segunda en Colosenses.

A. Un gran evangelio: ¡estoy muerto!

Cuando el Señor Jesús fue crucificado, Él nos llevó consigo a la cruz, y nosotros fuimos crucificados juntamente con Él. A los ojos de Dios, ya se nos puso fin. ¿Qué piensa de usted mismo? Quizás tenga que decir: "¡Soy una persona difícil de tratar!". Aquellos que no se conocen a sí mismos no comprenden cuán imposibles son. Una persona que conoce a Dios y que se conoce a sí misma, dirá: "Soy una persona imposible".

Cuando vivíamos estando agobiados por el pecado, escuchamos acerca de la muerte del Señor Jesús. Este es el evangelio. Es así que vimos que no teníamos esperanza alguna y que estábamos muertos. Así es el evangelio. ¡Damos gracias a Dios porque este es el evangelio! La muerte del Señor nos incluyó a todos nosotros. Por tanto, en Cristo, todos hemos muerto. ¡No hay mejor noticia que esta! Así como la muerte del Señor es el gran evangelio, nuestra propia muerte también lo es. Así como la muerte del Señor es motivo de regocijo, también lo es nuestra muerte. ¿Cuál debería ser el primer pensamiento que ha de venir a nuestra mente cuando escuchamos que nuestro Señor murió? Debemos ser como José de Arimatea; debemos proceder a sepultarlo a Él. Igualmente, cuando nos enteramos de que estamos muertos, lo primero que debemos hacer es sepultarnos a nosotros mismos, ya que la sepultura viene inmediatamente después de la muerte. La muerte no es el fin. Ya estamos muertos en Cristo; por tanto, lo primero que debemos hacer es sepultarnos a nosotros mismos.

B. Muerto y resucitado

Hermanos, cuando entramos en las aguas del bautismo o cuando reflexionamos al respecto después de haber sido creyentes por muchos años, debemos recordar que ya estamos muertos. Dejamos que nos sepulten debido a que hemos creído en nuestra muerte. Si nuestro corazón aún late y todavía respiramos, no podemos ser sepultados. Para poder ser sepultados, tenemos que estar muertos.

Cuando el Señor Jesús fue crucificado, nosotros también fuimos crucificados con Él. Permitimos que otros nos sumerjan en agua porque creemos haber muerto. El Señor Jesús resucitó y puso el poder de Su resurrección en nosotros. Somos regenerados mediante este poder. El poder de la resurrección opera en nosotros y nos resucita. A ello se debe que hayamos salido del agua. Ya no somos lo que éramos antes; ahora somos personas resucitadas. Jamás debemos olvidar este hecho. Cuando entramos en el agua, creímos en nuestra muerte y en nuestra necesidad de ser sepultados. Cuando salimos del agua, creímos que somos poseedores de la novedad de la vida divina. Ahora estamos en el lado de la resurrección. La muerte se halla en el otro lado, y ahora nuestra experiencia es la resurrección.

C. Estoy en Cristo

Cierta vez leí el titular de un periódico que decía: "Una persona, tres vidas". El artículo hablaba acerca de una mujer encinta que había sido asesinada. Después de que murió la mujer, se supo que ella llevaba en su vientre gemelos. Por eso el encabezado decía: "Una persona, tres vidas". Con relación al Señor debe decir: "Una Persona, millones de vidas". Esta es la razón por la cual la Biblia reiteradas veces recalca la expresión *en Cristo*. En el crimen mencionado, aparentemonto el asesino sólo mató a la madre, y no a los dos niños. Sin embargo, debido a que los dos niños estaban en el vientre de la madre, ellos murieron cuando la madre murió. De igual manera, por estar nosotros en Cristo, cuando Él murió, nosotros morimos en Él.

Dios nos puso en Cristo Jesús. Esta es la revelación que vemos en 1 Corintios 1:30: "Mas por Él estáis vosotros en Cristo Jesús". Puesto que Cristo murió, todos nosotros también estamos muertos. La base de nuestra muerte con Cristo es que nosotros estamos en Él. Si no sabemos lo que significa estar en Cristo, tampoco entenderemos lo que significa morir juntamente con Él. ¿Cómo pudieron morir los niños juntamente con su madre? Ellos murieron debido a que estaban en el vientre de ella. En la esfera espiritual, tal analogía se hace aún más real. Dios nos unió a Cristo. Cuando Cristo murió, también nosotros morimos.

Tan pronto como este evangelio nos sea predicado, debemos aprender a ver las cosas desde el punto de vista de Dios, y reconocer que hemos muerto en el Señor. Hemos muerto porque hemos creído en que dicho evento es un hecho. Fuimos sepultados en el agua y salimos de ella. Declaramos haber salido de la tumba. Esto es resurrección. Romanos 6 presenta el hecho de que nos consideramos haber muerto con Cristo Jesús, y asimismo, nos consideramos personas que han resucitado con Él.

Hermanos y hermanas, espero que una vez que sean salvos, tomen este camino. Estos son dos conceptos claramente distintos. Uno ocurre antes del bautismo, y el otro, después. Antes del bautismo debemos ver que ya estamos muertos y necesitamos ser sepultados. Después del bautismo debemos darnos cuenta de que ahora estamos en resurrección y, por ende, hoy podemos servir a Dios.

CAPÍTULO DOS

TERMINAR CON EL PASADO

A continuación examinaremos cómo puede uno ponerle fin a su pasado después de haber creído en el Señor. Aun después de creer, uno todavía arrastra consigo muchas cosas de su pasado. ¿Cómo debe uno entonces, ponerle fin a dichas cosas?

I. LA ENSEÑANZA DE LA BIBLIA ESTÁ INVOLUCRADA CON LO QUE HACEMOS DESPUÉS DE RECIBIR LA SALVACIÓN

Toda la Biblia, tanto en el Antiguo Testamento como en el Nuevo Testamento, pero especialmente en el Nuevo Testamento, nos muestra que Dios no le da tanta importancia a lo que hicimos antes de creer en el Señor. Podemos buscar desde Mateo 1 hasta Apocalipsis 22 sin encontrar ni un solo versículo que nos indique cómo los creyentes deben ponerle fin a su pasado. Incluso las epístolas, las cuales tocan el tema de los delitos que cometimos en el pasado, nos muestran principalmente lo que debemos hacer *a partir del momento en que hemos sido salvos,* y no lo que debemos hacer con *nuestro pasado.* Aunque los libros de Efesios, Colosenses y 1 Tesalonicenses sí mencionan el pasado, no obstante, no nos dicen cómo ponerle fin, sino que sólo nos dicen cómo debemos proseguir.

Usted recordará que algunos le preguntaron a Juan el Bautista: "¿Qué pues haremos?". Juan les contestó: "El que tiene dos túnicas, dé al que no tiene; y el que tiene alimentos, haga lo mismo". Él no hizo referencia al pasado sino al futuro. Ciertos recaudadores de impuestos también le hicieron la misma pregunta, y él les contestó: "No exijáis más de lo que os está ordenado". Asimismo, algunos soldados les preguntaron: "¿Qué haremos?". Y Juan les respondió a los soldados: "No hagáis extorsión a nadie, ni toméis nada mediante falsa acusación; y contentaos con vuestro salario" (Lc. 3:10-14). Esto muestra que Juan el Bautista, al predicar el arrepentimiento, hacía hincapié en lo que debemos hacer desde el momento de nuestra salvación en adelante y no en lo que debemos hacer con respecto a nuestro pasado.

Examinemos también las epístolas de Pablo. En ellas, Pablo siempre hizo hincapié en lo que debemos hacer en el futuro, pues todo nuestro pasado ha sido cubierto por la sangre preciosa de Cristo. Si erramos aunque sea un poco en este asunto, corromperemos el evangelio; es decir, estaremos corrompiendo el camino del Señor, o sea, la manera en que debemos arrepentirnos y la manera de efectuar restitución. Esto es algo muy delicado.

"¿No sabéis que los injustos no heredarán el reino de Dios? No os desviéis; ni los fornicarios, ni los idólatras, ni los adúlteros, ni los afeminados, ni los homosexuales, ni los ladrones, ni los avaros, ni los borrachos, ni los maldicientes, ni los que viven de rapiña, heredarán el reino de Dios. Y esto erais algunos" (1 Co. 6:9-11a). Aquí Pablo habla de la conducta que los creyentes tenían en el pasado, pero no les dice qué deben hacer respecto de lo que hicieron en el pasado. Simplemente les dice: "Mas ya habéis sido lavados, ya habéis sido santificados, ya habéis sido justificados en el nombre del Señor Jesucristo, y en el Espíritu de nuestro Dios" (v. 11b). Estos versículos no hacen hincapié en lo que debemos hacer respecto de nuestro pasado, pues tenemos un Salvador que ya puso fin a nuestro pasado. Hoy, lo fundamental estriba en lo que debemos hacer de ahora en adelante. Una persona salva ya ha sido lavada, santificada y justificada.

"Y vosotros estabais muertos en vuestros delitos y pecados, en los cuales anduvisteis en otro tiempo, siguiendo la corriente de este mundo, conforme al príncipe de la potestad del aire, del espíritu que ahora opera en los hijos de desobediencia, entre los cuales también todos nosotros nos conducíamos en otro tiempo en los deseos de nuestra carne, haciendo la voluntad de la carne y de los pensamientos, y éramos por naturaleza hijos de ira, lo mismo que los demás; pero Dios, que es rico en misericordia, por Su gran amor con que nos amó, aun estando nosotros muertos en delitos, nos dio vida juntamente con Cristo" (Ef. 2:1-5). En estos versículos no se nos dicen cómo ponerle fin a las prácticas de la carne. Solo hay una terminación. Nuestro Señor puso fin a todo ello por nosotros, basándose en el gran amor con el que Dios nos amó y en Su rica misericordia.

Dice Efesios 4:17-24, refiriéndose también a nuestra condición en el pasado: "Esto, pues, digo y testifico en el Señor: que ya no andéis como los gentiles, que todavía andan en la vanidad de su mente, teniendo el entendimiento entenebrecido, ajenos a la vida de Dios por la ignorancia que en ellos hay, por la dureza de su corazón; los cuales, después que perdieron toda sensibilidad, se entregaron a la lascivia para cometer con avidez toda clase de impureza ... que en cuanto a la pasada manera de vivir, os despojéis del viejo hombre, que se va corrompiendo conforme a las pasiones del engaño, y os renovéis en el espíritu de vuestra mente, y os vistáis del nuevo hombre, creado según Dios en la justicia y santidad de la realidad".

"Por lo cual, desechando la mentira" (v. 25a). Aquí se hace referencia a nuestro futuro; pues no se nos indica qué hacer con respecto a nuestra falsedad pasada, sino que, *de ahora en adelante,* no debemos seguir practicándola. "Hablad verdad cada uno con su prójimo ... airaos, pero no pequéis; no se ponga el sol sobre vuestra indignación, ni deis lugar al diablo" (vs. 25b-27). Estos versículos tampoco se refieren al pasado, sino al futuro. "El que hurta, no hurte más" (v. 28a). Pablo no dijo que el que hurtaba debía devolver lo que había hurtado, pues estaba haciendo hincapié en el futuro del creyente. Lo que uno ha hurtado en el pasado pertenece a otro tema. "Sino fatíguese trabajando con sus propias manos en algo decente ... Ninguna palabra corrompida salga de vuestra boca, sino la que sea buena para edificación según la necesidad, a fin de dar gracia a los oyentes. Y no contristéis al Espíritu Santo de Dios ... Quítense de vosotros toda amargura, enojo, ira, gritería y maledicencia, y toda malicia" (vs. 28b-31).

"Pero fornicación y toda inmundicia, o avaricia, ni aun se nombre entre vosotros, como conviene a santos; ni obscenidades, ni palabras necias, o bufonerías maliciosas, que no convienen, sino antes bien acciones de gracias" (5:3-4). Estos versículos también denotan el mismo principio. En ellos se alude a lo que debemos evitar después de haber creído en el Señor. No dicen nada con respecto a cómo ponerle término a lo que hicimos antes de creer en el Señor.

Después de leer las epístolas, descubrimos una verdad maravillosa: Dios sólo tiene en cuenta lo que la persona debe hacer después de creer en el Señor, no lo que hizo en el pasado. Dios no nos dice qué debemos hacer con respecto a ello. Este es un principio básico.

Muchas personas se encuentran en cautiverio porque han aceptado un evangelio equivocado, el cual hace demasiado hincapié en el pasado del creyente. Con esto no quiero decir que no necesitamos tomar medidas acerca de nuestro pasado. Hay ciertas cosas pertenecientes a nuestro pasado a las que tenemos que ponerles fin, no obstante, ello no constituye el fundamento para seguir adelante. Dios siempre dirige nuestra atención al hecho de que los pecados que cometimos en el pasado están bajo la sangre de Jesús, y que ya fuimos completamente perdonados y somos salvos, porque el Señor Jesús murió por nosotros. Nuestra salvación no depende de las rectificaciones que hayamos hecho con respecto a lo que hicimos en el pasado. Los hombres nos son salvos por arrepentirse de sus maldades cometidas en el pasado así como tampoco son salvos por las buenas acciones que realizaron en el pasado, sino que son salvos por medio de la salvación lograda por el Señor Jesús en la cruz. Debemos retener firme este fundamento.

II. ALGUNOS EJEMPLOS EN EL NUEVO TESTAMENTO DE CÓMO TERMINAR NUESTRO PASADO

Entonces, ¿qué debemos hacer con respecto a lo que hicimos en el pasado? He dedicado mucho tiempo a leer el Nuevo Testamento, tratando de encontrar respuesta a cómo ponerle término a nuestro pasado después de que hemos creído en el Señor Jesús. Sin embargo, sólo he encontrado algunos pasajes muy breves en los que se toca este tema, los cuales no son enseñanzas sino ejemplos.

A. Se debe eliminar completamente todo lo relacionado con los ídolos

En 1 Tesalonicenses 1:9 se nos dice: "Os volvisteis de los ídolos a Dios". Cuando una persona cree en el Señor, tiene que desechar todos los ídolos. Por favor, recuerden que nosotros somos el templo del Espíritu Santo. ¿Y qué acuerdo hay entre el templo de Dios y los ídolos? Incluso el apóstol Juan, dirigiéndose a los creyentes, dijo: "Hijitos, guardaos de los ídolos" (1 Jn. 5:21). Así pues, este no es un asunto sencillo como algunos pueden creer.

Debemos tener siempre presente que Dios prohíbe que el hombre se haga imágenes. No debemos pensar que algo hecho por el hombre pueda tener vida, porque en el momento que tengamos tal pensamiento, ese objeto se convertirá en un ídolo para nosotros. Los ídolos no significan nada, pero si creemos que poseen vida, caeremos en el error. Por eso Dios prohíbe adorar tales cosas. Dios prohíbe incluso la más leve inclinación de nuestro corazón hacia tales cosas. Uno de los diez mandamientos prohíbe hacerse ídolos (Dt. 5:8).

En Deuteronomio 12:30 dice: "Guárdate ... no sea que vayas en busca de sus dioses, diciendo: ¿De qué manera servían aquellas naciones a sus dioses?". Esto nos muestra que no debemos ni siquiera averiguar de qué manera los gentiles adoran a sus dioses. A los curiosos les gusta estudiar la manera en que las naciones adoran y sirven a sus dioses. Pero Dios nos prohíbe hacer tal cosa, porque si lo hacemos, terminaremos adorando ídolos. Por tanto, también nos está prohibido ser aquellas personas que sienten curiosidad al respecto.

En 2 Corintios 6:16 dice: "¿Y qué acuerdo hay entre el templo de Dios y los ídolos?". El significado de este versículo es bastante obvio. Los cristianos no deben visitar los templos. Aunque sí hay excepciones a ello, como cuando una persona se extravía en un lugar desértico y necesita un refugio durante la noche, y lo único que halla es un templo. Pero por lo general, los creyentes no deben visitar esos lugares. Esto es porque 2 Corintios 6:16 establece claramente que nosotros somos el templo del Dios viviente y que no hay acuerdo posible entre el templo del Dios viviente y los ídolos. A menos que uno se vea obligado por alguna circunstancia especial, no es aconsejable acercarse a un templo y menos aún ir a visitarlo. Juan dice: "Hijitos, guardaos de los ídolos", lo cual significa que nos mantengamos lejos de ellos.

Salmos 16:4 dice: "Ni en mis labios tomaré sus nombres". Debemos ser muy cuidadosos y evitar nombrar los ídolos aun en el púlpito, a menos que necesitemos dar un ejemplo. No debemos ser supersticiosos, ni tener temor a la desgracia que nos pueda sobrevenir, ni tampoco considerar tabú ciertas palabras o asociación de ideas. Muchos creyentes todavía prestan atención a la adivinación de la fortuna, a la lectura de rasgos faciales y la predicción del futuro. Todo lo que tenga que ver con la adivinación y el horóscopo está prohibido. Debemos poner fin a todo aquello que esté en la esfera de la idolatría. Debemos deshacer completamente todo vínculo que tengamos con los ídolos.

El creyente debe renunciar a sus ídolos desde el momento en que es salvo. Ya no debe mencionar los nombres de los ídolos ni debe involucrarse en actividades de adivinación, ni visitar templo alguno. No debemos adorar ninguna imagen, porque hasta el pensamiento de hacerlo nos está prohibido. Tampoco debemos indagar acerca de la manera en que las religiones adoran a sus ídolos. Todas estas cosas pertenecen al pasado y debemos desecharlas. Todo objeto relacionado con este tipo de cosas debe ser destruido, ni siquiera debemos tratar de venderlo. Tales cosas tienen que ser destruidas, exterminadas y extirpadas por completo. Espero que ninguno de los nuevos creyentes tome este asunto a la ligera. Por el contrario, deben ser muy cuidadosos al respecto, ya que Dios es extremadamente celoso en cuanto a los ídolos.

Si usted no toma la determinación de poner fin a los ídolos ahora, le será muy difícil escapar del mayor ídolo que se presentará en la tierra en el futuro. Indudablemente, no debemos adorar ningún ídolo de barro ni de madera, pero aun si tuviese vida, tampoco debemos adorarlo. Hay ídolos vivientes, y uno de ellos es el hombre de iniquidad (2 Ts. 2:3). Recordemos que no podemos adorar ídolos, debemos rechazarlos todos, incluyendo las imágenes del Señor Jesús y de María.

Debemos ser exhaustivos al darle fin a este asunto de

manera definitiva y completa. De otro modo, seremos engañados y seguiremos el camino equivocado. Nosotros no servimos
en la carne sino en el espíritu. Dios busca personas que le
sirvan en espíritu, no en la carne. Dios es espíritu, no una
imagen. Si todos los hermanos y hermanas prestan atención a
esto, no caerán en las manos del catolicismo romano en el
futuro. Un día el anticristo vendrá y el poder que ejercerá el
catolicismo romano será enorme.

La Biblia nos enseña que lo primero que debemos hacer
para poner fin al pasado es desechar y repudiar todos los
ídolos, y esperar la venida del Hijo de Dios. No debemos ni
siquiera guardar retratos de Jesús, ya que esos retratos en
realidad no son Él y carecen del menor valor. En los museos
de Roma hay más de dos mil diferentes imágenes del Señor
Jesús, y todas ellas reflejan la imaginación de los artistas. En
algunos países hay artistas que buscan personas que, según
su opinión, se conforman a la idea que ellos tienen de Jesús.
Estos artistas contratan a estas personas para que posen
para ellos con el fin de dibujar retratos de Jesús. Esto es una
blasfemia. Nuestro Dios es un Dios celoso y no tolera tal cosa
entre nosotros. No debemos tolerar entre nosotros ninguna
clase de superstición. Hay quienes les gusta decir: "Hoy no es
un buen día, son malos presagios". Tales comentarios proceden directamente del infierno. Los hijos de Dios deben
extirpar tales pensamientos por completo desde el primer día
de su vida cristiana y deben eliminarlos por completo. No
debemos tolerar entre nosotros nada que tenga el sabor de la
idolatría.

B. Se debe eliminar todo objeto impropio

"Asimismo muchos de los que habían practicado la magia
trajeron los libros y los quemaron delante de todos; y hecha la
cuenta de su precio, hallaron que era cincuenta mil piezas de
plata" (Hch. 19:19). Este versículo menciona ciertos objetos
que los nuevos creyentes también deben repudiar y desechar
de en medio de ellos.

Estos versículos no constituyen expresamente una orden o
una enseñanza, sino que dan testimonio de los resultados que
tiene la operación del Espíritu Santo. El Espíritu Santo operó

en los recién convertidos de una manera tan prevaleciente que los nuevos creyentes efesios sacaron todos los libros impropios que poseían. Se nos dice que el valor de esos libros ascendía a "cincuenta mil piezas de plata", lo cual es una suma bastante significativa. Ellos no vendieron sus libros para dar el dinero a la iglesia, sino que los quemaron. Si Judas hubiera estado presente, lo más probable es que no lo habría permitido, porque el valor de esos libros superaba las treinta piezas de plata, y este dinero podría haberse sido dado a los pobres; pero el Señor estaba contento de que se hubieran quemado.

Además de los objetos mencionados anteriormente hay muchos otros que pueden ser considerados impropios y que debemos eliminar. Es obvio que algunos de ellos son pecaminosos. Algunos ejemplos son los objetos utilizados en juegos de azar así como los libros e ilustraciones de carácter obsceno e impropio. Estas cosas deben ser quemadas, deben ser destruidas. Quizás habrá artículos de lujo u otros objetos de gratificación que no se pueden quemar pero que, de todos modos, deben ser eliminados. Sin embargo, el principio general para destruir estos objetos es quemarlos.

Después de que una persona haya creído en el Señor, debe ir a su casa y revisar minuciosamente sus pertenencias, ya que en la casa de los incrédulos siempre habrá objetos vinculados al pecado. Tal vez dicha persona posea artículos que no son adecuados para los santos. Los objetos relacionados al pecado no se deben vender; sino que tienen que ser quemados y destruidos. Los artículos de lujo deben ser cambiados o alterados, y si no es posible, hay que venderlos.

La ropa del leproso, según se ve en Levítico 13 y 14, es un buen ejemplo. Aquellas vestiduras en las cuales la lepra se había extendido y no podían ser lavadas, debían quemarse. Sin embargo, las que sí se podían lavar, debían ser lavadas para usarse de nuevo. Si el estilo de nuestros vestidos no es muy decente, los podemos modificar. Por ejemplo, algunos que son demasiado cortos, los podemos alargar; otros que son muy llamativos, los podemos hacer menos vistosos. Sin embargo, hay algunos objetos que no podemos recobrar porque tienen el elemento del pecado, por tanto, los tenemos que quemar. Así que aquellos objetos que podemos vender, los vendemos y el dinero de esa venta debemos darlo a los pobres. Se debe eliminar todo lo indecente. Si todo nuevo creyente revisa sus pertenencias concienzudamente, tendrá un buen comienzo. Los objetos supersticiosos deben ser quemados. Otros objetos pueden ser alterados o vendidos después de haber sido alterados. Una vez que aprendamos esta lección, no la olvidaremos por el resto de nuestros días. Debemos darnos cuenta de que ser un cristiano es algo muy práctico; no consiste sólo en ir a "la iglesia" a escuchar sermones.

C. Debemos pagar nuestras deudas

"Entonces Zaqueo, puesto en pie, dijo al Señor: He aquí, Señor, la mitad de mis bienes doy a los pobres; y si en algo he defraudado a alguno, se lo devuelvo cuadruplicado" (Lc. 19:8). Zaqueo hizo esto no como reacción a alguna enseñanza doctrinal, sino en respuesta a la operación del Espíritu Santo en su ser. Si no hubiera sido así, él habría devuelto justamente lo que debía, ni más ni menos. Pero debido a que esto era fruto de la operación del Espíritu Santo, la suma de la compensación podía variar, podía haber sido un poco menos o un poco más. Zaqueo dijo: "Si en algo he defraudado a alguno, se lo devuelvo cuadruplicado". En realidad, devolver el doble habría sido más que suficiente. Por ejemplo, el principio fijado en el libro de Levítico determina que se debe añadir una quinta parte a la cantidad original. Así, por una deuda de mil dólares, se tendría que pagar mil doscientos dólares. Pero si el Espíritu del Señor le inspira a pagar más, él podrá pagar tanto como el Espíritu del Señor le ordene. Quizás uno sea inspirado a pagar cuatro veces o diez veces la cantidad que se retuvo. En este pasaje se nos habla únicamente del principio que nos debe regir. En este caso, al leer la Biblia tenemos que percatarnos de que no se nos está impartiendo una simple enseñanza; sino que se nos está mostrando el resultado que se produce cuando, como consecuencia de la operación del Espíritu Santo en el hombre, somos dirigidos por el Espíritu Santo. Si antes de ser creyente, usted extorsionó, engañó, hurtó u obtuvo algo por medios deshonestos, ahora que el Señor opera en usted, tendrá que efectuar restitución de la manera más apropiada. Esto no se relaciona con el perdón de pecados que usted recibió del Señor, sino con su testimonio.

Supongamos que antes de ser salvo yo haya hurtado mil dólares y no haya resuelto el asunto. ¿Cómo podría, una vez que yo he recibido al Señor, predicar el evangelio a la persona de quien hurté? Mientras le predique, estará pensando en el dinero que yo le quité y que nunca le devolví. No hay duda alguna de que recibí el perdón de Dios; pero no tengo un testimonio apropiado delante de los hombres. No puedo decir: "Puesto que Dios ya me ha perdonado, no importa si devuelvo el dinero o no". No, este asunto está relacionado con mi testimonio delante de los hombres.

Recordemos que Zaqueo, por causa de su testimonio, devolvió cuadruplicado lo que había hurtado. En aquella oportunidad toda la gente estaba murmurando: "¿Cómo puede posar el Señor en casa de un pecador que ha extorsionado y defraudado a tanta gente?". Todos estaban indignados. Mientras la gente murmuraba así, Zaqueo se puso de pie y declaró: "Si en algo he defraudado a alguno, se lo devuelvo cuadruplicado". Efectuar esta restitución cuádruple no era un requisito para ser hijo de Abraham ni para que la salvación de Dios llegara a la casa de Zaqueo. Esta clase de restitución fue *el resultado* de esa salvación y de llegar a ser hijo de Abraham. La indemnización que hizo Zaqueo fue la base de su testimonio delante de los hombres.

Conocí a un hermano que antes de creer en el Señor era bastante deshonesto con respecto a sus finanzas y cuyos compañeros de colegio venían de familias pudientes. Después de creer en el Señor Jesús, él quiso traer a sus compañeros al Señor, pero desdichadamente no vio mucho fruto a pesar de que les predicaba con ahínco el evangelio. Sus compañeros pensaban para sí, ¿Qué es esto? ¿Dónde está el dinero?, puesto que delante de ellos su pasado aún no había sido resuelto debidamente. Este hermano no siguió el ejemplo de Zaqueo. Aunque todos sus pecados, delante de Dios, habían sido perdonados y todo conflicto pendiente había quedado resuelto, todavía quedaba por restituir el dinero que les debía. Antes de poder testificar, él tenía que confesar sus delitos del pasado y efectuar la restitución correspondiente. Así pues, la restauración de su testimonio dependía del esclarecimiento de su pasado.

Como mencioné anteriormente, Zaqueo no se convirtió en un hijo de Abraham por haber efectuado una restitución cuádruple. Tampoco obtuvo su salvación por haber devuelto cuatro veces más la cantidad de lo que debía. Más bien, él devolvió el cuádruple de lo que debía *debido a que* él era hijo de Abraham. Él restituyó el cuádruple de lo que debía *debido a que* había sido salvo. Al efectuar esta clase de restitución, él hizo callar a los que murmuraban. La gente ya no podía decir nada. Tal clase de restitución fue mucho más allá de lo que debía restituir e hizo callar a los que murmuraban en su contra restaurando así su testimonio delante de los hombres.

Hermanos y hermanas, ¿han cometido alguna injusticia en contra de alguien antes de convertirse en creyentes? ¿Deben algo a alguien? ¿Se han llevado algo que no les pertenece? ¿Han adquirido algo de una manera deshonesta? Si es así, deben enfrentarse a ello de una manera responsable. El arrepentimiento que corresponde a los cristianos implica la confesión de sus delitos pasados, a diferencia del arrepentimiento que experimentan los incrédulos, el cual únicamente implica corregir su conducta actual. Por ejemplo, si yo soy una persona que tiene mal genio, lo único que necesito hacer es refrenar mi ira; pero, por ser cristiano, además de refrenar mi mal genio, tengo que pedir perdón por haberme enojado. Además de contener mi ira delante de Dios, también tengo que disculparme con los demás por la manera cómo me solía comportar con ellos. Sólo entonces este asunto puede considerarse definitivamente resuelto.

Supongamos que en el pasado usted haya hurtado. Su problema queda resuelto ante Dios siempre y cuando no siga haciendo lo mismo; de la misma manera, si usted ha obtenido cosas que no le pertenecen, su problema queda solucionado una vez que deje de hacer eso. Sin embargo, ante los hombres esto no es suficiente, ya que aunque no haya hurtado en tres años, muchos todavía le considerarán un ladrón. Después de creer en el Señor, usted debe testificar ante otros, usted debe rectificar todos sus errores del pasado. Sólo así usted será reivindicado.

Pero aquí se nos presenta un problema. ¿Qué hacer si en el pasado hurtó diez mil dólares y ahora no tiene forma de devolverlos? En principio, se debe confesar este fraude a la persona perjudicada y decirle francamente que en este momento no le puede pagar. Independientemente de si usted puede pagar su deuda o no, usted debe confesar su culpa y dar testimonio ante la otra persona. Es importante que usted haga esta confesión lo más pronto posible, de lo contrario no podrá testificar ni ahora ni por el resto de su vida.

No se olviden que en el curso de mantener vuestro testimonio, es posible que se vean afectados por una serie de problemas personales. En tales circunstancias, usted no debe ignorar tales problemas, sino que tiene que enfrentarlos. Sólo podremos tener un buen testimonio ante los hombres cuando nos hayamos enfrentado responsablemente a tales problemas personales.

Algunos han cometido homicidio en el pasado. ¿Qué deben hacer ahora? En la Biblia encontramos dos homicidas que fueron salvos. Uno de ellos estuvo involucrado directamente, y el otro indirectamente. El primero fue el ladrón que fue crucificado con el Señor. Según el griego, allí la palabra traducida "ladrón", no sólo significa uno que hurta, sino un criminal que comete actos de homicidio y destrucción. Este ladrón no sólo había robado, sino que había asesinado a personas. Después de creer en el Señor, sus pecados le fueron perdonados. La Biblia no dice cómo puso fin a su pasado. La otra persona fue Pablo. Él no estuvo involucrado directamente en ningún homicidio; sin embargo, consintió en la muerte de Esteban y guardó las ropas de los que le mataron. Después de que Pablo fue salvo, no se menciona cómo rectificó este asunto.

En principio, yo creo que cuando un asesino cree en el Señor, sus pecados quedan atrás. No hay un solo pecado que la sangre no pueda lavar. El ladrón no tuvo que hacer nada para enmendar su pasado. En realidad, aunque hubiese querido, no habría podido hacerlo porque el Señor le dijo. "Hoy estarás conmigo en el Paraíso" (Lc. 23:43). Por lo tanto, si nos encontramos con personas que atraviesan una situación parecida, no debiéramos aumentar su cargo de consciencia, a menos, por supuesto, que Dios mismo esté operando en sus corazones en tal sentido. Como podemos observar, en estos dos casos de homicidio en el Nuevo Testamento, Dios no prestó atención a la rectificación del pasado de estos dos hombres. Sin embargo, yo creo que algunos no tienen paz en sus conciencias, no porque pese sobre ellos acusaciones ordinarias, sino porque Dios está operando en ellos. En tales casos, no debemos prohibirles que expresen su arrepentimiento a la familia de la víctima.

D. En cuanto a resolver todo asunto pendiente

Cuando una persona se salva, ciertamente tendrá muchos asuntos mundanos pendientes, lo cual es muy posible que no le permitan seguir al Señor con entera libertad. ¿Qué debe hacer? "Sígueme, y deja que los muertos entierren a sus muertos" (Mt. 8:22). Este es otro caso bíblico en el que se pone fin al pasado. He aquí un hombre que se acercó a Jesús y le dijo: "Señor, permíteme que vaya primero y entierre a mi padre" (v. 21). El Señor le respondió: "Sígueme, y deja que los muertos entierren a sus muertos". La primera alusión a los muertos habla de quienes están muertos espiritualmente, mientras que la segunda se refiere al padre del que se acercó a Jesús. A los ojos de Dios, todos los que están en el mundo están muertos espiritualmente. El Señor le dijo a este hombre que debía seguirlo y dejar que los muertos enterraran a su padre.

Con esto no estoy instando a los nuevos creyentes a que no hagan los arreglos funerales de sus padres. Lo que estoy diciendo es que los muertos deben enterrar a sus propios muertos. Debemos hacer nuestro este principio. No debemos obsesionarnos por resolver todo asunto que quede pendiente en nuestras vidas. Si esperamos hasta haber resuelto completamente tales asuntos para sólo entonces hacernos cristianos, ¡jamás tendremos la oportunidad! Hay miles y miles de asuntos familiares y personales que no han sido resueltos todavía. ¿Quién, entonces, podría hacerse cristiano? Todos estos asuntos pendientes tienen un único principio subyacente, el cual puede describirse de una sola manera: están muertos; debemos dejar que los muertos entierren a sus muertos. ¡Debemos dejar que los que están espiritualmente muertos se encarguen de los asuntos de los muertos! Este es un principio que debemos seguir. No estamos instando a los nuevos creyentes a desatender a sus familias, sino a no esperar hasta haber arreglado todos sus asuntos terrenales para seguir al Señor. De otra manera, jamás podrán seguir al Señor.

Muchas personas desean primero resolver todos sus asuntos personales para entonces creer en el Señor; pero si hacen esto, nunca tendrán la oportunidad de creer en Él. No debemos estar atados por los intereses que son propios de los muertos, más bien, debemos simplemente considerar que todos esos asuntos han sido resueltos. Si pretendemos resolverlos antes de seguir al Señor, jamás lo lograremos. Hay que poner término a todo aquello relacionado con ídolos, objetos obscenos e impropios y deudas pendientes. En cuanto a los demás asuntos menores que se hallan pendientes, ¡simplemente olvidémoslos!

Así pues, en relación con la actitud que los nuevos creyentes deben adoptar con respecto a su pasado, en la palabra de Dios únicamente podemos encontrar las cuatro categorías de cosas que acabamos de describir. En lo que se refiere a otros asuntos que puedan estar pendientes, debemos darlos por terminados. En lo que concierne a ciertas responsabilidades para con la familia, debemos dejar que los muertos entierren a sus muertos. Nosotros no tenemos tiempo para encargarnos de tales asuntos. Nosotros queremos seguir al Señor. Tales asuntos no son asuntos que nos corresponda resolver a nosotros, sino que debemos dejar que los muertos se encarguen de ello. Debemos dejar que los que están espiritualmente muertos se encarguen de tales asuntos.

PREGUNTA

Pregunta: ¿Si he ofendido a una persona, pero ésta no lo sabe, debo confesárselo?

Respuesta: Todo depende si la persona ha sufrido alguna perdida material. Si ella esta consciente de esa perdida, usted debe resolver tal asunto siguiendo el ejemplo de Zaqueo. Aun si la persona no sabe nada acerca de la pérdida, usted debe decírselo, especialmente si se trata de una pérdida material. Lo mejor es tener comunión con la iglesia y dejar que los hermanos de más experiencia le ayuden a resolver tal asunto porque ellos saben lo que es más conveniente.

CAPÍTULO TRES

LA CONSAGRACIÓN

Lectura bíblica: Éx. 28:1-2, 40-41; 29:1-25; Lv. 8:14-28; Ro. 6:13, 16, 19; 12:1; 1 Co. 6:19-20; 2 Co. 5:14-15

Examinemos el asunto de la consagración cristiana. Si una persona se consagra o no dependerá de cuán saludable haya sido su experiencia de salvación. Si una persona considera que su fe en el Señor Jesús es un favor que le hace, y su fe en Dios es un acto de cortesía hacia Él, será inútil hablarle de la consagración. Es igualmente vano hablar de consagración con una persona que cree estar promoviendo la causa cristiana y que considera su conversión como un honor para el cristianismo. Estas personas no han tenido un buen comienzo en la fe cristiana y, por ende, es imposible esperar que se consagren. Debemos darnos cuenta de que es el Señor quien nos ha concedido Su gracia y Su misericordia; y es Él quien nos ama y nos ha salvado. Esta es la única razón por la cual nos consagramos totalmente a Él.

La consagración es algo que se enseña tanto en el Antiguo Testamento como en el Nuevo. Hay muchos pasajes en el Nuevo Testamento, como por ejemplo Romanos 6 y 12, que nos hablan de este tema. La consagración se muestra en el Antiguo Testamento en Éxodo 28 y 29 así como en Levítico 8, donde se menciona especialmente la consagración de Aarón y su familia. Aunque la consagración es la primera experiencia básica de nuestro servicio a Dios, no encontramos muchas enseñanzas al respecto que provengan directamente de la Palabra de Dios. Necesitamos estudiar los versículos mencionados para entender el significado de la consagración.

I. LA BASE DE LA CONSAGRACIÓN

En 2 Corintios 5:14-15 se nos muestra claramente que el poder para constreñir que tiene el amor del Señor es la base para que los hijos de Dios vivan para Aquel que murió y resucitó por ellos. El hombre vive para el Señor por haber sido constreñido por el amor del Señor. Según el idioma original, la palabra *constreñir* se puede traducir como "presionar por todos los lados", lo cual quiere decir, sentirse limitado, restringido y fuertemente atado. El amor del Señor nos ha cautivado y no nos podemos escapar. Cuando una persona está enamorada, se siente atada. Nosotros hemos sido atados por Él y no hay escape; Él murió por nosotros, y nosotros debemos vivir para Él. Así que el amor es la base de la consagración. Un hombre se consagra al Señor porque ha sentido Su amor. Sin esta experiencia nadie puede consagrarse al Señor, es decir, una persona debe experimentar el amor del Señor para poder consagrarse a Él. Cuando sentimos el amor del Señor, espontáneamente nos consagramos a Él.

La consagración no sólo se basa en el amor que el Señor tiene por nosotros, sino también en que Él ha adquirido ciertos derechos sobre nosotros. Como se revela en 1 Corintios 6:19-20: "Y que no sois vuestros ... Porque habéis sido comprados por precio". Nuestro Señor dio Su vida por nosotros, incluso Él se dio como rescate a fin de adquirirnos de nuevo para Sí mismo. Somos los que han sido comprados por el Señor. Debido a que el Señor nos redimió; por eso voluntariamente le cedemos nuestra libertad. Ya no nos pertenecemos a nosotros mismos, sino que le pertenecemos a Él, somos Suyos, y debemos glorificar a Dios en nuestros cuerpos. El Señor nos compró por un precio, y ese precio es la sangre que Él derramó en la cruz. Así que le pertenecemos al Señor porque Él adquirió ese derecho sobre nosotros.

Así pues, tenemos que tener bien claro que somos personas que han sido compradas por el Señor. El Señor nos compró pagando el más elevado de los precios. Él no nos compró con oro o plata, sino con Su propia sangre. En esto vemos tanto Su gran amor como el derecho que Él tiene sobre nosotros. Servimos al Señor porque Él nos ama y le seguimos porque Él tiene derecho sobre nosotros. Este amor y este derecho obtenido mediante la redención nos constriñen a entregarnos a Él. La consagración está basada tanto en el derecho que Él tiene sobre nosotros como en Su amor por nosotros. Este es un derecho legal, y va más allá del sentimental amor humano. Es por estas dos razones que tenemos que entregarnos a Él.

II. EL SIGNIFICADO DE LA CONSAGRACIÓN

Ser constreñidos por el amor del Señor o reconocer Su derecho legal sobre nosotros no equivale a consagrarse; más bien, después de ser constreñido por Su amor y reconocer el derecho que Él tiene sobre uno, uno tiene que dar otro paso adicional, el cual lo llevará a una nueva posición. Debido a que el Señor nos constriñe con Su amor y basándonos en que Él nos ha comprado, nos separamos de todo lo demás y vivimos, a partir de ese momento, por Él y para Él. En esto consiste la consagración. Algunas versiones traducen la palabra *consagración* en algunos pasajes del Antiguo Testamento como "recibir el servicio santo". Recibir este servicio santo significa recibir el ministerio de servir a Dios. Este es el servicio santo, esto es la consagración. Recibir el ministerio de servir a Dios es declararle al Señor: "Hoy me separo de todo para servirte, porque Tú me has amado".

III. UNA PERSONA CONSAGRADA

Después de leer Éxodo 28:1-2 y 29:1, 4, 9-10, vemos que la consagración es algo muy especial. Israel fue la nación escogida por Dios (19:5-6), pero no llegó a ser una nación consagrada. Si bien Israel estaba compuesto por doce tribus, no todas ellas recibieron el servicio santo: sólo la tribu de Leví recibió tal servicio. La tribu de Leví fue escogida por Dios (Nm. 3:11-13); sin embargo, no toda la tribu estaba consagrada, ya que entre los levitas, sólo se asignó el servicio santo a la casa de Aarón. El servicio santo no se les fue dado a todos los israelitas, ni tampoco a todos los levitas, sino a la casa de Aarón. Ella fue la única que recibió el servicio santo. Así que, para poder consagrarse, uno tenía que pertenecer a esta casa. Sólo los miembros de la casa de Aarón eran aptos para ser sacerdotes y para consagrarse.

Damos gracias a Dios que hoy nosotros somos los miembros de esta casa. Todo aquel que cree en el Señor es miembro de esta familia. Todo aquel que ha sido salvo por gracia es sacerdote (Ap. 1:5-6). Dios nos escogió para que fuésemos sacerdotes. Al principio, sólo los miembros de la casa de Aarón podían consagrarse, y si alguien que no pertenecía a esta casa se acercaba al Lugar Santísimo, moría (Nm. 18:7). Debemos recordar que sólo aquellos que son escogidos por Dios como sacerdotes pueden consagrarse a Dios. Así que, únicamente los miembros que pertenecen a dicha familia podían consagrarse. Hoy, Dios nos ha escogido para ser sacerdotes; por consiguiente, somos miembros de esta casa y somos aptos para consagrarnos.

De esto podemos ver que el hombre no se consagra porque él haya escogido a Dios, sino porque Dios lo ha escogido a él y lo ha llamado. Aquellos que piensan que le están haciendo un favor a Dios por el hecho de haberlo dejado todo son advenedizos; realmente no se han consagrado. Debemos darnos cuenta de que nuestro servicio a Dios no es un favor que le hacemos a Él ni una expresión de bondad para con Él. No tiene que ver con que nos ofrezcamos voluntariamente para la obra de Dios, sino que Dios nos ha concedido Su gracia, dándonos una porción en Su obra y así, concediéndonos tal honra y hermosura. La Biblia afirma que las vestiduras sagradas de los sacerdotes les daban honra y hermosura (Éx. 28:2). La consagración es la honra y la hermosura que Dios nos da; es el llamado que Dios nos hace para servirle. Si nos gloriamos en algo, debemos gloriarnos en nuestro maravilloso Señor. Que el Señor nos tenga a nosotros por siervos, no constituye ninguna maravilla; pero que nosotros tengamos un Señor como Él, ¡esto sí que es maravilloso! Debemos ver que la consagración es el resultado de haber sido escogidos, y que servir a Dios es un honor. No estamos exaltando a Dios si pensamos que estamos haciendo un sacrificio para Él, o si pudiéramos gloriarnos de nosotros mismos. La consagración equivale a que Dios nos glorifica a nosotros. Debemos postrarnos ante Él y exclamar: "¡Gracias Señor porque tengo parte en Tu servicio! ¡Gracias porque entre tantas personas que hay en este mundo, me has escogido a mí para participar en Tu servicio!". La consagración es un

honor, no un sacrificio. Es cierto que necesitamos sacrificar-
nos a lo sumo, pero al consagrarnos no lo sentimos como un
sacrificio, sino que percibimos únicamente la gloria de Dios en
plenitud.

IV. EL CAMINO HACIA LA CONSAGRACIÓN

En Levítico 8:14-28 vemos un novillo, dos carneros y un
canastillo con panes sin levadura. El novillo se inmolaba
como ofrenda por el pecado; el primer carnero se ofrecía como
holocausto; y el segundo carnero junto con el canastillo de los
panes sin levadura, eran para la ofrenda de la consagración.

A. La ofrenda por el pecado

Para recibir el servicio santo ante Dios, es decir, para consagrarse a Dios, primero tiene que hacerse propiciación por el
pecado. Sólo una persona que es salva y que pertenece al
Señor puede consagrarse. Así pues, la base de la consagración
es la ofrenda por el pecado.

B. El holocausto

Debemos examinar detenidamente Levítico 8:18-28. Aquí
tenemos dos carneros: un carnero se ofrecía como holocausto,
y el otro, como ofrenda de la consagración. Esto hizo que Aarón
fuera apto para servir a Dios.

¿Qué es el holocausto? Es una ofrenda que debe ser consumida completamente por el fuego. El sacerdote no podía
comer la carne del animal así sacrificado porque era completamente consumida por el fuego. El problema que nuestro
pecado representa es solucionado mediante la ofrenda por el
pecado, mientras que el holocausto hace que seamos aceptos a
Dios. El Señor Jesús llevó nuestros pecados en la cruz. Esto
atañe a Su obra como la ofrenda por el pecado. Al mismo
tiempo, mientras el Señor Jesús estaba en la cruz, el velo del
templo fue rasgado de arriba a abajo, y se nos abrió así el
camino al Lugar Santísimo. Esta es Su obra como el holocausto. La ofrenda por el pecado y el holocausto se inician en
el mismo lugar, pero conducen a dos lugares distintos. Ambos
empiezan donde se encuentra el pecador. La ofrenda por el
pecado termina en la propiciación por el pecado, mientras que

el holocausto va más allá, pues hace que el pecador llegue a ser aceptable a Dios. Por lo tanto, el holocausto, el cual es la ofrenda que hace que el pecador sea acepto en el Amado, va más allá que la ofrenda por el pecado. El holocausto es el agradable aroma del Señor Jesús ante Dios, que asegura que Dios lo acepte a Él. Cuando lo ofrecemos a Él ante Dios, nosotros también somos aceptados por Él. No sólo somos perdonados mediante la ofrenda por el pecado, sino que también somos aceptos mediante el Señor Jesús.

C. La ofrenda de la consagración

1. La aspersión de la sangre

Después que era inmolado el primer carnero, se sacrificaba el segundo. ¿Qué se hacía con el segundo carnero después de sacrificarlo? Primero, se untaba la sangre sobre el lóbulo de la oreja derecha, sobre el dedo pulgar de la mano derecha y sobre el dedo pulgar del pie derecho de Aarón y sus hijos. Esto significa que puesto que en Cristo fuimos aceptados por Dios, debemos reconocer que la sangre aplicada a nuestra oreja, nuestras manos y nuestros pies nos separa completamente para Dios. Debemos declarar que nuestras orejas, nuestras manos y nuestros pies pertenecen por entero a Dios. Debido a la redención, nuestras orejas, cuya función es oír, deben prestar oído a Dios; nuestras manos, hechas para trabajar, deben ahora laborar para Dios; y nuestros pies para caminar, ahora deben andar para Dios. Aplicamos la sangre en el lóbulo de nuestra oreja derecha, sobre el dedo pulgar de la mano derecha y sobre el dedo pulgar del pie derecho, porque nuestros miembros fueron comprados por el Señor. Debemos decirle al Señor: "Por tu redención Señor, desde este momento, no consideraré mis orejas, mis manos ni mis pies como míos, porque Tú me redimiste, Señor. Todo mi ser te pertenece a Ti, ya no es mío".

La sangre es la señal de posesión y el símbolo del amor. El "precio" que se menciona en 1 Corintios 6, y el "amor" mencionado en 2 Corintios 5 ambos se refieren a esta sangre. Debido a la sangre, el amor y el derecho de propiedad, nuestro ser ya no nos pertenece. El Señor derramó Su sangre, y nosotros debemos reconocer el derecho legítimo que esta sangre tiene sobre nosotros. El Señor nos ama; por eso confesamos que todo nuestro ser le pertenece exclusivamente a Él.

2. La ofrenda mecida

Una vez que se rociaba la sangre, se presentaba la ofrenda mecida. Debemos recordar que el segundo carnero había sido sacrificado y su sangre había sido untada en la oreja, en el dedo pulgar de la mano y el del pie. Esto todavía no es consagración, sino la base de la misma. La aspersión de la sangre es simplemente una confesión de amor y una proclamación de los derechos adquiridos sobre uno, lo cual nos hace aptos para consagrarnos; sin embargo, la verdadera consagración viene después de todo eso.

Después que el segundo carnero era sacrificado y su sangre era rociada, se sacaban la grosura, y la espaldilla derecha, y del canastillo de los panes sin levadura se tomaba una torta sin levadura, una torta de pan de aceite y una de hojaldre. Todo esto tipifica los dos aspectos del Señor Jesús. La espaldilla es la parte más fuerte del carnero y nos muestra el aspecto divino del Señor Jesús; la grosura es rica y tipifica la gloria de Dios; y el pan, el cual procede de la vida vegetal, muestra Su humanidad altísima. Él es el hombre perfecto, sin levadura y sin mancha y está lleno del aceite de la unción, del Espíritu Santo; y, como una torta de hojaldre, Su naturaleza, los sentimientos de Su corazón y Su vista espiritual son finos, tiernos y frágiles pues están llenos de ternura y compasión. Todo esto era puesto en las manos de Aarón, quien tomaba la ofrenda y la mecía delante del Señor, después de lo cual, hacía arder todo esto junto con el holocausto. En esto consiste la consagración.

Quisiera explicar que la palabra hebrea traducida "consagración" significa "tener las manos llenas". Tanto la traducción de Darby como la concordancia de Young, le dan este significado. Inicialmente, Aarón tenía sus manos vacías, pero ahora las tenía llenas. Al tener las manos llenas de tantas cosas, Aarón fue lleno del Señor y se produjo así, la consagración. Cuando Aarón no tenía nada en sus manos, no había consagración. Pero cuando Aarón tenía las manos llenas, y éstas no podían estar ocupadas por otra cosa que no fuera el propio Señor, entonces, sí había consagración.

Entonces, ¿qué es la consagración? Dios escogió a los hijos de Aarón para que le sirvieran como sacerdotes; aun así, Aarón no podía acercarse presuntuosamente; primero tenía que eliminar sus pecados y después ser aceptado en Cristo. Sus manos (las cuales denotan su labor) tenían que estar plenamente llenas de Cristo; así que, él no debía tener nada más que a Cristo; sólo entonces se producía la consagración. ¿Qué es la consagración? En palabras sencillas, la consagración consiste en lo que dijo Pablo: "Así que, hermanos, os exhorto por las compasiones de Dios, que presentéis vuestros cuerpos en sacrificio vivo, santo, agradable a Dios, que es vuestro servicio racional" (Ro. 12:1).

Necesitamos ver ante el Señor que en esta vida sólo podemos seguir un camino: servir a Dios. No tenemos otra alternativa. Servir a Dios es nuestro único camino. Para poder servir a Dios, tenemos que presentar todo nuestro ser a Él. Desde el momento en que hacemos esto, nuestro oído escuchará al Señor, nuestras manos trabajarán para Él y nuestros pies correrán por Él. Nuestros dos oídos solamente escucharán Su palabra, nuestras dos manos sólo trabajarán para Él, y nuestros dos pies sólo andarán en Su camino. Nuestra única meta es servir a Dios. Nos hemos consagrado totalmente a Él como una ofrenda, un sacrificio; por consiguiente, le hemos consagrado todo a Él. No sólo esto, sino que nuestras dos manos, llenas de Cristo, lo exaltarán y lo expresarán. Esto es lo que significa la consagración. Cuando hayamos hecho esto, Dios dirá: "Esta es una verdadera consagración". Esta saturación de Cristo es lo que Dios llama "consagración".

La consagración significa que hemos percibido el amor de Dios y hemos reconocido Su derecho sobre nosotros. Debido a esto, podemos acercarnos a Dios para implorarle el privilegio de servirle. No es simplemente que Dios nos llame, sino que nosotros nos damos como ofrenda para servirle a Él. Debemos decir: "Oh, Dios, soy Tuyo; Tú me has comprado. Antes yo estaba debajo de Tu mesa esperando comer de las migajas que caían, pero desde este momento quiero servirte; hoy, tomo la decisión de servirte a Ti. Me has aceptado en el Señor, ¿puedes concederme también una pequeña porción en esta gran tarea de servirte? Ten misericordia de mí y permíteme tomar parte en Tu servicio. Al conceder la salvación a muchos, Tú no me has ignorado ni me has rechazado. Tú me salvaste; concédeme, por tanto, ser uno de los muchos que te sirven, no me rechaces". Es así como usted debe presentarse ante el Señor. Todo es para Cristo, y únicamente para Él. Cuando usted se presente a Él de esta forma, se habrá consagrado. A esto se refiere Romanos 12 cuando dice que presentemos nuestros cuerpos. En Romanos 6 se menciona la consagración de los miembros. Esto es semejante a la aspersión de la sangre en las orejas, las manos y los pies. Romanos 12 menciona la consagración de todo el cuerpo, lo cual significa que ambas manos son llenas de Cristo. Esto vincula perfectamente el Antiguo Testamento y el Nuevo.

V. EL OBJETIVO DE LA CONSAGRACIÓN

El objetivo de la consagración no es convertirnos en predicadores de Dios ni en trabajar para Dios. El objetivo de la consagración es servir a Dios. El resultado de la consagración es el servicio. En el idioma original, la palabra *servicio* significa "atender", tal como lo haría un mesero. Esto significa que la persona se presta a servir. Debemos recordar que el objetivo de la consagración es atender a Dios. Atender a alguien como lo haría un mesero quizás no parezca un trabajo muy arduo; pero, en este caso, atender a Dios implica ponerse de pie cuando Él así lo requiera. Si Él quiere que usted se haga a un lado, usted se hace a un lado; y si Él quiere que usted corra, usted corre de inmediato. Esto es lo que significa atender a Dios.

Dios requiere que todos los cristianos presenten sus cuerpos para servirle a Él. Esto no significa necesariamente que Él quiera que usted use un púlpito o vaya a evangelizar a un lugar remoto. Lo que esto significa es que usted lo atienda a Él. Si Dios envía a alguien al púlpito, esa persona no tiene otra alternativa que obedecer y hablar. Si Dios envía a alguien a tierras remotas, esta persona no tiene otra opción sino ir. Todo nuestro tiempo es para Dios, pero la labor que llevamos a cabo se caracteriza por su flexibilidad. Todos debemos atender a

Dios, pero la labor específica que debemos realizar es flexible. Debemos aprender a atender a Dios, al presentar nuestros cuerpos para servirle a Él.

Si somos cristianos, tenemos que servir a Dios por el resto de nuestras vidas. En el momento en que una persona se consagra, debe comprender que desde ese instante, lo primordial es lo que el Señor requiera de ella. Servir a Dios es una misión para el resto de nuestra vida. Quiera el Señor tener misericordia de nosotros y nos muestre que nuestro servicio a Él es nuestra obligación. Debemos hacer ver a todos los creyentes que de ahora en adelante somos personas al servicio del Señor. Tenemos que comprender que, por ser cristianos, ya no podemos actuar irresponsablemente. No estoy diciendo que ya no debamos ejercer nuestros correspondientes oficios con lealtad y seriedad, ni tampoco que podamos estar ociosos. Ciertamente esto no es lo que quiero decir. Todavía es necesario que seamos leales y responsables en cuanto a nuestras respectivas carreras. Pero en la presencia de Dios, tenemos que darnos cuenta de que toda nuestra vida está encaminada a servirle a Él. Todo lo que hacemos tiene el propósito de obedecer la voluntad de Dios y complacerle a Él. Esta es la realidad de la consagración.

La consagración no estriba en lo mucho que uno puede darle a Dios, sino en ser aceptados por Dios y tener el honor de servirle. La consagración no está reservada para todos, sino exclusivamente para los cristianos. Sólo quienes han sido salvos, los que pertenecen al Señor, pueden consagrarse. La consagración significa poder decir: "Señor, me has dado la oportunidad y el derecho de acercarme a Ti para servirte. Señor, te pertenezco. Mis oídos, mis manos y mis pies fueron comprados con Tu sangre y te pertenecen a Ti. Desde ahora en adelante, ya no son para mi uso personal".

No debemos rogarle a los demás a que se consagren; en lugar de ello, debemos decirles que el camino está abierto para que lo hagan. Así pues, se ha abierto el camino para servir a nuestro Dios, el Señor de los ejércitos. Debemos entender que nuestra meta es servir al Señor de los ejércitos. Es un gran error pensar que la consagración es un favor que le hacemos a Dios.

El Antiguo Testamento revela claramente que un hombre no se puede consagrar sin la aprobación de Dios. También el Nuevo Testamento nos exhorta a consagrarnos por las compasiones de Dios. Él nos ama mucho, por lo tanto, debemos consagrarnos. Este es nuestro servicio racional. No es pedir un favor; sino que es lo más razonable, lo más natural. La consagración no depende de nuestra voluntad, pues proviene de la abundancia de la gracia de Dios. Debemos ver que tener el derecho de servir a Dios es el mayor honor de nuestra vida. Ciertamente es un gran gozo para el hombre ser salvo, pero es aún mayor gozo el participar en el servicio de Dios. ¿Quién creen que es nuestro Dios? ¡Tenemos que ver Su grandeza y Su gloria para poder entender la enorme importancia y el gran honor de este servicio! ¡Qué maravilloso es recibir Su gracia y ser tenidos por dignos de servirle a Él!

Capítulo cuatro

LA CONFESIÓN VERBAL

Lectura bíblica: Ro. 10:10; Pr. 29:25; Mt. 10:32-33

I. LA IMPORTANCIA DE LA CONFESIÓN VERBAL

Cuando una persona ha creído en el Señor, no debe mantener este hecho en secreto, sino que tiene que confesar con su boca al Señor. Confesar al Señor con nuestra boca es de suma importancia.

A. Confesar con la boca inmediatamente después de creer

Tan pronto como una persona cree en el Señor, debe confesar al Señor delante de los hombres. Supongamos que una mujer da a luz a un hijo. ¿Qué pensaríamos si el niño todavía no habla a la edad de uno, dos o tres años? ¿Diríamos que quizás es tardo en su desarrollo lingüístico? ¿Le sería posible a esa persona comenzar a contar, "uno, dos, tres, cuatro", a los treinta años de edad y aprender a decir "papá" y "mamá" a los cincuenta años? Por supuesto que no. Si una persona es muda desde su infancia, probablemente lo seguirá siendo por el resto de su vida, y si no ha podido decir "papá" o "mamá" cuando era joven, probablemente tampoco podrá hacerlo por el resto de su vida. De la misma manera, si un recién convertido no confiesa al Señor ante los demás inmediatamente después de haber creído en Él, me temo que no lo hará por el resto de su vida. Si no pudo hablar de Él cuando era joven, probablemente tampoco lo hará cuando sea mayor.

Muchos han sido cristianos por diez o veinte años y todavía siguen mudos. Esto se debe a que no abrieron sus bocas en la primera o segunda semana de su vida cristiana. Ellos continuarán siendo mudos hasta que mueran. Confesar a nuestro Señor es una práctica que debe iniciarse en el momento en que uno cree. Si usted abre su boca el día en que creyó en el Señor, el camino a la confesión estará abierto para usted. Si una persona no confiesa al Señor en las primeras semanas, los primeros meses, o los primeros años de su vida cristiana, lo más probable es que no lo hará el resto de su vida. Por lo tanto, tan pronto como una persona cree en el Señor, debe esforzarse por hablar de Él a otros, aunque le sea difícil y no le agrade hacerlo. Debe hablar a sus familiares y amigos. Si no aprende a hablar del Señor a los demás, me temo que a los ojos de Dios, será considerado un mudo por el resto de su vida. No queremos que los creyentes sean mudos. Por esta razón desde el primer momento debemos aprender a abrir nuestra boca. Si una persona no lo hace al principio, mucho menos lo hará más tarde. A menos que Dios les conceda especial misericordia, o haya algún avivamiento, estas personas jamás abrirán sus bocas. Si no confiesan desde un principio, les será muy difícil hacerlo más tarde. El recién converso debe buscar la oportunidad de confesar al Señor ante los hombres, porque tal confesión es muy importante y de mucho provecho.

B. Con la boca se confiesa para salvación

En Romanos 10:10 dice: "Porque con el corazón se cree para justicia, y con la boca se confiesa para salvación". Con el corazón uno cree para justicia ante Dios, y con la boca uno confiesa para salvación ante los hombres. Si usted ha creído en su corazón, lo ha hecho ante Dios, nadie más lo puede ver. Si usted ha creído sinceramente, usted ha sido justificado ante Dios, pero si sólo cree en su corazón y no lo confiesa con su boca, nadie sabrá que usted ha sido salvo, y la gente seguirá considerándole un incrédulo, pues no ven ninguna diferencia entre usted y ellos. Por esta razón, la Biblia recalca que, además de creer con el corazón, es menester también confesar con la boca. Debemos confesar con nuestra boca.

Todo nuevo creyente debe buscar oportunidades para confesar al Señor a sus compañeros de clase y de trabajo, a sus amigos, a sus familiares y a todos aquellos con quienes tenga contacto. Tan pronto se presente la oportunidad, les debe decir: "¡He creído en el Señor Jesús!". Cuanto más pronto ellos abran la boca para declarar esto, mejor, porque una vez que lo hagan, los demás reconocerán que han creído en el Señor Jesús. De esta manera, se librarán de la compañía de los incrédulos.

He visto que muchas personas están indecisas con respecto a aceptar al Señor, pero una vez que se levantan y proclaman: "¡Creo en el Señor Jesús!", se sienten más seguros. Lo peor que le puede suceder a un cristiano es quedarse con la boca cerrada. Si habla, habrá dado un paso hacia adelante y se sentirá más seguro. Muchos creyentes dudan al principio, pero tan pronto proclaman: "Yo creo", adquieren seguridad.

C. La confesión nos evita problemas

Es de gran beneficio confesar con la boca después de creer con el corazón en el Señor, porque esto nos evitará muchos problemas en el futuro.

Supongamos que usted no abre su boca, y no dice: "He decidido seguir al Señor Jesús y ya le pertenezco a Él". Los demás lo seguirán considerando igual que ellos. Así que cuando ellos pecan o se involucran en concupiscencias, siguen pensando que usted es como ellos. Usted sabe en su corazón que es cristiano y que no está bien andar con ellos, pero usted no les rechaza por complacerles. Al principio inventa pretextos para no aceptar sus invitaciones, pero ellos continúan presionándole y usted tiene que pensar en una nueva excusa o quizás dos para no ir con ellos. ¿Por qué no decirles desde un principio que usted es creyente? Todo lo que tiene que hacer es confesar una o dos veces para que dejen de molestarlo.

Si usted no confiesa con su boca, es decir, si sigue siendo un cristiano en secreto, tendrá más dificultades que los que son cristianos abiertamente, ya que las tentaciones que experimentará serán mucho más fuertes que las que experimentan los otros cristianos que confiesan al Señor. Estará atado por los afectos humanos, y las relaciones antiguas le afectarán mucho más, ya que no siempre podrá excusarse diciendo que tiene dolor de cabeza, o que está ocupado. Como no puede usar las mismas excusas una y otra vez, es mejor declarar desde el primer día: "He creído en el Señor Jesús y lo he recibido en mi corazón". Una vez que usted haga saber esto a sus compañeros de clase y de trabajo, a sus amigos y familiares, ellos sabrán que usted no es como ellos, y eso le ahorrará muchos problemas; de lo contrario, usted se encontrará con muchos obstáculos. Confesar al Señor evita muchas contrariedades.

D. No confesar al Señor
hará que su conciencia lo acuse

Existe un problema muy serio para la persona que no confiesa al Señor con su boca. Muchos creyentes del Señor tuvieron esta experiencia cuando Él estuvo en la tierra.

Los judíos rechazaron al Señor Jesús y se le opusieron con vehemencia. En Juan 9, vemos el acuerdo al cual ellos habían llegado: Si alguno confesaba que Jesús era el Cristo, sería expulsado de la sinagoga (v. 22). En el capítulo 12 de este mismo libro, la Biblia dice que muchos gobernantes judíos creyeron en el Señor Jesús secretamente, pues no se atrevían a confesarlo por temor a ser expulsados de la sinagoga (v. 42). ¿Cree usted que estas personas tenían paz en sus corazones? Quizás se habrían sentido incómodos si hubiesen confesado al Señor Jesús, pero ciertamente sufrían una incomodidad aún mayor al no confesarlo. ¿Qué clase de lugar era la sinagoga? Era un lugar donde la gente se oponía al Señor Jesús. Allí se tramaban y discutían planes en contra del Señor conspirando contra Él y procurando sorprenderlo en alguna falta. Estas eran las actividades tenebrosas que tomaban lugar en la sinagoga. ¿Qué podría hacer un creyente genuino en medio de tales personas? ¿Cuánta fuerza de voluntad se necesitaría para mantener la boca cerrada? En tal ambiente es muy difícil que alguien confiese al Señor con su boca, pero no confesarlo públicamente resulta mucho más difícil.

La sinagoga judía es un cuadro del mundo que se opone al Señor. El mundo siempre critica al Señor Jesús y siempre considera a Jesús de Nazaret un verdadero problema. El mundo siempre habla en contra del Señor. Al estar en tal lugar, ¿podría usted escuchar a esta gente y, aun así, pretender ser como uno de ellos? Fingir no sólo es doloroso, sino que también es muy difícil, ya que se requiere mucho más esfuerzo para controlarse y refrenarse. En tales circunstancias, acaso no habría algo dentro de usted que anhelara poder gritar: "¡Este hombre es el Hijo de Dios y yo creo en Él!". Acaso no hay algo en usted que desea proclamar: "¡Este hombre es mi Salvador y yo creo en Él!", o "¡Este hombre me puede librar de mis pecados y aunque usted no crea en Él, yo sí creo en Él!". ¿No hay acaso algo dentro de usted que desea proclamar esto a los cuatro vientos?

¿Va usted a obligarse a estar callado simplemente porque desea el respeto y la posición que los hombres le dan? Según mi parecer, creo que habría sido mejor para el grupo de gobernantes judíos mencionados en el capítulo 12 ser expulsados de la sinagoga. Si hubieran confesado al Señor se habrían sentido mucho mejor. Si usted no fuera un creyente verdadero, seguramente le daría igual confesar al Señor o no. Pero, debido a que usted es un creyente genuino, su conciencia lo acusaría si pretendiese simpatizar con quienes se oponen al Señor. Cuando hay alguien que se opone al Señor, usted no siente paz en su corazón; pero aun así, dice forzosamente: "¡Eso que usted dice es muy interesante!". ¿No es esto lo más terrible y doloroso que le pueda suceder a hombre alguno?

No hay nada más doloroso que no confesar al Señor ante los hombres. Este es el mayor de los sufrimientos. A mí no me gustaría estar en el lugar de aquellos gobernantes judíos, porque el sufrimiento que ellos experimentaron fue muy grande. Si usted no es creyente, no tiene nada que decir, pero si usted ha creído, lo mejor que puede hacer y lo que es más fácil y gozoso es salirse de la sinagoga. Quizás a usted le parezca que hay demasiados obstáculos para ello, pero las experiencias pasadas nos indican que estos obstáculos serán cada vez mayores, y que su corazón sufrirá más si no opta por este camino.

Supongamos que usted oye una calumnia contra sus padres y escucha callado sin hacer nada, o peor aún, pretende estar de acuerdo con ello. Si usted hace tal cosa, ¿qué clase de persona es usted? Nuestro Señor dio Su vida para salvarnos. Si no decimos nada del Señor a quien nosotros adoramos y servimos ¿a qué grado de cobardía hemos llegado? Debemos ser osados y proclamar: "¡Yo pertenezco al Señor!".

II. ALGUNOS ERRORES COMUNES

A. Intentar reemplazar la confesión con un buen comportamiento

Muchos creyentes nuevos son influenciados por las enseñanzas tradicionales y piensan que portarse bien es más importante para un cristiano que confesar con sus labios. Piensan que un cambio en lo que uno dice no es tan importante como un cambio en lo que uno hace. Debemos desechar este concepto, el cual es totalmente erróneo. Con esto no estamos diciendo que no sea necesario cambiar nuestra conducta, porque si nuestra conducta no cambia, nuestra confesión es en balde. Pero cambiar nuestra manera de obrar sin confesar con nuestra boca es igualmente vano. Un cambio de conducta jamás podría reemplazar la confesión, porque aun cuando nuestra conducta haya cambiado, aún sigue siendo necesario confesar públicamente al Señor.

El nuevo creyente debe aprovechar la primera oportunidad que se le presente de hablar a los demás sobre su fe en el Señor Jesús. Si usted no confiesa con la boca, hará que se formen conjeturas sobre usted y se especule sobre su comportamiento. Se dirán muchas cosas acerca de usted, pero no mencionarán al Señor Jesús; así que es mejor que les diga por qué ha habido tal cambio en su conducta, ya que una buena conducta jamás reemplazará la confesión verbal. Es importante tener una buena conducta, pero también lo es confesar con nuestra boca. Por lo tanto, usted debe confesar: "Jesús es mi Señor y deseo servirle". Estas palabras deben salir de su boca, aunque su conducta sea muy buena.

Hemos oído a mucha gente decir que no hay necesidad de decir nada si se tiene una buena conducta. Recuerden que nadie se molestará en criticar a aquellos que dicen esto, aun cuando su conducta no haya sido tan buena, pero si dice que es cristiano, inmediatamente los demás lo criticarán y lo censurarán cuando cometa la menor falta. Así que aquellos que dicen que es suficiente con manifestar una buena conducta y que no es necesario confesar con la boca, en realidad están dándose una excusa para portarse mal. Dejan una puerta abierta para escapar de las críticas. No crean que es suficiente tener un cambio de conducta; es absolutamente indispensable confesar con la boca.

B. El temor de no perseverar hasta el final

Algunas personas piensan de esta manera: "Si confieso verbalmente y luego no persevero en mi convicción cristiana, ¿no será esto motivo de burla? Supongamos que después de tres o cinco años he fracasado como cristiano, ¿qué debo hacer entonces? Es mejor no decir nada ahora y esperar que pasen algunos años hasta que esté seguro". Podemos decirles a estas personas que si no confiesan su fe por temor de caer o fracasar, sin duda alguna fracasarán. Estas personas han abierto una puerta trasera procurando evitar la puerta principal. Es decir, ya han hecho los preparativos necesarios para poder desdecirse de su propia confesión de fe. Estas personas quieren esperar a sentirse seguras antes de confesar. Podemos estar seguros que tales personas fracasarán. Es mejor declarar resueltamente: "¡Yo soy del Señor!". Si usted cierra la puerta trasera, le será mucho más difícil retroceder o desviarse y tendrá más posibilidades de avanzar que de retroceder. De hecho, esta es la única manera en la que usted podrá avanzar.

Si usted espera mejorar su comportamiento antes de decidirse a confesar al Señor delante de los demás, su boca jamás se abrirá; estará mudo para siempre aunque llegue a manifestar una buena conducta. Si usted no abre su boca desde un principio, más tarde le será mucho más difícil. Si usted confiesa verbalmente su fe, la posibilidad de tener una buena conducta se incrementará, pero si espera confesar hasta que su conducta mejore, perderá no sólo la oportunidad de abrir su boca, sino también la de tener una buena conducta.

Es reconfortante saber que Dios no sólo nos redime, sino que también nos guarda. ¿Con qué podemos comparar la redención? La redención es la adquisición de algo. Pero, ¿qué significa entonces guardar? Guardar es retener lo adquirido. ¿Quién en este mundo compra cierto artículo pensando que luego lo va a tirar? Cuando compramos un reloj, esperamos usarlo por lo menos cinco o diez años; no lo compramos para luego tirarlo. Dios salva a personas por todo el mundo, pero no las salva para tirarlas. Él quiere resguardar lo que ha salvado.

Puesto que Dios nos salvó, Él nos guardará. Puesto que Dios nos redimió, Él nos guardará hasta aquel día. Dios nos ama tanto que envió a Su Hijo para redimirnos. Si Él no hubiera tenido la intención de guardarnos, no habría pagado tan alto precio. El plan y propósito de Dios es salvaguardarnos. Así que no tengan temor de levantarse y declarar: "¡Creo en el Señor!". Posiblemente se pregunte: "¿Qué pasará si cometo una falta a los pocos días?". No se preocupe. Dios será responsable de eso, así que mejor levántese y diga: "¡Yo pertenezco a Dios!". Entréguese a Él. Dios sabe que usted necesita apoyo, cuidado y protección. Podemos afirmar con certeza que Dios resguarda la salvación del hombre. Esto hará que la redención esté llena de significado para nosotros.

C. El temor del hombre

Algunas personas no se atreven a confesar al Señor públicamente porque tienen temor de los hombres. Son muchos los que honestamente pueden decir que verdaderamente están dispuestos a ponerse de pie y confesar al Señor públicamente y sin ninguna reserva, pero en cuanto ven el rostro de los demás, sienten temor. Al ver el rostro de sus padres o de sus amigos, los sobrecoge la timidez que les impide hablar. Es aquí donde muchas personas tropiezan, porque sienten temor de los hombres y no se atreven a abrir su boca. Algunas personas son tímidas por naturaleza, no sólo en cuanto a confesar al Señor, sino también en otras cosas. Pedirles que hablen sobre su fe equivale a pedirles que sacrifiquen su vida. Ellos sencillamente no se atreven a abrir sus bocas.

No obstante, esta clase de persona debe prestar oído a lo que Dios dice al respecto. Proverbios 29:25 dice: "El temor del hombre pondrá lazo". Si usted siente temor de ver a los demás, caerá en un "lazo", porque su temor se convertirá en una trampa para usted. Es decir, su temor se convierte en su propio lazo. Cada vez que su corazón siente temor de los hombres, usted se está enredando en su propio lazo, en el cual caerá porque éste ha sido creado por su propio temor. Posiblemente la persona a la que usted teme, esté dispuesta a escucharle, y aun si no quisiera oírle, posiblemente ella no sea tan terrible como usted se imagina.

Hay una historia de dos personas que eran colegas. Uno de ellos era creyente, y el otro no. Pero el creyente era muy tímido y no se atrevía a decirle a su colega incrédulo que había sido salvo. El incrédulo estaba muy intrigado por el gran cambio que se había operado en su compañero, porque éste antes era muy iracundo, pero ahora había cambiado; sin embargo, no se atrevía a preguntarle cuál era la razón del cambio. Todos los días trabajaban juntos, compartían la misma mesa y se sentaban frente a frente; uno no se atrevía a hablar, y el otro no se atrevía preguntar. Día tras día se miraban el uno al otro. A uno le daba miedo hablar, y al otro le daba miedo preguntar. Un día el creyente no pudo aguantarse más, y después de orar, aproximándose a su colega, le estrechó la mano fuertemente y le dijo: "Soy muy tímido, pero desde hace tres meses he querido decirle algo, y ahora se lo voy a decir: He creído en Jesús". Al decir esto, su rostro palideció. El otro respondió: "Yo también desde hace tres meses he querido preguntarle a qué se debe el cambio suyo pero no me atrevía a hacerlo". Al oír esto, el creyente se sintió motivado a seguir hablando y pudo llevar a su amigo a recibir al Señor.

Los creyentes que tengan temor de los hombres fracasarán. Recuerde que si teme a alguien, posiblemente él también le tema a usted. Si seguimos a Dios, no hay razón para temer. Aquel que tema a los hombres, no podrá ser un buen cristiano ni podrá servir al Señor. El cristiano debe confesar al Señor ante sus familiares y amigos, en privado y en público. Debemos hacer esto desde un principio.

D. La timidez

Algunas personas son tímidas y se avergüenzan de ser cristianas. Es verdad que esta clase de vergüenza puede presentarse cuando uno se enfrenta a incrédulos. Si usted les dice que trabaja haciendo investigaciones en el campo de la técnica, le felicitarán por tener un futuro brillante, y si les dice que está estudiando filosofía, dirán que usted es una persona muy inteligente. A usted no le avergüenza hablar de muchas cosas. Sin embargo, si dice que es cristiano, muchos dirán que usted es demasiado ingenuo o que no es lo suficientemente inteligente, y tendrán poca estima de usted. Hablar sobre otros temas no le da vergüenza, pero hablar de su fe cristiana sí le da vergüenza. Es inevitable que un nuevo creyente sienta vergüenza cuando confiesa públicamente su fe; pero debe vencer tal sentimiento. Es cierto que el mundo se avergüenza de alguien que se ha hecho cristiano, pero nosotros tenemos que superar tal sentimiento.

¿Cómo podemos superar esta sensación de vergüenza? Tenemos que enfrentarnos a tal sentimiento desde dos ángulos diferentes:

Por un lado, tenemos que darnos cuenta que cuando el Señor Jesús fue crucificado, Él llevó nuestros pecados y también nuestra vergüenza. Cuando el Señor llevó nuestros pecados, Él sufrió una gran humillación. Así pues, a los ojos de Dios, nosotros también debemos estar dispuestos a sufrir semejante humillación de parte de los hombres. La humillación que hemos de sufrir delante de los hombres, jamás podrá compararse con la humillación que nuestro Señor sufrió por nosotros en la cruz. Por lo tanto, no nos debe sorprender si somos humillados; debemos entender que pertenecemos al Señor.

Por otra parte, hay un buen himno que dice así: "¡Nuestra timidez es como si el cielo de la mañana repudiase al sol! Pero el Señor irradia la divina luz que ilumina nuestra conciencia, que es tan oscura como la noche". Ya que el Señor, ha tenido tanta gracia para con nosotros y nos ha redimido, sentir vergüenza de confesarlo es como si el cielo de la mañana se avergonzara de la iluminación del sol. Hemos hallado gracia en el Señor; Él nos ha redimido, nos ha guardado y nos llevará a los cielos. Sin embargo, ¡consideramos una vergüenza confesar nuestra fe en Él! Si esto es una vergüenza, ¡entonces toda la gracia que hemos recibido debe ser una vergüenza y debemos negarla! El Señor ha hecho mucho por nosotros, ¿cómo entonces, es posible que nos avergoncemos de confesarlo?

Debemos avergonzarnos por cosas como: juergas, borracheras, libertinajes, pecados, obras de las tinieblas y obras del maligno. El Señor nos ha librado de todo esto, y debemos sentirnos gloriosos. ¿Cómo, entonces, podemos sentirnos avergonzados? No nos debe dar vergüenza confesar al Señor, porque ¡es glorioso y es motivo de gozo confesar Su nombre! Nosotros somos los que nunca pereceremos, y jamás seremos condenados ni juzgados por Dios; nunca nos apartaremos de Su glorioso rostro. ¡Somos aquellos que siguen al Cordero por dondequiera que va y siempre estaremos con Él! (Ap. 14:4) No debemos permitir que la gente siembre la semilla de vergüenza en nosotros. Debemos levantarnos osadamente y decir que pertenecemos a Dios. ¡Gloriémonos y regocijémonos en Él!

Pedro era una persona de voluntad férrea por naturaleza y se esforzaba por destacar entre los discípulos y ser el primero en todo. Pero un día negó al Señor y se convirtió en un mísero ratón. Cuando fue interrogado, tuvo temor. En términos humanos, Pedro era un "héroe" y un líder nato entre los discípulos, pero sintió temor incluso antes de que otros intentarán quitarle la vida. Tuvo temor y maldijo cuando sólo le dijeron: "Éste estaba con Jesús el nazareno". Esto realmente dejaba mucho que desear. Todos aquellos que se rehúsan a confesar al Señor públicamente son dignos de lástima. Lo que Pedro hizo fue muy bajo; fue una verdadera vileza que negara al Señor (Mt. 26:69-75).

Aquellos que son tan tímidos que no abren sus bocas, están llenos de vergüenza. Los que son verdaderamente nobles confiesan su fidelidad a Jesús de Nazaret aun cuando estén a punto de ser quemados en la hoguera o ser arrojados al mar. Pueden ser azotados, quemados vivos o echados en un foso de leones; sin embargo, todavía proclaman: "¡Yo pertenezco a Jesús el nazareno!". ¡En todo el mundo, no hay nada más glorioso que esto! La persona que debiera sentirse más avergonzada es aquella que tiene vergüenza de confesar al Señor. Tales personas resultan inútiles. Ellas incluso ¡se detestan a sí mismas y se avergüenzan de sí mismas! Es una verdadera vergüenza que uno se menosprecie a sí mismo y que tenga vergüenza de lo que ha recibido.

Por lo tanto, no debemos tener temor ni vergüenza. Todos aquellos que desean aprender a seguir al Señor deben aprender a confesarle delante de los hombres con toda confianza. Si la luz, la santidad, la espiritualidad y seguir al Señor es una deshonra; y la oscuridad, el pecado, la carnalidad y seguir al hombre traen gloria, entonces debemos escoger la deshonra. Preferimos sufrir el vituperio de Cristo, tal como lo hizo Moisés, ya que tal humillación es mucho más gloriosa que la gloria de los hombres (He. 11:26).

E. Amar la gloria de los hombres

¿Por qué los gobernantes mencionados en Juan 12 no confesaron al Señor? Porque amaban más la gloria de los hombres que la gloria de Dios. Muchas personas no se atreven a confesar abiertamente su fe porque no solamente desean a Cristo, sino también desean la sinagoga. Esas personas desean a Cristo y es por eso que creen en Él; pero ellas no lo confiesan porque también desean permanecer en la sinagoga. Si una persona desea ambas cosas, no será fiel a ninguna de las dos.

Si usted desea servir al Señor, debe elegir entre el Señor o la sinagoga; de lo contrario jamás será un buen cristiano. Debe tomar la decisión de escoger al Señor o a los hombres. Los gobernantes tenían temor de perder el favor de los hombres. Temían que si confesaban al Señor, serían expulsados de la sinagoga. El que escoge al Señor, de una manera incondicional, no tendrá temor de ser expulsado de la sinagoga.

Si la gente no le persigue después de que usted ha creído en el Señor, debe decir: "¡Señor, gracias!", pero si le persiguen después de confesar al Señor, también debe decir "¡Señor, gracias!". ¿Qué hay de raro en esto? Nosotros no podemos ser como aquellos gobernantes que, por su amor a la sinagoga, no quisieron confesar su fe en el Señor Jesús. Si todos los creyentes fueran como ellos, la iglesia no existiría hoy. Si Pedro hubiera regresado a su casa y se hubiera quedado callado después de haber creído en el Señor, si Pablo, Lucas, Darby y todos los demás hubieran guardado silencio después de creer, y si todos los que están en la iglesia se hubieran quedado callados y no se hubieran atrevido a confesar al Señor, ciertamente habrían tenido menos problemas, ¡pero la iglesia no existiría hoy!

Una de las características de la iglesia es que se atreve a creer en el Señor, y otra es que se atreve a confesar su fe en Él. Ser salvo no significa simplemente creer en el Señor Jesús, sino creer y confesar que uno es creyente. La confesión es muy importante. La fe cristiana no sólo se manifiesta en la conducta, sino también en aquello que proclamamos con nuestros labios. Debemos confesar con nuestra boca: "¡Yo soy cristiano!". No es suficiente que un cristiano manifieste una buena conducta; él debe también confesar con su boca. Si no tenemos labios que confiesan al Señor públicamente, tampoco existirá el cristianismo. La Escritura es muy clara: "Con el corazón se cree para justicia, y con la boca se confiesa para salvación". Ser cristiano es creer con el corazón, y confesar con la boca.

III. NUESTRA CONFESIÓN
Y LA CONFESIÓN DEL SEÑOR

El Señor dijo: "Pues a todo el que en Mí confiese delante de los hombres, Yo en él también confesaré delante de Mi Padre que está en los cielos" (Mt. 10:32). Agradecemos al Señor porque si lo confesamos a Él hoy, en aquel día Él también nos confesará a nosotros. El Señor también dijo: "Pero a cualquiera que me niegue delante de los hombres, Yo también le negaré delante de Mi Padre que está en los cielos" (v. 33). "Mas el que me niegue delante de los hombres, será negado delante de los ángeles de Dios" (Lc. 12:9). ¡Qué contraste! Todo lo que tenemos que hacer es confesar que el Señor excelente, el distinguido entre millares, es el Hijo de Dios, y entonces Él nos confesará delante del Padre celestial y de los ángeles de Dios. Si usted piensa que es difícil confesar a tan glorioso Señor delante de los hombres, el Señor también tendrá dificultad en confesar delante de Su Padre a una persona como usted cuando Él retorne en la gloria del Padre. No debemos evitar confesar al Señor por temor a los hombres (Is. 51:12) Si hoy es difícil para nosotros confesar a Jesucristo, el Hijo del Dios viviente; en aquel día, cuando Él regrese, le será difícil a Él confesarnos ante Su Padre y ante todos los ángeles gloriosos. ¡Éste es un asunto muy serio!

En realidad, no es difícil confesar al Señor, especialmente si comparamos nuestra confesión con la Suya. Es muy difícil que Él nos confiese a nosotros porque somos los hijos pródigos que recién regresamos a casa, y no hay nada bueno en nosotros, pero Él nos confesará delante de Su Padre en el futuro. ¡Confesémoslo ante los hombres hoy!

Quiera Dios que desde el principio los recién convertidos

no se avergüencen de confesar al Señor. Jamás seamos cristianos secretos.

Capítulo cinco

SEPARADOS DEL MUNDO

Escritura bíblica: Éx. 10:8-11, 21-26; 12:6-11, 37-42; 2 Co. 6:17

En la Biblia hay muchos mandamientos con respecto a nuestra separación del mundo. El Antiguo Testamento da numerosos ejemplos y enseñanzas al respecto. Por ejemplo: Egipto, Ur de los caldeos, Babilonia y Sodoma tipifican al mundo en sus diferentes aspectos. Egipto representa el gozo del mundo; Ur de los caldeos representa las religiones del mundo; la torre de Babel, la confusión del mundo; y Sodoma, los pecados del mundo. Debemos salir de Egipto y también salir de Ur de los caldeos, tal como lo hizo Abraham. Lot se fue a Sodoma, y el pueblo de Israel estuvo cautivo en Babilonia. Todos nosotros también debemos salir de esos lugares. La Biblia se vale de cuatro lugares diferentes para representar el mundo y mostrarnos cómo el pueblo de Dios sale de estos distintos aspectos del mundo.

I. LO QUE TIPIFICA EL ÉXODO DE EGIPTO

A. El resultado de la redención es salir de allí

Dios salvó a los israelitas mediante el Cordero de la pascua. Cuando el mensajero de Dios salió a dar muerte a todo primogénito de la tierra de Egipto, el ángel de la muerte pasó de largo ante las puertas untadas con la sangre. En la casa cuya puerta no hubiera sangre, moriría el primogénito. Esto no tenía nada que ver con que si la puerta era buena o mala, si el dintel y los postes eran especiales, si era una buena familia la que vivía en esa casa, o si el primogénito honraba a sus padres. Lo único que contaba era que la sangre estuviera allí. Perecer o no perecer no depende del nivel social de la familia ni del comportamiento de uno, sino de la sangre. El factor básico de la salvación es la sangre, lo cual no tiene nada que ver con nosotros mismos.

Puesto que somos salvos por gracia y fuimos redimidos por la sangre del Cordero, no debemos olvidar que en cuanto la sangre nos redime, debemos prepararnos y salir. Una vez que somos redimidos por la sangre, no debemos pensar en comprar casas y morar en Egipto. No, todos debemos salir esa misma noche. Antes de la medianoche, los israelitas sacrificaron el cordero y rociaron la sangre con hisopo; después comieron apresuradamente, con sus lomos ceñidos y los bordones en sus manos, porque tenían que salir inmediatamente.

El primer resultado de la redención es nuestra separación del mundo, la cual consiste en abandonar el mundo al salir de allí. Dios jamás redime a una persona para dejarla en el mismo estado y para que siga viviendo en el mundo. De hecho, esto es absolutamente imposible. Todo el que haya nacido de nuevo, es decir, sea salvo, debe tomar su bordón y salir. Una vez que el ángel de la destrucción separaba al que habría de ser salvo del que iba a perecer, el salvo tenía que salir. En cuanto somos separados por el ángel heridor, tenemos que empacar y salir de Egipto.

Nadie usa un bordón para acostarse, pues el bordón no sirve de almohada, sino que se usa para caminar. Todos los que fueron redimidos, ya sean ancianos o jóvenes, debían tomar su bordón y salir esa misma noche. Igualmente, tan pronto somos redimidos por la sangre, nos convertimos en extranjeros y peregrinos en esta tierra. Así que debemos salir de Egipto y separarnos del mundo inmediatamente. No debemos seguir morando allí.

Una hermana, mientras enseñaba en la reunión de niños la historia de Lázaro y el rico, les preguntó: "¿Desean ser el rico o ser Lázaro? Acuérdense que el rico disfruta en esta era, pero sufrirá en la próxima, mientras que Lázaro sufre hoy, pero disfrutará en la era venidera. ¿Cuál de estos dos quisieran ser?". Una niña de ocho años le respondió: "Mientras yo esté vivo, quiero ser el rico, pero cuando muera, quiero ser Lázaro". Muchas personas son así, cuando necesitan la salvación, confían en la sangre del Cordero, pero después de que son salvos por la sangre, se establecen firmemente en Egipto, esperando obtener el beneficio de los dos lados.

Recuerden que la redención que la sangre efectúa nos salva del mundo. Cuando la sangre nos redime, nos convertimos inmediatamente en extranjeros y peregrinos en esta tierra. Esto no quiere decir que ya no vivamos en el mundo, sino que fuimos separados del mundo. Así que, cuando se aplica la redención, el resultado es este: somos separados del mundo. Tan pronto somos redimidos, el curso de nuestra vida cambia y tenemos que dejar el mundo. La sangre separa a los vivos de los muertos y, también separa a los hijos de Dios de la gente del mundo. Una vez redimidos, ya no podemos permanecer en el mundo.

B. Las muchas frustraciones que pone el Faraón

La historia del éxodo de los hijos de Israel, la salida de Egipto, nos muestra cuán difícil fue para ellos salir de allí. Egipto trató de retenerlos una y otra vez. Cuando por primera vez ellos intentaron salir, Faraón sólo permitió que salieran los varones, mientras que los niños y los ancianos tenían que permanecer en Egipto. Él sabía que haciendo esto, los fuertes no podían ir muy lejos y que con el tiempo regresarían. La estrategia de Satanás es evitar que nos separemos totalmente de Egipto. Por eso Moisés, desde un principio, rehusó las tácticas retardatorias que el Faraón quería ocasionar. Si dejamos en Egipto alguna posesión o persona, no podremos ir muy lejos, porque eso nos hará regresar.

Recuerden lo que Faraón le dijo la primera vez a Moisés: "Andad, ofreced sacrificio a vuestro Dios en la tierra" (Éx. 8:25). Después le dijo que no fueran muy lejos; y en la tercera ocasión, Faraón dijo a Moisés que sólo los varones podían irse; y por último, dijo que todo el pueblo podía salir, pero que el ganado y las ovejas tenían que quedarse atrás. Lo que deseaba el Faraón era persuadirlos a que sirviesen a Dios allí en Egipto. Esta era su premisa básica. El faraón estaba dispuesto a permitir que ellos fueran hijos de Dios, siempre y cuando permanecieran en Egipto, porque sabía que si una persona servía a Dios allí, no le sería fácil tener un testimonio adecuado y, al final, tendría que servir al Faraón. Aunque deseara ser un siervo de Dios, terminaría siendo siervo de Satanás.

Si usted intenta servir a Dios en el mundo, terminará siendo esclavo de Satanás, produciendo ladrillos para él. Él no le soltará, y si lo hiciera, no le dejará irse muy lejos y sólo permitirá que los varones vayan, mas el resto tendrá que quedarse. Satanás conoce muy bien Mateo 6:21: "Porque donde esté tu tesoro, allí estará también tu corazón", y conoce que una persona y su tesoro van juntos. Satanás sabía que si Faraón retenía el ganado y las ovejas, el pueblo no podría ir muy lejos y, a la postre, iría en pos de su ganado y sus ovejas. Pero Dios quería que el ganado y las ovejas fueran en pos de sus dueños. Así, Dios deseaba salvar a las personas de sus tesoros.

Desde el momento en que una persona es salva, debe ir al desierto y llevar consigo a los suyos y todos sus tesoros. Si no lo hace, regresará a Egipto y no podrá separarse de Egipto. Dios manda que quienes le sirven se separen del mundo.

C. Nuestra senda: el desierto

Si anhelamos tener un testimonio apropiado, no basta con confesar con nuestra boca: "Creo en el Señor Jesús", sino que también tenemos que salir del mundo y separarnos del mismo. Esto nos llevará un paso más adelante. No podemos ser cristianos mudos; sin embargo, tampoco basta con solamente abrir la boca para confesar nuestra fe. Tenemos que separarnos del mundo y poner fin a nuestras antiguas amistades, nuestros vínculos sociales y toda otra relación que tengamos con el mundo. Debemos valorar la posición que ahora tenemos en el Señor y abandonar la posición que teníamos en el pasado. No sólo nosotros debemos salir de Egipto, sino también nuestras posesiones. Aunque otros digan que somos insensatos, no debemos escucharlos; debemos salir de Egipto hoy mismo. Desde el momento en que nos hicimos cristianos, Egipto ha dejado de ser nuestra senda. Ahora nuestra senda es el desierto.

En el Nuevo Testamento, tanto Egipto como el desierto representan el mundo: Egipto, en el sentido moral, y el desierto, en el sentido físico. Los cristianos forman parte del mundo en un sentido físico, mas no en el sentido moral. Además, tenemos que saber distinguir otros dos aspectos del mundo: el mundo es un lugar y es también un sistema. En el mundo físico hay muchas cosas cuyo atractivo suscitan los deseos de los ojos, los deseos de la carne y la vanagloria de la vida. Todo ello conforma Egipto. Aparte de esto, el mundo es también el lugar donde reside nuestro cuerpo.

D. Abandonamos el mundo en su dimensión moral

Hoy en día, los cristianos tenemos que abandonar el sistema y la organización que son el mundo. Así pues, cuando hablamos de separarnos del mundo nos referimos a nuestra liberación del mundo en un sentido moral y no físico. Tenemos que dejar atrás el mundo en un sentido moral y no en un sentido físico. En otras palabras, si bien nosotros seguimos viviendo físicamente en este mundo, éste se ha convertido para nosotros en un desierto.

¿Qué es el mundo para nosotros? El señor D. M. Panton lo describió muy bien cuando dijo: "Mientras viva aquí, el mundo será para mí el lugar de mi peregrinaje; y cuando muera, será simplemente mi sepulcro". Mientras un cristiano vive en la tierra, peregrina por el mundo, y cuando muere, el mundo se vuelve la tumba en la cual es enterrado. Nosotros tenemos que separarnos de la gente de este mundo. Todo creyente tiene que separarse del mundo. A los ojos del mundo, el creyente está en el desierto, en un peregrinaje. Son los incrédulos los que forman parte del mundo.

E. Extranjeros y peregrinos en este mundo

Debemos darnos cuenta de que somos advenedizos y peregrinos en este mundo. Con relación al mundo, en su dimensión moral, hemos salido de allí. El mundo moral quiere retenernos, pero si nos quedamos allí, no podremos servir a nuestro Dios. En ese sentido, el mundo procurará acercársenos, pero si se lo permitimos, nos será imposible servir a Dios. El mundo quiere retener a nuestra gente y a nuestros tesoros, pero si estas cosas permanecen en el mundo, jamás podremos servir a nuestro Dios.

Fuimos separados de Egipto y nuestros rostros miran la tierra prometida. Tal separación está basada en la sangre, la cual nos adquirió de nuevo. Los egipcios no han sido comprados con la sangre del Señor, ni los que forman parte del mundo han sido redimidos por Él. Pero nosotros sí fuimos redimidos, y también fuimos trasladados a otro mundo. Por lo tanto tenemos que dejar este mundo.

Supongamos que usted va a una relojería para comprar un reloj. ¿Qué hace después de comprarlo? Se lo lleva. No lo compra para dejarlo en la relojería, o para decirle al relojero "esto es para usted, úselo." No sería lógico hacer eso. Comprar significa llevarse lo que uno ha comprado. Me llevo lo que he adquirido con dinero. Si compro un costal de arroz, lo saco de la tienda. Lo que se compra uno se lleva. Recuerde que fuimos comprados con la sangre de Cristo y, como consecuencia, debemos ser separados del mundo. En el momento en que somos comprados con la sangre del Señor, debemos salir del mundo y partir hacia la tierra prometida. Los que no han sido comprados, se quedan atrás; pero los que sí han sido comprados por el Señor, no pueden escoger, tienen que salir del mundo inmediatamente e ir con Él.

II. LOS ASPECTOS EN QUE DEBEMOS SEPARARNOS DEL MUNDO

¿De qué debemos separarnos? ¿Qué cosas son consideradas del mundo? ¿De cuáles aspectos debemos separarnos? Antes de mencionar algo específico, debemos comprender que nuestro corazón y nuestro espíritu han de ser los primeros en separarse del mundo. Si el corazón de uno va tras el mundo, resultará inútil hablarle de cualquier otra cosa. En vano procuramos liberar a una persona de cientos de cosas si ella misma todavía forma parte del mundo. En primer lugar, la persona misma tiene que ser liberada, es decir, ella tiene que experimentar una liberación del espíritu, y una liberación de su propio corazón. Sólo después de esto tal persona podrá experimentar la liberación con respecto a otras cosas.

Debemos separarnos completamente del mundo, de Egipto, sin temor a ser tildados de raros o peculiares. Pero para esto necesitamos tener en cuenta ciertos principios: en ciertas áreas debemos efectuar separación, mientras que en otras, debemos mantener la paz. Nuestra intención no es ser contenciosos. No buscamos suscitar ninguna controversia en nuestra familia, en el lugar donde trabajamos ni en ningún otro lugar. Examinemos cinco aspectos que debemos confrontar:

A. Actividades que el mundo considera impropias para un cristiano

Debemos evitar toda actividad que el mundo considere inapropiada para los cristianos. Como mínimo, nuestra vida cristiana debe conformarse a la norma establecida por aquellos que pertenecen al mundo. El mundo en general ha establecido para los cristianos reglas y normas, y si no las cumplimos, los decepcionaremos. No debemos dar pie a las críticas de los gentiles ni a comentarios tales como: "¿Los cristianos hacen estas cosas?". En el momento en que los gentiles les reconvienen de ese modo, ustedes habrán fracasado. Supongamos que alguien lo sorprende visitando ciertos lugares; es posible que se pregunte: "¿No sabía yo que los cristianos también visitaban estos sitios?". Los gentiles van a donde quieren, y si uno les dice que no es correcto, ellos discutirán argumentando lo contrario; pero si ustedes van a esos mismos lugares, el comentario será: "¿Así que ustedes también van a esos sitios?". Ciertas actividades son pecaminosas y cuando los gentiles las practican, ellos no dicen nada, pero cuando usted participa de ellas, lo promulgan por doquier. Por consiguiente, debemos abstenernos de todo lo que los gentiles consideren impropio. Este es uno de los requisitos mínimos. Cuando los incrédulos digan: "Los cristianos no deberían hacer esto", debemos apartarnos inmediatamente de ello.

Algunos jóvenes han sido salvos, pero sus padres no. Algunas veces estos jóvenes les piden algo a sus padres, quienes les responden diciendo: "¿Así que ustedes los cristianos también desean esas cosas?". Si hay algo de lo cual un creyente debiera sentirse avergonzado es de ser corregido por un gentil. Abraham mintió, y fue reprendido por Abimelec. La Biblia considera esta clase de hechos como los más deshonrosos. Debemos apartarnos y separarnos de todo aquello que los mundanos, los egipcios, juzgan que sea impropio.

B. Lo que es incompatible con el propio Señor

Debemos eliminar de nuestras vidas todo aquello que sea incompatible con el Señor. Puesto que el Señor sufrió humillaciones en esta tierra, nosotros no deberíamos buscar ninguna gloria terrenal. Y dado que nuestro Señor fue crucificado como un ladrón, nosotros, de igual manera, tampoco debiéramos esperar ser bien recibidos por los hombres. Cuando nuestro Señor anduvo por la tierra, fue acusado por los hombres de estar poseído por un demonio. Así pues, no debemos dejar que la gente nos califique de personas inteligentes, brillantes e intelectuales. Tenemos que pasar por las mismas experiencias por las que pasó el Señor. Debemos eliminar de nuestras vidas todo lo que sea incompatible con el Señor.

El Señor dijo que el discípulo no está sobre su maestro, ni el esclavo sobre su señor. Si el mundo trató a nuestro Maestro de cierta manera, no debemos esperar que se nos trate de otra. Si nuestro Señor recibió cierto trato, no debemos entonces esperar que se nos trate de una manera distinta. Si no recibimos el mismo trato que nuestro Maestro recibió, hay algo en nosotros que no está bien y, con toda certeza, hay algo en nuestra relación con el Señor que no está bien. Nuestra experiencia hoy debe corresponder a todo cuanto el Señor experimentó en la tierra.

Para seguir a Jesús de Nazaret, debemos estar dispuestos a ser humillados, sin esperar gloria alguna. Seguir a Jesús de Nazaret significa llevar la cruz. A aquellos que fueron los primeros en seguir al Señor, Él inmediatamente les dijo que tenían que cargar la cruz si deseaban seguirle. Según el propio Señor, la cruz es la entrada principal. El Señor no espera a que una persona entre al cuarto para presentarle después este requisito. Antes de entrar, el Señor nos dice claramente que para poder ir en pos de Él, debemos tomar la cruz. El Señor nos ha llamado para cargar la cruz. Este es el camino que hemos tomado, y podremos seguir al Señor únicamente si lo hacemos tomando este camino. Nuestra relación con el mundo debe ser la misma y debe ser compatible con la relación que tiene el Señor con el mundo. No podemos tomar un camino diferente.

Gálatas 6:14 nos muestra que la cruz está puesta entre el mundo y el Señor. En un extremo está el Señor, en el otro, el mundo; y la cruz está entre ambos. Así pues, nosotros y el mundo nos encontramos a uno y otro lado de la cruz. El mundo crucificó a nuestro Señor; por tanto, el mundo se halla en el otro lado de la cruz. Nosotros por estar del lado de Él, si hemos de ir al mundo, primero tenemos que pasar por la cruz. No hay manera de evitar la cruz porque es un hecho y es la historia; no podemos anular este hecho ni la historia del mismo. El mundo crucificó a nuestro Señor, y a mi no me espera otro camino. Puesto que la cruz es un hecho, es también un hecho eterno que el mundo me es crucificado a mí. Si no podemos anular la cruz, tampoco podemos anular el hecho de que el mundo nos es crucificado a nosotros. No podemos ir al mundo a menos que eliminemos la cruz, lo cual es imposible, porque la crucifixión de nuestro Señor es un hecho consumado. Ahora, nos encontramos al otro lado de la cruz.

Supongamos que los padres o hermanos de alguien que conocemos han sido asesinados. Las razones que le dan acerca de lo que ocasionó esas muertes pueden diferir, pero nada cambiará el hecho de que sus seres queridos están muertos. Esta persona tal vez diga: "Mis seres queridos ya están muertos, y no hay excusas que cambien este hecho; si estuvieran vivos, tendríamos mucho de que hablar; pero ahora están muertos, no hay nada mas que decir". Según este mismo principio, podemos decir que la cruz ya está aquí. ¿Qué más podríamos decir? El mundo ya crucificó a nuestro Señor, y puesto que estamos de parte de Él, sólo podemos decir: "Mundo, desde tu punto de vista, yo estoy crucificado, y desde mi perspectiva, tú estás crucificado". Es imposible que estos dos lados se comuniquen: el mundo no puede venir acá, y nosotros no podemos ir allá. La cruz es un hecho, y así como no podemos anularla, tampoco podemos lograr que el mundo venga a nuestro lado. Nuestro Señor murió y no hay ninguna posibilidad de reconciliación con el mundo.

Una vez que veamos la cruz, podremos decir: "Me glorío en la cruz". Para nosotros el mundo ha sido crucificado, y para el mundo nosotros hemos sido crucificados (Gá. 6:14). La cruz será para siempre un hecho histórico. La cruz está interpuesta entre nosotros y el mundo. Los cristianos estamos a un lado de la cruz, mientras el mundo está al otro lado. En el momento en que abrimos nuestros ojos, todo lo que veremos no es más que la cruz. Así que, cuando queramos ver el mundo, primero tendremos que ver la cruz.

Los nuevos creyentes deben ser dirigidos por el Señor para que se percaten de que su condición debe ser igual a la del Señor. Ciertas personas hacen demasiadas preguntas, al preguntar por ejemplo: "Si hago esto, ¿estaré en el mundo? ¿Nos es permitido hacer esto o aquello?". No podemos decirles a las personas lo que tienen que hacer, una por una. Lo único que podemos asegurarles, como principio general, es que el mundo está en contra de la cruz y también está en contra de nuestro Señor. Si nuestro corazón está abierto y es dócil ante Dios, cuando nos acerquemos a Él, espontáneamente la diferencia entre el mundo y la cruz nos resultará obvia.

En cuanto nos acercamos al Señor, sabremos con exactitud lo qué es y lo que no es el mundo. En realidad, lo único que tenemos que preguntarnos es: "¿En qué consiste exactamente mi relación con este asunto? Y ¿qué clase de relación tenía el Señor Jesús con este asunto cuando Él vivía en la tierra?". Siempre y cuando nuestra relación con el mundo sea la misma que el Señor tuvo mientras estuvo en la tierra, estaremos bien. Si nuestra posición es diferente a la del Señor Jesús, algo está mal, hemos errado. El Cordero fue inmolado y nosotros somos Sus seguidores. Nosotros somos aquellos que siguen al Cordero por dondequiera que va (Ap. 14:4). Asumimos la misma postura que asumió el Señor, y nos alejamos de todo aquello que no se ciñe a esta postura o que se opone a Él, porque es parte del mundo.

C. Todo lo que apaga nuestra vida espiritual

Es difícil enumerar cada cosa de lo que es el mundo, pues nunca terminaríamos; pero hay un principio básico: todo aquello que apague la vida espiritual es el mundo. El mundo es todo aquello que elimina nuestro celo por la oración, nos roba el interés por leer la Palabra de Dios y nos impide testificar y proclamar nuestra fe delante de los hombres. Todo lo que nos impide acercarnos al Señor y confesar que creemos en

Él es el mundo. El mundo es aquel ambiente que ahoga y seca a una persona; es cualquier cosa que disuade al hombre de amar y de anhelar al Señor con todo el corazón. Aquí vemos un principio muy amplio: el mundo es todo lo que hace deteriorar nuestra condición espiritual a los ojos del Señor. Debemos rechazar todo lo que apague nuestra vida espiritual.

Algunas personas dicen: "Si esto no tiene nada de pecaminoso, ¿todavía podría ser considerado mundano?". Son muchas las cosas que pueden parecernos buenas, pero después de que hemos participado de ellas una o dos veces, apagan el fuego espiritual que tenemos por dentro. Tales cosas debilitan nuestra conciencia delante de Dios. Después que hemos participado de tales cosas, nuestra lectura de la Biblia se hace insípida. Aunque tengamos tiempo para leer la Biblia, no deseamos hacerlo. Después de participar en tales cosas nos sentimos vacíos y carecemos de testimonio ante los hombres. Quizás tales cosas no constituyan pecado, pero pueden apagar nuestra vida espiritual. Todo aquello que apague nuestra vida espiritual es el mundo, y debemos rechazarlo completamente.

D. Todo lo que dé la impresión de que no somos cristianos

Hay que abordar otro asunto más: cómo nos relacionamos con los demás. Toda actividad o relación social que haga que escondamos nuestra lámpara debajo del almud pertenece al mundo. Muchas amistades, actividades y contactos con la gente mundana nos obligan a esconder nuestra luz. Por estar envueltos en todo esto, no podemos llevar erguida la cabeza para testificar que somos cristianos. Si usted se envuelve en ciertas conversaciones y, por cortesía, las escucha y se ríe con los incrédulos, sentirá que algo se ha apagado por dentro aunque por fuera se sonría. Internamente sabe que eso es el mundo, pero por fuera, se siente obligado a ir tras el mismo. Sabe que es pecado, pero no lo denuncia. Debemos huir de esta clase de ambiente social. Muchos hijos de Dios son gradualmente absorbidos por el mundo a causa de las diferentes actividades y contactos sociales en que se involucran indiscriminadamente.

Todo creyente debe saber desde un principio cuál es su

posición y también tiene que tomar las decisiones respectivas. No queremos ser antisociales a propósito, ni tenemos que ser como Juan el Bautista, que no comía ni bebía. Nosotros seguimos al Señor y comemos y bebemos. Pero cuando estamos con la gente de este mundo, debemos mantener nuestra posición cristiana. Nadie debe insultar la postura que hemos tomado como cristianos, al contrario, tienen que respetarla. Cuando yo tomo esta postura, debo conservarla aunque otros me critiquen.

Si queremos separarnos del mundo, debemos dejar claro que somos cristianos, siempre cuidando la manera en que hablamos. Si no podemos mantener esta postura delante de los demás, sería bueno que nos alejáramos de allí. En Salmos 1:1 se nos dice que no debemos estar en camino de pecadores, ni sentarnos en silla de escarnecedores. Si andamos por camino de pecadores, terminaremos en el mismo lugar donde ellos están; y si nos sentamos en la silla de los escarnecedores, o los que se burlan, tarde o temprano, seremos iguales que ellos. El pecado y el escarnio son contagiosos, así que debemos aprender a huir de estos como se huye de los gérmenes infecciosos.

E. Acciones que los creyentes débiles desaprueban

El mundo también lo constituyen las acciones que hacen tropezar una conciencia débil. Los hijos de Dios deben alejarse de ellas. Ya hablamos de las acciones que el mundo considera impropias. Examinemos ahora lo que las personas que recién empiezan en la vida cristiana piensan que no se debe hacer. Si un incrédulo considera que no debemos hacer algo, debemos evitarlo, de lo contrario perderemos nuestro testimonio. De igual manera, debemos evitar cualquier actividad que un cristiano no apruebe, aunque éste sea el más joven y débil de todos. Este es un mandamiento bíblico. Así pues, no son las palabras de un cristiano fuerte, sino las palabras de un cristiano débil las que determinan lo que debemos o no debemos hacer. Tal vez lo que él afirme que es incorrecto o indebido, no lo sea; sin embargo, no debemos ser tropiezo para los débiles. Si ellos piensan que vamos por el camino equivocado, los haremos tropezar. Pablo dijo: "Todas las cosas me son lícitas, mas no todas son provechosas" (1 Co. 6:12). Todas las cosas son lícitas, pero algunos las consideran mundanas, por consiguiente, no debemos hacerlas por el bien de ellos.

Pablo usó como ejemplo: comer carne. Él dijo que si comer carne era ocasión de tropiezo para algún hermano, el jamás la comería. Esto no es fácil de hacer porque, ¿quién puede abstenerse de comer carne para siempre? Por supuesto, Pablo no está sugiriendo que dejemos de comer carne. En 1 Timoteo, él claramente establece que no estaba bien abstenerse de comer carne; sin embargo, nos muestra que estaba dispuesto a ser extremadamente cuidadoso. A él no le molestaba comer carne o no comerla, y sabía perfectamente lo que estaba haciendo; pero no aquellos que le seguían a él. Nosotros sabemos hasta donde podemos llegar, pero aquellos que nos siguen no lo saben. ¿Qué pasaría si ellos avanzaran? No hay nada malo si comemos carne pero, después de un tiempo, aquellos que nos siguen tal vez vayan al templo, no sólo a comer lo sacrificado a los ídolos, sino a adorarlos. Muchas cosas no están directamente relacionadas con el mundo, pero debemos ser extremadamente cuidadosos al tocarlas, porque puede ser que para los demás sean mundanas.

III. DEBEMOS SALIR DE EN MEDIO DE ELLOS PARA SER RECIBIDOS POR EL SEÑOR QUE TODO LO PROVEE

En 2 Corintios 6:17-18 dice: "Salid de en medio de ellos, y apartaos, dice el Señor, y no toquéis lo inmundo; y Yo os recibiré, y seré para vosotros por Padre, y vosotros me seréis hijos e hijas, dice el Señor Todopoderoso".

En el Nuevo Testamento, el título *el Señor Todopoderoso* se usa por primera vez en 2 Corintios 6. En hebreo, el *Señor Todopoderoso* es *El-shaddai. El* significa "Dios"; *sha* significa "el pecho de la madre" o "la leche materna", y *shaddai* se refiere a lo que está en la leche. En hebreo *shaddai* significa "que todo lo provee". En el Antiguo Testamento, *El-shaddai* se traduce "Dios Todopoderoso", pero debería traducirse "El Dios que todo lo provee". Todo el nutrimento que un niño necesita se halla en la leche materna, o sea, que todo el suministro necesario está en el pecho de la madre. La raíz de la palabra *shaddai* hace alusión al pecho de la madre, lo cual significa que con Dios tenemos todo lo que necesitamos.

En 2 Corintios 6:17 el Señor *que todo lo provee* nos dice que si salimos de en medio de ellos, y no tocamos lo inmundo, Dios nos recibirá y será un Padre para nosotros, y nosotros seremos para Él hijos e hijas. Aquí podemos darnos cuenta de que estas palabras no fueron enunciadas livianamente. El Señor está diciendo: "Por Mí ustedes han dejado muchas cosas. Por Mí han salido de en medio de los incrédulos, se han separado de ellos, y han terminado toda relación tanto con ellos como con sus cosas inmundas. Ahora vuestras manos están vacías y no queda nada del mundo en ustedes. Puesto que han hecho todo esto, Yo los recibo con los brazos abiertos".

Recuerden, todo aquel a quien el Señor recibe se ha separado del mundo. Muchos no perciben la excelencia del Señor cuando se acercan a Él, porque todavía no han estimado como pérdida todas las cosas del mundo; por el contrario, las consideran preciosas. Tales personas no saben lo que significa ser recibido por Dios, o que Dios sea un Padre para ellos y que ellos sean Sus hijos. No saben que el Señor quien es todo suficiente dijo esto. ¿Entienden ahora ustedes lo que significa *shaddai*? Esta expresión se traduce como "Señor Todopoderoso", porque cuando una persona desecha todo, necesita a Dios como el *Shaddai,* necesita un Padre, que sea todo suficiente.

En Salmos 27:10 dice que aunque nuestro padre y nuestra madre nos dejen, Jehová nos recogerá. En otras palabras, Él se convierte en nuestro Padre. En Salmos 73:26 dice: "Mi carne y mi corazón desfallecen; mas la roca de mi corazón y mi porción es Dios para siempre". De ahí emana la dulzura de nuestra experiencia. Para que haya ganancia debe haber pérdida. El ciego conoció al Señor después de haber sido expulsado de la sinagoga (Jn. 9:35). No hay ninguna posibilidad de conocer al Señor en la sinagoga, pero una vez que somos expulsados de allí, vemos inmediatamente la bendición del Señor.

Por ser creyentes nuevos, debemos salir del mundo. Sólo entonces gustaremos la dulzura del Señor. Por una parte renunciamos a algo, y por otra, experimentamos la benignidad del Señor.

Capítulo seis

UNIRSE A LA IGLESIA

Lectura bíblica: Ef. 2:19, 22; 1 Co. 12:13, 27

La primera pregunta que todo creyente hace, inmediatamente después de su conversión, está relacionada con el hecho de unirse a una iglesia. Ya hablamos acerca de ser separados del mundo; pero esto no quiere decir que uno solamente necesita separarse del mundo y que todo termina allí. En un sentido positivo, también es necesario que se una a la iglesia. (La expresión *unirse a la iglesia* no es apropiada, pero la tomaremos prestada por ahora).

I. LA NECESIDAD DE UNIRSE A LA IGLESIA

Hace más de veinte años, cuando comenzaba nuestro testimonio como iglesia, seis u ocho de cada diez personas que habían sido salvas no tenían el menor pensamiento de unirse a una iglesia. ¡Esto era muy extraño! Ellas pensaban que bastaba con ser cristianos, y que no era necesario unirse a ninguna iglesia. Esta manera de pensar tal vez les parezca a ustedes muy rara, pero según nuestra experiencia, son muchos los que piensan así. Ellos quieren a Cristo pero no quieren la iglesia. Ellos quieren vincularse a Cristo, mas no quieren vincularse de ninguna manera con la iglesia. Ellos quieren ser cristianos solitarios. ¿Acaso no podemos orar por nosotros mismos? Claro que sí podemos. Por tanto, afirman ellos: ¡con esto basta! ¿Acaso no podemos leer la Biblia por nosotros mismos? Por supuesto que sí. Por tanto, piensan: ¡eso es suficiente! A ellos les parece que siempre y cuando uno pueda orar y leer la Biblia por sí mismo, no necesitan nada más. Tienen el concepto de que resulta problemático unirse a otras personas, y que basta con creer en el Señor y conversar con Él a solas. Este concepto está muy difundido en China y también en otros países.

Sin embargo, tenemos que comprender que, nos guste o no, no nos queda otra alternativa que unirnos a la iglesia. Cuando una persona es salva, debe comprender que la vida cristiana tiene tanto un aspecto individual como un aspecto corporativo. En lo que concierne al individuo, éste ha recibido la vida del Señor y, por tanto, puede disfrutar de comunión con el Señor y orar individualmente. Un individuo puede encerrarse en un cuarto y creer en el Señor por sí mismo. Sin embargo, si él solamente conoce el aspecto individual, su testimonio no será completo. De hecho, tal individuo no podrá permanecer firme por mucho tiempo en tales condiciones, ni tampoco crecerá mucho. Jamás he visto a un cristiano solitario progresar espiritualmente, ni en el pasado ni en el presente. Durante los dos mil años de historia de la iglesia, ha habido muchos que pensaron que podían ser cristianos de manera individualista. Ellos pensaban que podían vivir como ermitaños, enclaustrándose en la cima de una montaña y preocupándose única y exclusivamente por tener comunión con el Señor. Pero las lecciones espirituales que tales personas consiguieron experimentar fueron muy superficiales y no pudieron resistir la tentación. Si el entorno les era favorable, ellos se desarrollaban muy bien. Pero si el entorno les era adverso, no eran capaces de perseverar.

Tenemos que darnos cuenta de que la vida cristiana tiene otro aspecto: el aspecto corporativo. Según la Biblia, en lo concerniente al aspecto corporativo, nadie puede ser un cristiano solitario. En primer lugar, la Palabra de Dios nos dice que cuando una persona es salva, ella se convierte en un miembro de la familia de Dios, llega a ser un hijo de Dios. Esta es la revelación bíblica. Una vez que alguien nace de nuevo, él nace en la familia de Dios y llega a ser, junto con muchos otros creyentes, un hijo de Dios.

En segundo lugar, la Biblia nos muestra que todas las personas salvas conforman la morada de Dios, Su casa. Debemos distinguir entre esta casa y la familia de Dios a la que hicimos referencia en el párrafo anterior. En el párrafo anterior, hablamos de la familia de Dios en su aspecto corporativo, mientras que ahora nos referimos a la casa de Dios en su calidad de morada de Dios.

En tercer lugar, a los cristianos en forma colectiva se les llama el Cuerpo de Cristo. Somos miembros los unos de los otros y juntos conformamos el Cuerpo de Cristo.

A. Junto con muchos otros, somos hijos de Dios en la familia de Dios

Después de haber creído en el Señor, una persona no sólo recibe una vida individual sino también una vida que nos vincula a muchas otras personas. Como miembros de la familia de Dios, y como aquellos que constituyen Su morada y conforman el Cuerpo de Cristo, nosotros formamos parte de un todo mucho mayor. Así pues, nos es imposible subsistir en una condición de aislamiento. Si tratamos de hacerlo, con toda certeza no podremos participar de la plenitud y las riquezas de Dios. Podemos ser personas muy útiles, pero si no estamos unidos a los demás, seremos como un retazo de tela que ha sido cortado del resto o como el repuesto de una gran maquinaria; por ende, nos resultará imposible expresar la luz de la plenitud propia de la vida más elevada de todas. La plenitud de dicha luz existe solamente en la iglesia.

Es imposible vivir en una familia con otros cinco hermanos y hermanas, y no relacionarse con ellos. Si soy el hijo único de mi padre, no tengo que relacionarme con ningún hermano o hermana en la familia porque no los tengo. Pero si tengo cinco hermanos y hermanas, dejo de ser el hijo único, y solo soy uno de los cinco hijos de mi padre. ¿Cómo podría entonces dejar de relacionarme con mis otros hermanos y hermanas, y seguir siendo el hijo único de mi padre? ¿Acaso podría encerrarme en un cuarto y decirles a los demás: "No me molesten. No tengo nada que ver con ustedes. Yo soy el unigénito". ¿Puede uno hacer tal cosa?

Una vez que alguien cree en el Señor, no se convierte en el hijo único de Dios, sino que es uno entre muchos millones de hijos de Dios. Este no puede encerrarse y ser así, el hijo unigénito de Su Padre. De hecho, la naturaleza misma de la vida que tal persona ha recibido, no le permitiría hacer esto. Quizás en su familia natural, usted sea el hijo único. Pero desde el día que usted creyó en el Señor, está obligado a tener comunión con otros hermanos y hermanas. No podrá rehuir tal comunión. Cierto día, usted nació en la familia más numerosa que existe en este universo. Ninguna otra familia es tan grande como la suya, pues tiene millones y millones de hermanos y hermanas. No es posible desdeñarlos simplemente porque sean muchos. Debido a que usted es solamente uno entre muchos otros, es necesario que usted conozca a tales personas, tenga comunión con ellas y se relacione con ellas. Si usted no desea verlas, dudo que usted sea, verdaderamente, un hermano o hermana. Si usted ha nacido de Dios, se sentirá atraído hacia aquellos que también han nacido de Dios. Pero si usted puede aislarse de ellos, dudo que usted sea un hijo de Dios.

El concepto de ser cristianos solitarios no constituye en absoluto un concepto cristiano. Este concepto no es propio de un cristiano, ni debería serlo. En nuestra familia, debemos ser hermanos para todos nuestros hermanos y hermanas para todas nuestras hermanas. ¿No debería esto también cumplirse aún más en la familia de Dios? Esta relación surge espontáneamente de la vida divina y está impregnada de amor. ¡Sería muy extraño que uno no sintiera afecto hacia sus propios hermanos y hermanas, o que no tuviera el deseo de comunicarse con ellos! No debemos olvidar que, si bien nosotros recibimos la vida divina individualmente para llegar a ser hijos de Dios, esta misma vida también está en miles de otros que, igualmente, son hijos de Dios. Así pues, yo solamente soy uno entre muchos hermanos. La naturaleza misma de la vida que poseo no me permite ser una persona individualista, pues es propio de dicha vida el deseo de comunicarse con los demás hermanos y hermanas.

B. Llegamos a constituir la morada de Dios junto con otros hermanos y hermanas

Además, la Biblia nos muestra que la iglesia es la morada de Dios. El segundo capítulo de Efesios habla acerca de este hecho, el cual constituye una de las más grandes revelaciones de todo el Nuevo Testamento. Debemos percatarnos de que Dios tiene una morada en esta tierra. Él necesita una morada.

En la Biblia, podemos detectar el pensamiento de una morada para Dios desde la construcción del tabernáculo hecho por Moisés hasta la edificación del templo realizado por Salomón, la cual incluye también la posterior reedificación y restauración de dicho templo. En la era de la iglesia, Dios hace del hombre Su templo. Dios moraba en un gran edificio, esto es, en el templo edificado por Salomón. Pero hoy, Dios habita en la iglesia, pues ahora la iglesia ha llegado a ser la morada de Dios. Así pues, nosotros, los muchos hijos de Dios, hemos sido reunidos para ser la morada de Dios. Nosotros, como los muchos hijos de Dios, hemos sido reunidos por el Espíritu Santo a fin de ser la morada de Dios. En 1 Pedro 2:5 se habla de esto. Nosotros somos piedras vivas que están siendo edificadas como casa espiritual.

¿Cómo se edifica esta casa espiritual? El templo de Salomón fue edificado con piedras muertas. Pero hoy en día, la morada de Dios está siendo edificada con piedras vivas. Pedro, cuyo nombre significa "una piedra", era una piedra viva. Cuando se juntan todas las piedras vivas, éstas llegan a formar un templo. Pero si no están juntas, ¿acaso puede una sola piedra constituir una morada? ¡No! Si no hay piedra sobre piedra, esto es señal de desolación, y no es un indicio bueno. El hecho de que no haya una piedra sobre otra es consecuencia de juicio y desolación. Por el contrario, siempre que haya una morada, encontraremos una piedra sobre la otra. ¡Damos gracias a Dios que fuimos salvos y creímos en el Señor Jesús, por lo cual ahora somos piedras! Pero, ¿qué utilidad podría tener una sola piedra si está aislada de las demás? Mas cuando las piedras son reunidas, pueden llegar a constituir una morada. Si están aisladas, resultan inútiles. De hecho, pueden convertirse en piedras de tropiezo en lugar de piedras vivas.

Hoy, somos como las partes de un automóvil. Si todas las piezas están ensambladas, tendremos un auto que podremos conducir. No nos atreveríamos a decir que quienes son piedras vivas se convertirán en piedras muertas si se aíslan de los demás, pero sí podemos afirmar que si una piedra no está unida a otras a fin de constituir la morada de Dios, ella perderá su función y sus riquezas espirituales. Como piedras vivas, tenemos que estar unidos a otras piedras vivas. Sólo entonces podremos contener a Dios y únicamente entonces Dios morará entre nosotros.

Hace un siglo, un inglés llamado Sr. Stooneg dijo: "Después de ser salvo me sucedió la cosa más maravillosa: comprendí que yo era material de construcción para la morada de Dios. Este fue un descubrimiento sumamente maravilloso". Cuando leí esto por primera vez, no le di mucha importancia. ¿Qué puede haber de maravilloso en ser material de construcción para la morada de Dios? Pero hoy en día, al reflexionar al respecto, tengo muy alta estima por las palabras de Sr. Stooneg. Y una vez que ustedes tengan este sentimiento, podrán comprender lo maravilloso que es esto.

¡Gracias a Dios! Ciertamente somos materiales de construcción para la edificación de la morada espiritual de Dios. Si nosotros, en calidad de material de construcción, somos separados del edificio, seremos inútiles, y al mismo tiempo, la morada de Dios no podrá ser edificada sin nosotros, las piedras. Sin nosotros, las piedras, la morada de Dios tendrá agujeros y los ladrones podrán entrar en tal edificio. Puesto que yo soy material de construcción para la morada de Dios, Dios no puede avanzar sin mí.

Hermanos, tienen que comprender que somos el material de construcción que el Espíritu Santo utiliza para la edificación de la morada de Dios. Si usted está solo, perderá las riquezas divinas y no tendrá la capacidad de contener a Dios. Es imprescindible que usted esté unido a los hermanos y hermanas. Solamente así podrá contener a Dios. Un cubo de madera hecho para contener agua y transportarla, está hecho de piezas de madera. Si usted quita una de esas piezas, el balde ya no podrá contener agua. Ninguna de las piezas habrá sido alterada en cuanto a su naturaleza, pero habrá un cambio en cuanto a las riquezas que puedan contener. Cada una de las piezas de madera podrá ser empapada con un poco de agua, pero jamás podrá contener mucha agua, pues perderá todas las riquezas. Nosotros somos la casa de Dios, y en cuanto nos aislamos, perdemos todas las riquezas.

Hermanos y hermanas, hoy tal vez no puedan comprender esto con toda claridad. Pero poco a poco, lo comprenderán cada vez más claramente. En cuanto creen en el Señor, espontáneamente nace en ustedes la tendencia a tener contacto con los demás hijos de Dios. En ustedes existe el anhelo por buscar otros materiales, otras piedras. Ustedes deben hacer caso a su nueva naturaleza. No se aíslen de los demás al aferrarse a sus propios conceptos.

C. Llegamos a ser el Cuerpo de Cristo junto con todos los demás miembros

En tercer lugar, somos unidos a los demás en el Cuerpo de Cristo a fin de constituir un único Cuerpo. Nosotros constituimos el Cuerpo de Cristo. Efesios 4:4 nos dice que el Cuerpo es uno solo. En 1 Corintios 12:12 se nos dice que los miembros son muchos, pero que el Cuerpo es uno solo. Estos versículos nos muestran que es imposible para un cristiano ser individualista. Como miembro de la familia de Dios, es probable que yo sea una persona muy peculiar y es posible que no me comunique con todos los hermanos y hermanas. Siempre y cuando no surjan problemas entre mi padre y yo, puedo aislarme como un solitario hijo de Dios. Asimismo, como morada de Dios, aun cuando sea una piedra viva, me es posible permanecer aislado si no deseo ser edificado con los demás. Antes que Pedro se uniera a la iglesia, él era una piedra viva, pero hasta cierto punto era una piedra individual. Usted podría decir: "No me importa si esto implica que haya un agujero en el edificio. ¡Qué lo haya! Yo quiero ser un cristiano solitario". Es posible que uno haga esto.

Sin embargo, además de ser una familia y un edificio, Dios afirma que somos un Cuerpo. Quizás usted sea un ojo, o una mano, o una pierna del cuerpo. Un ojo es útil únicamente si está en la cabeza, pero si es puesto en una botella, tal ojo se tornará inútil. Una pierna es útil siempre y cuando forme parte del cuerpo; si está colgada en una habitación, tal pierna será inútil. Les ruego que nunca olviden que tanto el cuerpo como cada uno de sus miembros ejercen su función de esta manera. Ningún miembro puede permitirse estar separado de los otros miembros. Ellos participan de una relación indisoluble. Quizás alguien pueda argüir que puede separarse de la familia de Dios, y también de la morada de Dios. Pero le es imposible afirmar que puede separarse del Cuerpo de Cristo. Su oreja no puede declararse independiente simplemente porque está descontenta con los demás miembros. Asimismo, su mano no puede declararse independiente simplemente porque está descontenta con los demás miembros. Su pierna no puede decir: "Quiero que me dejen sola". Ninguno de nosotros tiene otra opción que no sea la de permanecer unidos.

La vida que recibimos no nos permite ser personas individualistas o solitarias. El Señor no nos dio una vida independiente. Debemos recalcar este hecho: la vida que el Señor nos dio no es una vida que se caracterice por ser independiente. Por el contrario, la vida que hemos recibido es sustentada por la vida de otros miembros. Si hubiésemos recibido una vida independiente, podríamos vivir por nosotros mismos. Pero hemos recibido una vida que es dependiente y que nos obliga a depender de nuestros hermanos y hermanas, así como a ellos de nosotros.

Les pido que no olviden que un miembro jamás podrá permanecer firme por sí mismo. Una vez que está solo, le será imposible sobrevivir. Una vez que está aislado, pierde todas las riquezas, toda la vida. Si los santos y yo verdaderamente constituimos un solo Cuerpo, ya no podré ser un cristiano solitario. Esto ya debe haber quedado muy claro. La vida que hemos recibido exige que estemos unidos a los demás.

D. Todos los cristianos llegamos a ser una sola entidad al unirnos a otros cristianos

Espero que en cuanto usted llegue a ser un creyente, se una a otros cristianos. No sea un cristiano que permanezca solitario después de ocho o diez años de ser creyente. Una vez que usted llega a ser un cristiano, deberá comprender que la vida que Dios nos dio es una vida dependiente. Dios no nos ha dado una vida independiente. Debemos ser cristianos que están unidos a otros cristianos. Entre nosotros, ninguno está aislado. Todos los cristianos están unidos a otros cristianos.

Seguramente han escuchado que hay oficinas que están unidas a cierta empresa, o dependencias unidas a un ministerio, así como de individuos que pertenecen a un equipo de trabajo. Del mismo modo, todo cristiano está unido a otros cristianos. Todos están unidos entre sí. A los ojos de Dios, ningún cristiano tiene la fuerza para existir solo. Espero que ustedes estén unidos a otros desde el comienzo de su vida cristiana. Espero que usted sea un cristiano que viva uniéndose a muchos otros cristianos. Al hacer esto, recibirá el suministro, la edificación, el amor y la comunión. Este es el motivo por el cual un cristiano tiene que unirse a la iglesia. (La frase *unirse a la iglesia* no es una expresión bíblica; sin embargo, la utilizamos para que los nuevos creyentes nos puedan comprender). No podemos existir como cristianos a puertas cerradas, tenemos que ser cristianos que están unidos a otros cristianos. Nosotros debemos relacionarnos con los demás; debiéramos ser como las lianas de las plantas trepadoras, es decir, siempre unidos a otros. Como cristianos, debemos unirnos a otros cristianos.

II. A QUÉ IGLESIA DEBEMOS UNIRNOS

Debemos unirnos a la iglesia. Pero hay tantas iglesias, ¿a cuál debemos unirnos? Si bien es cierto que algunos de los nuevos creyentes han escuchado el evangelio a través de usted y han sido salvos por medio de usted, los más reflexivos entre ellos no aceptarán su iglesia automáticamente por el mero hecho de que usted los trajo al Señor. Ellos reflexionarán sobre este asunto y querrán saber a cuál iglesia, de las tantas que existen, deberían unirse.

A. Las diferencias que existen
entre las muchas clases de iglesias

La historia de la iglesia es muy extensa, abarca más de dos mil años. A lo largo de diversas épocas ha surgido una gran diversidad de iglesias. Esto ha dado como resultado que surjan diferencias a causa de la diversidad de épocas. Asimismo, las iglesias se han establecido en diversos lugares, lo cual hace surgir diferencias determinadas por la geografía. Además, las iglesias también fueron establecidas por medio de diversos siervos de Dios, lo cual ha resultado en diferencias basadas en personas. De esta manera, podemos ver tres diferencias que hay entre las iglesias, que son basadas en la época, el lugar o las personas. Y esto no es todo. Debido a que la Biblia contiene muchas doctrinas, algunos han establecido iglesias al recalcar cierta doctrina en particular, mientras que otros han establecido otras iglesias al hacer énfasis en otras doctrinas. Como resultado, la diversidad de énfasis en cuanto a ciertas doctrinas ha hecho que también surjan diversas iglesias. Cuando surge cierta necesidad en determinado lugar, surgen ciertos individuos enfatizando una determinada enseñanza. Como consecuencia, se produce una determinada iglesia. Así pues, aquello que se recalcó, se convierte en la base para formar una iglesia.

Los diversos factores mencionados en el párrafo anterior han llevado a la formación de muchas iglesias. ¿Cuántas iglesias diferentes hay en el mundo hoy? Existen más de mil quinientas clases de iglesias diferentes, y esto es únicamente tomando en cuenta las iglesias más ortodoxas o mejor establecidas. Además, esta cifra sólo refleja la diversidad de sistemas eclesiales, y no toma en cuenta las diversas congregaciones locales afiliadas a un mismo sistema. Así pues, si consideramos a los anglicanos, presbiterianos, metodistas y otros grupos estables como una iglesia cada uno, habrá cerca de mil quinientas iglesias. Hermanos, cuando yo me pongo en su lugar, ¡comprendo bien por qué no es tarea fácil escoger entre mil quinientas iglesias!

Puesto que hay tantas iglesias y existe tanta confusión, ¿existirá un camino correcto que podamos tomar delante del Señor? ¡Gracias a Dios, sí hay un camino! Todavía podemos contar con la Palabra de Dios, leerla y descubrir qué es lo que Dios tiene que decir al respecto. Gracias a Dios que la Biblia nos ha mostrado a qué iglesia debemos unirnos. Dios no nos ha dejado en la oscuridad.

B. Los motivos por los cuales existen diversas iglesias

1. Lugares diferentes

Examinemos en detalle las divisiones que hay en la iglesia. Algunas de ellas surgieron a causa de la diversidad de localidades. Por ejemplo, la Iglesia Anglicana es en realidad la iglesia de Inglaterra. La palabra *anglicana* quiere decir "procedente de Inglaterra" y, de hecho, esta iglesia es la iglesia oficial de Inglaterra. Pero cuando se extendió de Inglaterra a los Estados Unidos, se convirtió en la Iglesia Episcopal o la Iglesia de Inglaterra en los Estados Unidos. Cuando esta iglesia llegó a China, se convirtió en la Iglesia de Inglaterra en China. Además, cuando la Iglesia de Inglaterra en los Estados Unidos se extendió a China, se convirtió en la Iglesia de Inglaterra de los Estados Unidos en China. Como resultado, tenemos la Iglesia Anglicana China Estadounidense". ¡Qué enredo es este!

Examinen el caso de la Iglesia Católica. La Iglesia Católica es, en realidad, la Iglesia de Roma. Nosotros que vivimos en Shanghái, ¿qué tenemos que ver con la Iglesia de Roma? Es incorrecto que la Iglesia de Roma establezca iglesias en otros lugares. Ello implica una confusión de localidades. ¿Qué está haciendo la Iglesia Anglicana en los Estados Unidos? ¿Qué está haciendo la Iglesia Estadounidense en China? ¿Qué está haciendo la Iglesia Romana en Shanghái? ¿Qué está haciendo la Iglesia de Shanghái en Fuzhou? Todas las iglesias fundadas sobre la base de un lugar, a la larga se hacen una confusión.

2. Épocas diferentes

Eso no es todo. Muchas iglesias están divididas por causa de las diversas épocas. Las diferentes iglesias que existen fueron establecidas en épocas diferentes. Tomen en cuenta lo que sucedió en China: En primera instancia, fueron los nestorianos quienes establecieron sus iglesias en la época de la dinastía Tang cuando evangelizaron China. Los nestorianos eran cristianos que vinieron a China a predicar el evangelio cuando imperaba la dinastía Tang. La Iglesia Católica Romana vino desde el occidente a establecer iglesias cuando la dinastía Ming gobernaba China. Así pues, las iglesias establecidas en la época en que gobernaba la dinastía Tang no podían unirse a las iglesias establecidas en la época de la dinastía Ming, debido a que se trataba de iglesias establecidas durante épocas distintas. Cuando los protestantes llegaron a China durante la dinastía Ching, ellos también establecieron más iglesias. Ahora tenemos las iglesias de la dinastía Tang, las iglesias de la dinastía Ming y las iglesias de la dinastía

Ching. La Asamblea de los Hermanos llegó a China después de la formación de la república. Ahora contamos con otro grupo grande: la Asamblea de los Hermanos, además de los nestorianos, los católicos romanos y los protestantes. La Asamblea de los Hermanos constituye otro grupo de personas que estableció otra iglesia. Muchas de estas iglesias surgieron a raíz de la diversidad de épocas que les tocó existir. Así pues, en este caso podemos ver que las iglesias se dividieron no solamente basados en la localidad de la que procedían; sino que aun cuando todos los cristianos procedían del mismo lugar, por el hecho de que las iglesias se establecieran durante épocas diferentes también podía llegar a constituir un factor de división.

3. Personas diferentes

Eso no es todo. A lo largo de la historia de la iglesia también se suscitaron divisiones basadas en las personas. La iglesia fundada por John Wesley se convirtió en la Iglesia Wesleyana. La iglesia establecida por Martín Lutero llegó a ser la Iglesia Luterana. Así, la iglesia llegó a dividirse por causa de las diferentes personas. Existe una denominación wesleyana así como una denominación luterana. Todos estos grupos se dividieron según las personas.

4. Se recalcan diferentes verdades

Algunas divisiones están basadas en las diferentes verdades sobre las cuales se pone énfasis. Aquellos que recalcan la doctrina de la justificación por la fe son llamados la Iglesia de la Justificación por la Fe (por ejemplo, la Iglesia Luterana). Aquellos que recalcan la santidad han llegado a ser la Iglesia de la Santidad. Los que ponen más énfasis en el Espíritu Santo son conocidos como la Iglesia Pentecostal. Quienes recalcan los milagros apostólicos son llamados la Iglesia de la fe Apostólica. Los que recalcan la independencia de las congregaciones locales, son llamados la Iglesia Congregacional. Quienes enfatizan la administración del presbiterio y creen en la sucesión de la autoridad apostólica a través de los ancianos, son conocidos como la Iglesia Presbiteriana. Los que afirman que la sucesión de la autoridad apostólica ocurre a través de los obispos, son llamados la Iglesia de los Obispos. Ellos tienen un obispo para cada iglesia. Aquellos que recalcan el bautismo por inmersión se han convertido en la Iglesia Bautista. Aquellos que vinieron de la ciudad inglesa de Bath, son llamados la Congregación de Bath. Esta clase de congregación existe en Cantón. Incluso entre aquellos que creen en la justificación por la fe existen divisiones, pues aquellos que vinieron de Alemania, son llamados luteranos, mientras que los que proceden de Holanda son llamados la Iglesia Holandesa Reformada. Así pues, vemos que entre las iglesias alrededor del mundo existen diferencias de todo tipo. Cada iglesia tiene su propia historia y doctrina. En medio de tal confusión, ¿qué camino deberíamos tomar? Realmente es difícil encontrar una iglesia a la cual unirnos en nuestra localidad.

III. LO ÚNICO QUE DIFERENCIA A LAS IGLESIAS ES LA LOCALIDAD EN LA QUE SE ENCUENTRAN

¿Habrá manera de que nosotros salgamos de semejante situación? ¡Sí! La Biblia es muy sencilla y clara con respecto a la verdad acerca de la iglesia y está muy lejos de ser confusa al respecto. Basta con considerar unos cuantos versículos. Las palabras con las que comienzan muchas epístolas, como por ejemplo Hechos o Apocalipsis, consisten en expresiones tales como la iglesia que está en Roma, la iglesia que está en Jerusalén, la iglesia en Corinto, la iglesia en Filipos, la iglesia en Éfeso, la iglesia que está en Colosas, y así por el estilo. En aquel entonces había muchas iglesias. En el libro de Hechos se menciona la iglesia en Antioquía y en el libro de Apocalipsis se mencionan siete iglesias. Es indudable que existían diferencias entre las iglesias mencionadas en la Biblia, pero se hizo una única distinción entre ellas. ¿En qué consistía tal distinción? Ustedes mismos saben la respuesta porque se encuentra claramente señalada.

Algunas doctrinas bíblicas poseen dos facetas y es posible que nos resulte difícil saber cuál aspecto debemos aplicar. Pero si una determinada verdad tiene una sola faceta y, aun así usted yerra al respecto, esto será indicio de que usted es muy necio y está ciego. Algunos pasajes bíblicos, por ejemplo, afirman que la justificación es por la fe, mientras que otros sostienen que la justificación es mediante las obras. Tenemos, por un lado, el libro de Romanos y, por otro, la Epístola de Jacobo (o Santiago). Uno puede hallar justificación por estar confundido al respecto. Pero con respecto a la iglesia, existe un único camino. Simplemente no hay justificación para que alguien esté confundido al respecto. Corinto es una localidad, al igual que lo son Éfeso, Colosas, Roma y Filipos. Todas ellas son localidades. En otras palabras, la iglesia puede estar dividida únicamente por las localidades y ninguna otra cosa más. ¿Entendemos claramente esto? Corinto, Éfeso y Colosas son ciudades. Por tanto, los límites de la iglesia son los límites de la ciudad o la localidad.

A. Todo lo que sea menor que la localidad no es la iglesia

Independientemente de cuán grande sea una iglesia, ésta no puede extenderse más allá de los límites de su localidad. Al mismo tiempo, no importa cuán pequeña sea una iglesia, no puede tomar nada menos que su localidad como su unidad. Si los límites de una iglesia son más reducidos que los de su localidad, ella no puede ser considerada la iglesia de esa localidad. Igualmente, si los límites de una iglesia sobrepasan los límites de su localidad, deja de ser la iglesia de esa localidad. ¿Qué puede ser más reducido que una localidad? Por ejemplo, en la iglesia de Corinto algunos decían: "Yo soy ... de Cefas". Y otros decían: "Yo soy de Pablo", o "Yo soy ... de Apolos", o "Yo soy ... de Cristo" (1 Co. 1:12). Ellos habían dividido la iglesia de Corinto en cuatro secciones. Esto equivale a hacer a la iglesia demasiado pequeña. Por tanto, Pablo les dijo que ellos causaban división y eran sectarios. El primer capítulo de 1 Corintios nos muestra que es incorrecto que una iglesia sea más pequeña que la localidad. ¿Era Pablo bueno? ¡Sí! ¿Era Apolos bueno? ¡Sí! ¿Era Pedro bueno? ¡Sí! Pero era erróneo dividir a la iglesia en función de tales personas. La iglesia se divide según las localidades, no según los apóstoles. Pablo afirmó que dividir a la iglesia en función de los apóstoles es ser divisivos, ser sectarios y ser carnales. Dividir la iglesia de esta forma es el camino que han tomado las denominaciones.

B. Los límites de la iglesia
no pueden exceder los de su localidad

También es erróneo que una iglesia exceda los límites de su localidad. Les pido que lean lo que dice su Biblia al respecto. La Biblia habla de: "Las iglesias de Galacia" (1 Co. 16:1), "las iglesias de Asia" (v. 19) y "las iglesias de Judea" (Gá. 1:22). En Judea había muchas localidades con iglesias en ellas. Por eso nos referimos a ellas como "las iglesias" de Judea. Vemos esto en Hechos. En el libro de Gálatas, se mencionan "las iglesias de Galacia". En Apocalipsis 1:4 vemos "las ... iglesias que están en Asia". Después de leer estos pasajes de la Escritura, deberíamos comprender claramente lo que dice la Biblia al respecto. Ninguna iglesia debe exceder los límites de su localidad. Galacia era una provincia del Imperio Romano, por tanto, no era una localidad sino una región. Es por eso que la Biblia no dice: "*la iglesia* de Galacia", sino: "*las iglesias* de Galacia". Había muchas iglesias en Galacia. Es por ello que se usa la expresión *iglesias,* en plural, en lugar de la expresión *iglesia,* en singular. Por tanto, es erróneo que una iglesia exceda los límites de su localidad.

La Biblia no dice: "*la iglesia* de Asia", sino: "*las siete iglesias* que están en Asia". Éfeso, Esmirna, Pérgamo, Tiatira, Sardis, Filadelfia y Laodicea eran, todas ellas, localidades de Asia. Estos siete lugares no se convirtieron en una iglesia unida, sino que permanecieron como siete iglesias en Asia. Es incorrecto que una iglesia exceda los límites de su localidad. Estas siete iglesias no se convirtieron en una iglesia gigante. Podemos considerar que también se encontraban bajo el mismo principio "las iglesias de Judea", puesto que en aquel tiempo Judea era una provincia de Roma. Inicialmente, Judea era una nación. Más tarde, se convirtió en una provincia. En la provincia de Judea, había muchas localidades con sus respectivas iglesias. Estas iglesias no podían combinarse a fin de conformar una sola iglesia.

Tenemos que comprender que el Señor ha dispuesto que solamente exista "la iglesia en Fuzhou"; no puede existir "la iglesia XXX en Fuzhou". Esto implicaría que la iglesia ha tomado límites más reducidos que la localidad. Tampoco se puede permitir que alguien decida unir a todas las iglesias de la provincia de Fukien y hacer de ellas una sola iglesia. Únicamente podemos tener a *las iglesias* en Fukien", no *la iglesia* en Fukien", pues eso sería hacer que la iglesia excediese los límites de su localidad.

C. La iglesia debe llevar únicamente el nombre de su localidad

Hermanos, tenemos que comprender claramente que la iglesia no puede llevar el nombre de una persona, cierta doctrina, algún sistema o su lugar de origen. Debiéramos poder identificar a una iglesia únicamente por el nombre de la localidad, y no por el nombre de su lugar de origen. Solamente debiera existir "la Iglesia en Fuzhou", nunca debiera existir "la Iglesia de Shanghái en Fuzhou". No es posible tener la Iglesia Romana en Shanghái. La Iglesia Romana tiene que regresar a Roma. Si algunos creyentes de la Iglesia Romana vienen a Shanghái, ellos pueden formar parte de la iglesia en Shanghái, pero no pueden establecer una Iglesia Romana en Shanghái. Ellos no pueden traer consigo su lugar de origen. La Iglesia Anglicana debiera regresar a Inglaterra y los creyentes anglicanos que vinieron a Shanghái debieran conformar la iglesia en Shanghái; ellos no debieran traer la Iglesia Anglicana a Shanghái, pues la iglesia únicamente puede ser una entidad local. En Su palabra, Dios ha dispuesto que la iglesia debe ser dividida únicamente por localidades y no por nacionalidades. No debiera existir una Iglesia China o una Iglesia Anglicana. Solamente puede existir la iglesia que está en Londres y la iglesia que está en Shanghái. Estas son únicamente localidades. Las iglesias se basan en localidades, no en nacionalidades. En la Biblia no hay tal cosa como la Iglesia de Cristo en China.

No debieran hacerse distinciones de personas, nacionalidades o doctrinas. La palabra de Dios permite únicamente una clase de distinción: la distinción basada en la localidad. En cualquier lugar que uno se encuentre, uno es miembro únicamente de la iglesia en esa localidad. Si uno desea cambiar de iglesia, deberá cambiar de localidad. Si yo estoy en Fuzhou y no me llevo bien con un hermano allí, existe una sola manera de dejar la iglesia en Fuzhou: tengo que dejar Fuzhou. Dios únicamente reconoce las diferencias en cuanto a la localidad; Él no reconoce ninguna otra diferencia. Espero que, por la misericordia de Dios, ustedes comprendan que solamente existe una iglesia y que esta iglesia es local.

IV. CÓMO UNIRSE A LA IGLESIA

Por último, ¿cómo nos unimos a la iglesia? La Biblia no habla acerca de unirse a la iglesia. El hecho de que la Biblia no hable de eso, invalida de por sí la expresión *unirse a la iglesia*. Sin embargo, nos vemos obligados a prestarnos expresiones humanas como ésta. A falta de una mejor expresión, seguiremos valiéndonos de la expresión *unirse a la iglesia*.

A. "Unirse a la iglesia" no solamente es algo innecesario, sino que es algo imposible

Tenemos que comprender que la Biblia nunca habla acerca de unirse a la iglesia. Es imposible unirse a la iglesia. Es como si una oreja quisiera decidir unirse al cuerpo y ser una oreja. Ni el mejor de los cirujanos puede hacer esto. Nadie puede unirse a la iglesia. Si usted está adentro, está adentro; si no está adentro, simplemente no lo está. Formar parte de la iglesia no quiere decir que uno haya pasado un examen a fin de ser un miembro de la iglesia. Si una persona desea "unirse" a la iglesia, primero tiene que formar parte de ella.

Si alguno, por la misericordia de Dios, ve algo con respecto al pecado y la sangre de Cristo y, a raíz de ello, recibe de parte de Dios la salvación, el perdón y una nueva vida habiendo sido regenerado por la resurrección de Cristo, entonces, Dios ya puso a tal persona en la iglesia. Ella ya forma parte de la iglesia, ya está dentro de la iglesia y no hay necesidad de que se una a la misma. Ciertas personas todavía piensan que se pueden unir a una iglesia. Pero si existe una iglesia a la que uno pueda unirse, entonces, ciertamente no se trata de la iglesia auténtica. Es posible unirse a tal iglesia porque es una iglesia falsa. Si fuera la iglesia genuina, nadie podría unirse a ella aun cuando se esforzara por hacerlo. Siempre y cuando usted pertenezca al Señor y haya sido engendrado por Él, ya forma parte de la iglesia y no es necesario que se una a ella.

Por tanto, no solamente no es necesario, sino que además, es imposible que uno se una a la iglesia. No es posible unirse a la iglesia aun cuando uno intente hacerlo. De cualquier modo, si uno ya forma parte de la iglesia, no es necesario que se una a ella. Aquellos que ya están en la iglesia, no necesitan unirse a ella. Aquellos que desean unirse a la iglesia, no están en ella ni pueden unirse a ella. De esto se trata la iglesia. La iglesia es una institución muy peculiar. En realidad, la cuestión estriba en si usted ha nacido de Dios o no. Si ha nacido de Dios, ya forma parte de la iglesia. Si usted no ha nacido de Dios, no puede unirse a la iglesia aunque lo intente. No es posible unirse a una iglesia por medio de firmar un documento, pasar un examen, redactar sus resoluciones o simplemente tomar la decisión de hacerlo. Si usted ha nacido de Dios, ya forma parte de la iglesia. Damos gracias a Dios que todos nosotros formamos parte de la iglesia y no necesitamos unirnos a ella.

B. Es necesario que procuremos tener comunión en la iglesia

Si este es el caso, ¿por qué estamos diciéndole que se una a la iglesia? Simplemente nos hemos prestado una expresión a fin de poder comprender este punto. Usted ya es miembro de la iglesia. Si bien es cierto que Dios ya lo salvó, también es cierto que usted vive rodeado de otros seres humanos. Algunos de ellos tal vez no lo conozcan. Los hermanos tal vez no lo reconozcan. La fe es algo que surge en nuestro interior y nadie más sabe al respecto. Es por ello que debemos procurar tener comunión. Tenemos que ir a la iglesia y decirle a los demás: "Yo soy un cristiano, les ruego me reciban como tal".

Si mi padre es chino, yo no tengo que hacerme chino, pues ya lo soy. Si soy un creyente pero la iglesia no me conoce, puedo ir a la iglesia y decir: "Ustedes no me conocen, pero yo soy un cristiano. Les ruego me permitan participar de vuestra comunión. Recíbanme como uno de vosotros". Cuando los hermanos se percaten de que usted es verdaderamente uno de ellos, ellos tendrán comunión con usted. Esto es lo que significa unirse a la iglesia.

Usted ya es una persona que está en Cristo. Ahora debe

procurar tener comunión con los hijos de Dios. Debe procurar la comunión de los miembros, la comunión del Cuerpo, y aprender a servir debidamente a Dios en la iglesia. Una vez que los ojos de su entendimiento le hayan sido abiertos para comprender esto, gracias al Señor, usted habrá dado otro paso adelante.

CAPÍTULO SIETE

LA IMPOSICIÓN DE MANOS

Lectura bíblica: He. 6:1-2; Hch. 8:14-17; 19:5-6; Sal. 133;
Lv. 1:4; 3:2, 8, 13; 4:4, 15, 24, 29, 33

La Biblia nos muestra claramente que es necesario bautizar a las personas y también nos indica claramente que es necesario que tales personas reciban la imposición de manos. En el libro de Hechos podemos ver esto en dos ocasiones: una vez en Samaria y la otra en Éfeso. En ambos casos, al bautismo le siguió la imposición de las manos. Es evidente que tal era la práctica de los apóstoles en aquellos días. Hoy en día, si los hijos de Dios solamente son bautizados pero no reciben la imposición de las manos, su experiencia no es completa. La Biblia contiene claramente tanto la enseñanza como el modelo a seguir a este respecto.

I. LA IMPOSICIÓN DE MANOS
ES UNA VERDAD FUNDAMENTAL

Hebreos 6:1 nos dice que debemos dejar la palabra de los comienzos de Cristo para avanzar hacia la madurez. En la vida cristiana existe un número de diversas verdades, las cuales jamás debemos transigir. Ellas son verdades fundamentales. No es necesario que un creyente ponga tales fundamentos una y otra vez. Sin embargo, es necesario que tal fundamento esté establecido. ¿En qué consiste la palabra de los comienzos de Cristo? Esta palabra se refiere al arrepentimiento, la fe, el bautismo, la imposición de manos, la resurrección y el juicio. La Biblia nos muestra claramente que el fundamento de la palabra de Cristo incluye el bautismo y la imposición de manos. Si hemos recibido el bautismo sin haber recibido la imposición de manos, carecemos de tal fundamento para poder ir en pos de Cristo.

El error de la iglesia hoy es completamente distinto del error que cometieron los creyentes hebreos en aquellos tiempos. Los creyentes hebreos ya habían puesto el fundamento y, a pesar de ello, querían volver a poner el mismo fundamento una y otra vez, con lo cual estaban dando vueltas en círculos. ¿Qué acerca de la iglesia hoy? Si bien ha avanzado, sus fundamentos no están bien establecidos. El apóstol les dijo a los creyentes hebreos que dejaran la palabra de los comienzos de Cristo y se esforzaran por alcanzar la madurez. En el caso de los cristianos de hoy, ellos procuran avanzar demasiado rápido sin haber establecido tal fundamento. Son demasiado apresurados. Ustedes tienen que comprender que la imposición de manos forma parte del fundamento de la palabra de Cristo. Quienes ya hayan puesto tal fundamento deben avanzar, mientras que aquellos que no hayan echado tales cimientos, tienen que establecerlos. Así pues, la enseñanza que nos ocupa hoy difiere de la enseñanza del apóstol de aquel entonces en esto: él exhortaba a las personas que dejaran algo atrás, mientras que nosotros estamos exhortándolos a que se vuelvan hacia atrás a fin de recuperar tales cosas.

Si usted tiene que edificar una casa que requiere de seis piedras como fundamento, no puede descuidarse y perder una. Si falta una, habrá problemas en algún momento. Todo lo que sirve de fundamento es indispensable. Si el bautismo, que forma parte de tal fundamento, es omitido, esto generará problemas en el futuro. Si la imposición de manos, como otra de las partes que conforma el fundamento, no se ha hecho, esto igualmente generará problemas en el futuro. No podemos permitirnos ser descuidados con respecto a los fundamentos. Uno no puede edificar una casa sobre fundamentos que no están bien establecidos. Si se omite parte de tales fundamentos, tales fundamentos tienen que ser completados antes de proceder con el resto de la edificación.

II. EL SIGNIFICADO DE LA IMPOSICIÓN DE MANOS

Ya tratamos acerca del bautismo y lo que éste realiza en nuestro beneficio. El bautismo nos rescata del mundo. Por medio del bautismo, uno es salvo del mundo y hecho libre del mismo. A la vez, el bautismo nos pone en Cristo y nos da derecho a participar de Su resurrección. Pero, ¿qué es lo que hace la imposición de las manos por nosotros? ¿Qué significado tiene la imposición de manos?

Las respuestas a estas preguntas pueden ser halladas en Levítico 1, 3 y 4. Estos son los capítulos que con mayor frecuencia hacen referencia a la imposición de manos en el Antiguo Testamento. ¿Qué significado encierra el que una persona imponga sus manos sobre la cabeza de un animal en el Antiguo Testamento? Tal acto encierra dos significados.

A. La identificación

El primer significado es la identificación. En el primer capítulo de Levítico, imponer las manos sobre la cabeza de un animal significaba que el oferente y la ofrenda eran hechos uno, a raíz de esto surge la siguiente pregunta: ¿Por qué una persona que acudía al Señor a fin de ofrecer algo, ya sea que se trate de una ofrenda por el pecado o un holocausto, no se ofrecía a sí misma en lugar de un buey o una cabra? Dios es dueño de todos los bueyes y cabras que hay en el mundo. ¿Acaso Dios necesita que le ofrezcan bueyes y cabras? Si un hombre se presenta delante del Señor, primero deberá ofrecerse a sí mismo. Si se carece de esto, ninguna otra ofrenda podrá satisfacer a Dios. Así pues, una ofrenda significa la consagración del oferente, y no el mero sacrificio de un buey o una cabra.

Sin embargo, si voy al altar y me sacrifico a mí mismo al entregar mi cuerpo para ser sacrificado e incinerado como holocausto, ¿no estaría actuando igual que los adoradores de Moloc mencionados en el Antiguo Testamento? Aquellos que adoraban a Moloc no le sacrificaban bueyes y cabras, sino a sus propios hijos. Si nuestro Dios exigiera que nosotros mismos nos ofreciéramos en sacrificio a Él, ¿no sería nuestro Dios igual a Moloc? Moloc exige la sangre de nuestros hijos, mientras que Dos exige que nos ofrezcamos como ofrendas. Si nosotros tuviéramos que ser incinerados, ¿acaso no significaría esto que las exigencias de nuestro Dios son más severas que las de Moloc?

En cierto sentido, es cierto que las exigencias de Dios son más severas que las de Moloc. Pero, al mismo tiempo, Dios ha provisto una manera en la que podemos ofrecernos nosotros mismos sin tener que ser incinerados. ¿En qué consiste tal manera? Consiste en tomar un buey e imponer nuestras manos sobre él. La parte más importante de un buey es su cabeza. Uno también puede tomar un macho cabrío e imponer sus manos sobre él. Así pues, uno pone ambas manos sobre el buey o el cabrito y, delante de Dios, ya sea audiblemente o en silencio, uno ora: "Este soy yo. Yo soy el que debiera estar en el altar y yo soy el que debiera ser incinerado en sacrificio. Yo debiera ser el sacrificio y el que haga remisión por mis propios pecados. Merezco la muerte. Me ofrezco a Ti como holocausto de olor grato para Ti. ¡Oh Señor! Traigo delante de Ti este buey e impongo mis manos sobre su cabeza. Con esto quiero decir que yo y este animal somos una sola entidad y que somos iguales. El hecho de que yo pida al sacerdote que mate a este animal equivale a que soy yo el que está siendo inmolado. Cuando la sangre de este animal sea derramada, será mi sangre la que se derrame. Cuando este animal sea puesto en el altar, seré yo quien esté sobre el altar".

¿Acaso no fue esto lo que sucedió con nosotros cuando fuimos bautizados? Cuando nos sumergimos en el agua, dijimos: "Esta es mi sepultura. Aquí estoy siendo enterrado por el Señor". Tomamos el agua como nuestra sepultura. Ahora, al imponer nuestras manos sobre la cabeza del buey, nos identificamos con dicho buey y, al ofrecerlo, en realidad nos estamos ofreciendo nosotros mismos a Dios, pues el buey nos representa.

Por tanto, la imposición de manos significa identificación. En el Antiguo Testamento, el principal significado de la imposición de manos es el de identificarse con la ofrenda. Es decir, yo y la ofrenda somos una sola entidad y compartimos la misma posición. Así, cuando la ofrenda es elevada delante de Dios, yo también estoy siendo elevado a Dios en calidad de ofrenda.

B. Trasmite bendiciones

La imposición de manos tiene otro significado según el

Antiguo Testamento. Según Génesis, Isaac impuso sus manos sobre sus dos hijos. Jacob hizo lo mismo con sus dos nietos, Efraín y Manasés. Cuando Jacob les impuso las manos a sus dos nietos, él puso cada una de sus manos sobre la cabeza de cada uno de sus nietos y los bendijo. Así, él transmitió sus bendiciones a sus dos nietos. Él los bendijo y pidió bendiciones para ellos. Como resultado de ello, las bendiciones fueron derramadas sobre ellos.

Tenemos que comprender el significado de la imposición de manos en estos dos aspectos. Uno es la unión o identificación, y el otro es la transmisión. Ambas constituyen una especie de comunión. La comunión nos une a otros y nos hace uno con ellos. La comunión también transmite nuestra fortaleza a otros.

III. EL CUERPO DE CRISTO Y LA UNCIÓN

Debemos comprender por qué los cristianos deben recibir la imposición de manos. Después que creímos en el Señor y fuimos bautizados, ¿por qué es necesario que los apóstoles, en su calidad de representantes del Cuerpo, vengan y nos impongan las manos?

A. Dios derrama el óleo sobre todo el Cuerpo de Cristo

Primero, permítanme explicar brevemente la relación que existe entre el Cuerpo de Cristo y la unción. Por favor, leamos 1 Corintios 12:12-13 y Salmos 133. El cristianismo es verdaderamente muy particular. ¿Qué es tan especial al respecto? Tiene que ver con el hecho de que Dios obtuvo un hombre en la tierra. Este hombre se sujetó perfectamente a Dios, representó a Dios y vivió la vida de Dios con absoluta integridad. Hoy en día, Dios lo ha hecho tanto Señor como Cristo. Dios ha derramado Su Espíritu sobre este hombre, Jesús el nazareno. Cuando Dios derramó Su Espíritu sobre Él y lo invistió del mismo, Dios no estaba derramando Su Espíritu sobre Él como individuo, sino que derramó Su Espíritu sobre Él en Su calidad de Cabeza del Cuerpo. Así pues, la unción de Dios recae sobre la Cabeza. El Señor Jesús no estaba recibiendo la unción de parte de Dios en calidad de individuo, sino que estaba ocupando la posición de Cabeza del Cuerpo cuando recibió el Espíritu sobre Sí. En otras palabras, Él fue ungido por Dios en beneficio de todo el Cuerpo.

Por eso a Él se le llama "el Ungido" y a nosotros también nos llaman "los ungidos". Su nombre es *Christos* y nuestro nombre es *Christoi,* o sea, cristianos, hombres de Cristo. Él es la Cabeza y la iglesia es el Cuerpo. Dios no desea obtener simplemente un individuo en la tierra. Más bien, Él está en procura de un hombre colectivo: la iglesia. Por sí misma, la iglesia en la tierra no es capaz de satisfacer a Dios; no puede llevar a cabo lo que tiene que ser llevado a cabo y tampoco es capaz de sostener el testimonio de Dios, debido a que no posee el poder de Dios. Por tanto, es necesario que Dios unja a la iglesia. Al recibir la unción de Dios, la iglesia es capaz de satisfacer las exigencias de Dios. La unción implica la autoridad de Dios. La autoridad de Dios se ha derramado sobre la iglesia por medio de Su unción.

Sin embargo, Dios no unge a uno o dos miembros, ni tampoco unge a todos los miembros. Dios únicamente unge a la Cabeza. Si los hijos de Dios han de conocer el Espíritu Santo, primero tienen que conocer el Cuerpo. El Espíritu Santo no le es dado primero al Cuerpo, sino a la Cabeza. El Cuerpo entero recibe la unción porque Dios ha ungido a la Cabeza. ¿Está esto claro? No es cuestión de que un miembro reciba individualmente el Espíritu Santo, ni tampoco se trata de que todos los miembros lleguen a recibir el Espíritu Santo. Es la Cabeza la que recibe la unción.

B. Recibimos la unción al permanecer en la posición del Cuerpo

¿Cómo entonces, podemos recibir el aceite de la unción? Debemos permanecer en el Cuerpo a fin de recibir la unción. Si permanezco en el Cuerpo y asumo la posición que me corresponde en el Cuerpo, la unción descenderá sobre mí espontáneamente cuando ésta sea derramada sobre la Cabeza. La unción no me es dada solamente a mí. Es inconcebible que yo pretenda pedir la unción solamente para mí. Hay muchos que son privados de toda bendición debido a que acuden a Dios solos, esperando obtener por sí mismos tanto el Espíritu Santo como la unción.

Por favor, recuerden que el óleo fue derramado sobre la cabeza de Aarón. Dicho óleo descendió hasta la barba de Aarón y hasta el borde de sus vestiduras. Las vestiduras de Aarón llegaban hasta sus pies y cubrían todo su cuerpo. A medida que era derramado sobre su cabeza, el óleo descendía hasta el extremo inferior de su cuerpo. Hoy en día, si alguien disfruta de la unción, se debe su posición en el Cuerpo y no a causa de su condición personal delante de Dios. Si usted permanece bajo la Cabeza, la unción llegará hasta usted. Pero si usted no permanece bajo la Cabeza, la unción no llegará hasta usted. Recibir la unción no es una cuestión personal, ni algo que solamente atañe a todo el Cuerpo. Es cuestión de estar en el Cuerpo y bajo la Cabeza. Si el Cuerpo se sujeta a la Cabeza y permanece en la posición apropiada, recibirá la unción.

Nosotros necesitamos el poder del Espíritu Santo para nuestro andar espiritual. Dejaremos de andar conforme a la carne únicamente cuando la unción ha llegado a ser nuestro poder. La unción no es derramada sobre la carne del hombre. Debemos recordar esto. No podemos actuar conforme a nuestras propias ideas. Necesitamos la unción, pero no podremos recibirla por medio de ruegos u oraciones hechas por cuenta propia. Únicamente si permanecemos en una relación normal con el Cuerpo podremos recibir la unción.

Es imprescindible que entendamos que la Biblia nunca habla de ungir al Cuerpo. Únicamente la Cabeza es ungida. Pero, cuando la Cabeza es ungida, nosotros también, por ser Su Cuerpo, recibimos la unción. La unción no fue derramada sobre el cuerpo de Aarón, sino sobre su cabeza. No obstante, la unción descendió desde la cabeza de Aarón hasta el borde de sus vestiduras y sobre todo su cuerpo. Solamente los necios procuran una unción individual o una unción únicamente para el Cuerpo. Todos nosotros debemos sujetarnos a la Cabeza y permanecer en aquella posición que la Cabeza desea que asumamos. Solamente entonces habremos de recibir la unción.

C. La imposición de manos se realiza por medio de los representantes de Cristo y Su Cuerpo: los apóstoles

La Palabra de Dios nos muestra que cada vez que una

persona es bautizada en Cristo, la autoridad delegada establecida por Dios, como son los apóstoles y, en nombre de la Cabeza y el Cuerpo, deben imponer las manos sobre aquel que se bautizó. Esto nos muestra el significado de la imposición de manos. Cuando una persona la recibe, inclina su cabeza. Esto significa que a partir de ese momento, dicha persona no volverá a poner al descubierto su propia cabeza, sino que su cabeza estará sujeta a la autoridad. En vez de ponerse al descubierto, dicha persona permanecerá bajo autoridad.

Si un apóstol, un representante del Cuerpo, me impone las manos, esto quiere decir que él y yo tenemos comunión y que hemos llegado a ser uno. Los apóstoles representan al Cuerpo porque Dios primero colocó apóstoles en la iglesia. Por eso ellos representan a la iglesia. Si un apóstol, que representa a la iglesia, le impone las manos diciendo: "Hermano, eres uno con el Cuerpo de Cristo", entonces la unción que proviene de la Cabeza llegará hasta usted. Debido a que es uno con el Cuerpo, la unción llega a usted. Esta es la razón por la cual el apóstol le impone las manos. La imposición de manos hace que nos identifiquemos con el Cuerpo de Cristo.

El apóstol no solamente representa a la iglesia, sino también a Cristo. Dios primero puso apóstoles en la iglesia. Ser primero implica poseer autoridad. En otras palabras, los apóstoles son la autoridad delegada. Por tanto, si la mano de un apóstol está sobre su cabeza, no solamente la iglesia le está imponiendo las manos, sino también Cristo mismo. Esto significa ser traídos por el Señor bajo Su autoridad. Desde ese momento, usted está bajo la cabeza de Cristo.

IV. CÓMO DEBEMOS RECIBIR LA IMPOSICIÓN DE MANOS

A. Debemos estar sujetos
a la autoridad de la Cabeza

Tenemos que estar sujetos a la autoridad de la Cabeza y tenemos que actuar como miembros del Cuerpo de Cristo. Nunca debiéramos presumir de poder avanzar por nosotros mismos. La propia naturaleza de la cual fuimos hechos partícipes cuando fuimos salvos, hace de nosotros miembros del Cuerpo. Esta misma naturaleza no permite que permanezcamos solos.

Una vez que nos encontramos solos, moriremos. Podemos vivir únicamente si estamos ligados al Cuerpo.

B. Debemos comprender la importancia de la identificación

Tenemos que comprender la importancia que tiene la identificación. Sólo después de que hayamos comprendido lo importante que es la identificación, nos podrá ser transmitida la bendición. Si no comprendemos la importancia de la identificación, nos será imposible recibir la bendición de la transmisión. La idea central subyacente a la imposición de manos es la identificación. Si bien la imposición de manos también cumple la función de transmitir, su significado fundamental es la identificación.

C. Debemos comprender que vivimos por medio de todo el Cuerpo

En la actualidad, si los hermanos le imponen las manos, no se trata de un acto vano o irreflexivo. Sus ojos deben ser abiertos para comprender que, desde ese día, usted llegó a ser uno de los muchos hijos, una de las muchas células y uno de los muchos miembros del Cuerpo. Así pues, por ser usted un miembro, vive por medio de todo el Cuerpo. Por tanto, si vive como si fuera un cristiano solitario, estará acabado y será inútil. En cuanto usted deje de tener comunión con otros hijos de Dios, surgirán problemas. No importa cuán fuerte sea, le será imposible sobrevivir por sí mismo. No importa cuán grande y maravilloso sea, si se separa del Cuerpo usted morirá. Usted no puede jactarse de su poder, pues usted es poderoso únicamente debido a que está en el Cuerpo. Este es el beneficio que le fue otorgado mediante la imposición de manos. En cuanto usted se aparte del Cuerpo, estará acabado.

En el momento en que otros le impongan las manos, usted deberá tener la siguiente convicción interna: "Señor, yo no puedo vivir por mí mismo. Confieso que soy un miembro del Cuerpo y que sin el Cuerpo no puedo vivir. Sin el Cuerpo no puedo recibir la unción". ¿Entienden esto claramente? La unción es aplicada a la Cabeza. Por tanto, usted tiene que ponerse bajo autoridad; es decir, junto a los otros hijos de Dios tiene que sujetarse a la autoridad de la Cabeza. Tiene que sujetarse a la Cabeza, tanto a nivel individual como en unidad con los demás. Usted tiene que sujetarse directamente a la Cabeza así como sujetarse a la Cabeza de manera indirecta al hacerlo junto con todo el Cuerpo. Si hace esto, la unción descenderá sobre usted. Si usted permanece en esta posición, de manera espontánea la unción fluirá hacia usted.

V. LOS DOS CASOS DE IMPOSICIÓN DE MANOS MENCIONADOS EN EL LIBRO DE HECHOS

A. El caso ocurrido en Samaria

Para finalizar, examinaremos los casos que tuvieron lugar en Samaria y en Éfeso. Como resultado de la visita evangelizadora de Felipe a Samaria, un grupo de personas creyó y fue bautizada; sin embargo, no recibieron al Espíritu Santo. Los apóstoles en Jerusalén se enteraron de esto y enviaron a Pedro y a Juan a Samaria para que ellos orasen pidiendo que el Espíritu Santo descienda sobre los nuevos creyentes. Mientras oraban, les impusieron las manos. Como resultado de ello, el Espíritu Santo vino sobre ellos y los ungió.

El bautismo es una declaración pública de que hemos abandonado el mundo, mientras que la imposición de manos es una declaración pública de que hemos pasado a formar parte del Cuerpo. Se trata de dos facetas de una misma realidad. Por un lado, somos bautizados y abandonamos el mundo, esto tiene un sentido negativo. Por otro, pasamos a formar parte del Cuerpo en el momento mismo en el que alguien nos impuso las manos. Puesto que formamos parte del Cuerpo, debemos identificarnos con todos los hijos de Dios y debemos sujetarnos a la autoridad de la Cabeza. Si posicionamos todo nuestro ser bajo la autoridad de la Cabeza, experimentaremos que la unción fluye en nuestro interior. Una vez que nuestra posición es la correcta, la unción fluirá hacia nosotros. Si estamos en la posición errada, la unción no fluirá hacia nosotros. Los samaritanos creyeron en el Señor y fueron salvos, sin embargo, se encontraban en una situación muy particular: el Espíritu Santo no había sido derramado sobre ellos. Los apóstoles vinieron y les impusieron las manos, con lo cual los pusieron bajo la autoridad de la Cabeza al unirlos a todo el Cuerpo. En ese momento algo maravilloso sucedió: el Espíritu Santo descendió sobre ellos y la unción fluyó hacia ellos.

B. El caso ocurrido en Éfeso

Examinemos ahora lo ocurrido en Éfeso. Durante uno de sus viajes evangelizadores, Pablo llegó a Éfeso, en donde conoció a doce discípulos que solamente habían recibido el bautismo de Juan. Pablo les preguntó: "¿Recibisteis al Espíritu Santo cuando creísteis?". A lo cual ellos contestaron: "Ni siquiera hemos oído si hay Espíritu Santo". Pablo les preguntó entonces: "¿En qué, pues, fuisteis bautizados?" (Hch. 19:2-3). Pablo reconoció el problema: ellos no poseían el fundamento apropiado.

¿Cómo es posible que algunas personas no tengan el Espíritu Santo si ya han creído en Jesús? Definitivamente sus cimientos no estaban bien establecidos. ¿En qué habían sido bautizados? Es fácil hallar la respuesta. Ellos únicamente habían recibido el bautismo de Juan, pero no habían sido bautizados en Cristo. Por tanto, Pablo les dijo que necesitaban bautizarse nuevamente, esta vez en el nombre de Cristo. Luego Pablo les impuso las manos. La imposición de las manos sigue al bautismo. Es necesario que uno pase a formar parte del Cuerpo y se sujete a la autoridad de la Cabeza. Este es el significado de la imposición de las manos.

Si una persona no es bautizada, no puede recibir la imposición de manos. Primero tiene que ser bautizada, dejar el mundo y unirse a Cristo, habiendo muerto y resucitado. Después, uno tiene que comprender que debe vivir en virtud del Cuerpo y que debe permanecer bajo la autoridad de la Cabeza. Entonces, cuando reciba la imposición de manos, el Espíritu Santo será derramado sobre él. La manifestación externa del Espíritu no constituye el enfoque central de lo que uno recibe. Más bien, uno debe poner el énfasis en el fluir interno de la unción.

El salmo 133 nos muestra que fue la Cabeza la que fue ungida. La unción de la Cabeza equivale a la unción del Cuerpo, lo cual es igual a la unción de todos los miembros. Damos gracias a Dios y le alabamos, porque cuando el aceite de la unción descendió desde la Cabeza, nosotros pudimos recibirlo por estar en el Cuerpo. Si poseemos la unción, es de poca importancia si el Señor nos confiere o no ciertas señales externas. Les ruego que se percaten del hecho de que las señales externas correspondientes al día de Pentecostés son cosas demasiado externas; se trata de cosas que no son muy cruciales. Creemos que el Espíritu Santo sigue siendo derramado sobre los hombres en la actualidad. Las señales externas constituyen una mera manifestación de tal unción. Siempre y cuando la unción haya sido derramada, no importa mucho si hay o no señales externas de la misma. Lo que importa es el origen de la unción. La unción es derramada cuando la unción de la Cabeza llega a convertirse en la unción sobre todos los miembros. Por este motivo, las oraciones que acompañan a la imposición de manos revisten inmenso significado.

VI. UNA EXCEPCIÓN QUE APARECE EN LA BIBLIA

Con respecto a la imposición de manos, la Biblia registra una única excepción. Sucedió en la casa de Cornelio. El Espíritu Santo fue derramado sobre la casa de Cornelio antes de cualquier bautismo o imposición de manos. La casa de Cornelio constituyó una excepción porque, después del Pentecostés, todos los apóstoles pensaban que la gracia del Señor era solamente para los judíos. Ellos estaban muy conscientes de que ellos eran judíos y que el Señor Jesús también era un judío, y que el Espíritu Santo fue derramado únicamente sobre judíos el día de Pentecostés. Las tres mil personas que fueron salvas así como el posterior grupo de cinco mil, estaba constituido exclusivamente por judíos. Aquellos que recibieron la gracia del Señor eran judíos que estaban dispersos en otras regiones y que habían retornado a Jerusalén. Hasta ese momento, la gracia del Señor había sido experimentada únicamente por los judíos. Ellos no estaban seguros si los extranjeros, los gentiles, pudieran ser partícipes de esta gracia. En China, algunos todavía llaman a los extranjeros "demonios extranjeros". Los judíos maldecían a los extranjeros aún más, y los consideraban como bestias o animales. Inclusive Pedro no pudo dejar tal postura y compartía el mismo punto de vista que los demás.

No es fácil superar las barreras de la oscuridad del hombre. Es por ello que fue muy importante que el Señor enviase a Pedro a la casa de Cornelio a fin de abrir puerta a los gentiles para que ellos creyesen en Él. El Señor primero le dio a Pedro una visión: un objeto semejante a un gran lienzo que descendía del cielo conteniendo muchas cosas. El Señor le dijo a Pedro: "Mata y come" (Hch. 10:13). En cuanto Pedro vio el lienzo, de inmediato respondió: "Señor, de ninguna manera; porque ninguna cosa profana e inmunda he comido jamás" (v. 14). Esto quiere decir que él nunca antes se había relacionado con los gentiles. ¿Qué debería hacer ahora? El lienzo descendió una vez, otra vez y una tercera vez. Para entonces, Pedro había comprendido claramente. Si no hubiera sido por esta visión, Pedro nunca habría comprendido claramente. ¡Nuestros conceptos viejos son muy fuertes! Este objeto descendió de los cielos y el Señor mismo le habló a Pedro, y aun así, Pedro tenía sus dudas. Todo lo que pudo hacer el Señor fue retirar el lienzo; cuando éste descendió la segunda vez, el Señor le habló a Pedro nuevamente, pero Pedro todavía no podía entender. El lienzo fue retirado otra vez. La tercera vez, el Señor hizo descender nuevamente el lienzo, le mostró a Pedro la visión una vez más y le habló nuevamente. En la tercera ocasión, Pedro comprendió con claridad. Para entonces, Pedro ya no podía decir: "No vi bien", ni: "Olvidé lo que vi, me es difícil recordarlo".

Después que esta visión le fuera revelada, vinieron hombres de Cesarea. Sólo entonces Pedro se dio cuenta de que los gentiles también podían recibir la salvación de Dios. Los perritos podían comer las migajas debajo de la mesa. Entonces Pedro fue; pero, aun así, al llegar a la casa de Cornelio, él no osaba bautizar a ninguno. La casa de Cornelio realmente creyó, pero Pedro no se atrevía a bautizar a ninguno de ellos por temor a que los hermanos que estaban con él lo rechazaran. Quizás ellos le dirían: "Pedro, estás actuando de manera independiente". En tales momentos, Pedro se encontró en una situación incómoda. Él había entendido claramente, pero los hermanos no.

Fue en ese momento que el Señor derramó el Espíritu sobre los gentiles; es decir, antes de que ellos fueran bautizados y antes de haber recibido la imposición de manos. Cuando

Pedro regresó, él pudo afirmar con toda confianza: "Yo apenas les dije unas cuantas palabras, ni siquiera el evangelio les había sido presentado claramente, pero, aun así, el Espíritu Santo fue derramado sobre ellos. No me quedó otra alternativa que suplir lo que hacía falta y bautizarlos". El bautismo tiene como propósito dejar el mundo y entrar a Cristo, mientras que la imposición de manos es para recibir la unción. La casa de Cornelio ya había recibido la unción. Por ende, ya no había necesidad de imponerles las manos. Por esto Pedro se limitó a bautizarlos.

Más tarde, cuando Pablo regresó a Jerusalén procedente de regiones gentiles, hubo cierta discusión con respecto a los gentiles. Entonces, Pedro sacó nuevamente a colación aquel incidente y, con ello, rompió el impedimento, a partir de entonces, la puerta les fue abierta a los gentiles.

En Samaria hubo la imposición de manos, pero no en Cesarea. Sin embargo, Dios usó el caso de Cesarea para confirmar la obra de Pablo y resolver el caso del capítulo 15. En el capítulo 19 esta práctica continuó cuando Pablo llegó a Efeso, y allí de nuevo él practicó el imponer las manos. Desde ese tiempo esta práctica no ha sufrido interrupción.

VII. AVANZANDO CON OTROS HIJOS DE DIOS

Los nuevos creyentes deben saber que los creyentes no podemos vivir solos. No podemos ser cristianos solitarios, sino que debemos ser miembros junto con los otros hijos de Dios. También debemos someternos a la autoridad de la Cabeza. No podemos ser rebeldes. Debemos someternos junto con los otros hijos de Dios. Si hacemos esto, la unción será manifestada en forma espontánea en nuestra vida y obra, y así tendremos un camino recto para avanzar delante del Señor.

Capítulo ocho

TODAS LAS DISTINCIONES FUERON ABOLIDAS

Lectura bíblica: 1 Co. 12:13; Gá. 3:27-28; Col. 3:10-11

I. LOS CREYENTES SOMOS UNO EN CRISTO

Después que un nuevo creyente ha recibido la imposición de manos, ha pasado a formar parte de la iglesia y se encuentra bajo la autoridad de Cristo, debe ver la unidad de los creyentes en el Cuerpo de Cristo. En otras palabras, debe estar consciente de que todas las diferencias han sido abolidas. Esto quiere decir que no debiera haber distinciones entre los creyentes que han llegado a ser uno en Cristo.

En 1 Corintios 12:13 dice: "Porque en un solo Espíritu fuimos todos bautizados en un solo Cuerpo, sean judíos o griegos, sean esclavos o libres...". El uso de la expresión *sean* en este versículo, denota la abolición de toda diferencia. En el Cuerpo de Cristo no se da cabida a las diferencias que se hacen en el mundo. El versículo 13 continúa diciendo: "Y a todos se nos dio a beber de un mismo Espíritu". Todos fuimos bautizados en un solo Espíritu y en un solo Cuerpo, y a todos se nos dio a beber de un mismo Espíritu.

Gálatas 3:27-28 dice: "Porque todos los que habéis sido bautizados en Cristo, de Cristo estáis revestidos. No hay judío ni griego, esclavo ni libre, varón ni mujer, porque todos vosotros sois uno en Cristo Jesús". Estos versículos nos dicen que en Cristo todos nosotros, somos uno. Somos personas revestidas de Cristo; en el texto original la palabra *revestidos* no tiene tanto el sentido de "vestir" sino más bien, de "cubrir". Todos nosotros fuimos bautizados en Cristo y estamos revestidos de Cristo. Puesto que en Cristo todos fuimos hechos uno, en Él no hay judío ni griego, esclavo ni libre, varón ni mujer.

Esto quiere decir que nuestra unidad en Cristo abolió todas nuestras diferencias del pasado.

Colosenses 3:10-11 dice: "Y vestido del nuevo, el cual conforme a la imagen del que lo creó se va renovando hasta el conocimiento pleno, donde no hay griego ni judío, circuncisión ni incircuncisión, bárbaro, escita, esclavo ni libre; sino que Cristo es el todo, y en todos". Este pasaje bíblico también afirma que ya no hay distinciones entre los creyentes. Gálatas 3:28 dice que: "No hay...", y estos versículos también nos dicen que: "No hay...". No puede haber distinciones porque estamos revestidos del nuevo hombre. Nosotros recibimos al nuevo hombre y fuimos incorporados a él, el cual fue creado conforme a la imagen de Dios. Tal imagen no permite que haya griegos ni judíos, circuncisión ni incircuncisión, bárbaro, escita, esclavo ni libre; pues Cristo es el todo, y en todos. Por tanto, todos los creyentes son uno, han llegado a ser una sola entidad.

Basándonos en estos pasajes de las Escrituras, podemos ver que todos los creyentes somos uno en Cristo y que todas nuestras diferencias fueron abolidas. Este hecho constituye la base sobre la cual la iglesia es edificada. Si al unirnos al Señor y a la iglesia trajéramos con nosotros nuestras diferencias terrenales, traeríamos corrupción a la iglesia y perjudicaríamos las relaciones entre los hermanos y hermanas.

Tenemos que comprender que todos fuimos hechos uno en Cristo. Nuestras antiguas distinciones ya no tienen cabida entre nosotros si estamos en el Señor. No hay distinciones en el nuevo hombre ni en el Cuerpo de Cristo. En los versículos al inicio de este capítulo vemos cinco pares de contrastes, pero en realidad se mencionan seis diferencias. Primero, está la distinción entre griego y judío. Después, la distinción entre esclavo y libre. Enseguida, se mencionan las diferencias que hay entre varón y mujer, bárbaros y escitas y, finalmente, entre la circuncisión y la incircuncisión. Según el apóstol Pablo, independientemente de las diferencias que puedan existir entre los hombres, nosotros todos fuimos hechos uno en Cristo.

En este mundo, lo que más le importa a una persona es la posición o estatus que ocupa. Si yo soy cierta clase de persona, tengo que vivir en conformidad con mi condición social o estatus. Pero si verdaderamente somos cristianos, todas estas consideraciones deberán desaparecer. Si al unirnos al nuevo hombre, traemos con nosotros nuestra posición y nuestro estatus personal, haremos del nuevo hombre, uno viejo, porque estas diferencias pertenecen al viejo hombre. Por tanto, al venir a la iglesia, tenemos que abandonar todas estas cosas.

II. LAS DIVERSAS NACIONALIDADES FUERON ABOLIDAS

A. No hay distinción entre judío y griego

La distinción más notoria que se hace en el mundo es la basada en las nacionalidades. Los judíos y los griegos son dos razas muy distintas. Los judíos son muy nacionalistas. Ellos son descendientes de Abraham, son el pueblo elegido por Dios y constituyen la única nación que Dios estableció sobre la tierra. Ellos están separados del resto de las naciones y son un pueblo especial para Dios. Pero ellos, en lugar de humillarse delante de Dios y exaltarle a Él, son muy orgullosos y se jactan de sí mismos delante de los demás pueblos. Su orgullo hace que lleven su nacionalismo a grados extremos. Ellos menosprecian a todas las naciones gentiles. A los ojos de los judíos, los gentiles son animales, perros. Ellos no reconocen de ningún modo a los gentiles.

Es por eso que resulta bastante difícil juntar a un judío con un gentil y pedirles que sean compañeros cristianos. Es posible que un judío llegue a creer en el Señor Jesús y se identifique como cristiano, pero es muy difícil persuadirle a que vaya a predicar el evangelio a los gentiles. El libro de Hechos nos cuenta que el evangelio fue predicado primeramente a los judíos el día de Pentecostés. Después, cuando el evangelio llegó a Samaria, los que fueron salvos eran judíos también. A fin de poder predicar el evangelio a los gentiles, el Señor tuvo que levantar a Pablo y encargarle que predicara a los gentiles. Aun así, esto no se comenzó de inmediato en Antioquía, sino que fue Pedro quien tuvo que dar inicio a tal predicación en Cesarea. A Pedro, quien era un apóstol enviado a los judíos, le resultó muy difícil acercarse a los gentiles, y es por eso que tuvo que ver tres veces la visión y tuvo que escuchar tres veces al Señor ordenándole: "Levántate, Pedro, mata y come". De no haber sucedido esto, Pedro nunca se hubiera atrevido a ir a los gentiles. Esta fue la primera vez que el evangelio fue predicado a los gentiles, y sirve para mostrarnos cuán renuentes eran los judíos a predicar el evangelio a los gentiles.

En Hechos 15 surgió el problema con respecto a la circuncisión y la observancia de la ley. Algunos de los judíos alegaban que los creyentes gentiles debían ser circuncidados y observar la ley de Moisés. En realidad, ellos estaban afirmando que para que un gentil llegara a ser cristiano, debía primero hacerse judío. ¡Cuán prevaleciente era la barrera del nacionalismo! Los gentiles tuvieron que esperar hasta Hechos 15 para poder ser eximidos de la circuncisión y de la observancia de la ley. Sólo entonces, Pedro y los demás le dijeron a Pablo y Bernabé que podían ir a los gentiles con entera libertad y asegurarles que todos ellos seguirían participando de la misma comunión.

Luego, Gálatas 2 nos dice que Pedro fue a Antioquia y comió con los gentiles. Pero cuando llegaron algunos enviados por Jacobo, Pedro se retrajo y se apartó porque tuvo temor a los de la circuncisión. Pablo tuvo que reprenderlo públicamente por no andar conforme a la verdad del evangelio. La cruz ya había derribado la pared intermedia de separación y no debería haber judíos ni gentiles.

Podemos ser judíos o gentiles, pero esperamos que el Señor nos bendiga con la comprensión de que en Cristo todos nosotros fuimos hechos uno. Nuestra nacionalidad ha sido abolida y las distinciones que hacemos basadas en nuestras nacionalidades, ya no tienen cabida. Ya sea que alguien sea un creyente chino, un creyente inglés, un creyente hindú o un creyente japonés, él ha llegado a ser un hermano o hermana en Cristo. No podemos separar a los hijos de Dios según sus nacionalidades. No podemos tener un cristianismo chino. Si es chino, entonces deja de ser Cristo. O es "chinismo" o es "cristianismo", no existe un cristianismo chino. Estos dos calificativos se contradicen mutuamente. Todos somos hermanos y hermanas en el Señor. No pueden existir distinciones basadas en la nacionalidad. Esto es bastante obvio. En el Cuerpo de Cristo, en el nuevo hombre, somos plenamente uno; no existe ninguna clase de distinción basada en la nacionalidad. Incluso un nacionalismo tan prevaleciente como el de los judíos, ha sido anulado por el Señor.

B. La cruz derribó la pared intermedia de separación

En el libro de Efesios se hace referencia a una pared que dividía a los judíos de los gentiles. Ambos pueblos estaban separados; pero la cruz derribó la pared intermedia de separación. Ya no existe distinción alguna ni persiste la separación entre los pueblos. Si conocemos a alguien que está en Cristo, no debiéramos decir que él es chino, sino que él es una persona que está en Cristo. No debiéramos decir que tal persona es inglesa, sino que debiéramos afirmar que ella está en Cristo. Todos llegamos a ser uno en Cristo.

Jamás debiéramos contemplar la posibilidad de tener una iglesia china o un testimonio chino. Esto sería un grave error y tal idea ni siquiera debiera ser contemplada. Les ruego que no olviden que, en Cristo, no hay distinción entre griego y judío. No existe tal cosa. Si un hermano o hermana fomenta entre nosotros tal cosa, estará introduciendo un elemento foráneo y el resultado será corrupción interna. Entre nosotros, no hay distinción entre judío y griego. En Cristo, todos nosotros hemos sido unidos. Toda noción nacionalista debe ser erradicada de nuestro corazón. En el momento que introducimos tales ideas en la iglesia, ésta se convierte en una organización de la carne y deja de ser el Cuerpo de Cristo.

En algunas personas, el sentimiento nacionalista es tan fuerte que no pueden ser cristianos apropiados. Si bien nosotros somos chinos y estamos bajo la jurisdicción de nuestro país, esta relación cesa cuando estamos en Cristo. Todas las veces que venimos al Señor, no lo hacemos como chinos. Debemos hacer a un lado la conciencia que tenemos de tales vínculos nacionales. Esperamos que los nuevos creyentes puedan comprender, desde un comienzo, que nosotros compartimos el vínculo común de la vida de Cristo. Yo he recibido la vida de Cristo, y un hermano de Inglaterra, o un hermano de

India o Japón, también ha recibido la misma vida; entonces, estamos unidos según la vida de Cristo y no según nuestras nacionalidades. Tenemos que comprender esto claramente. En el Cuerpo, en Cristo y en el nuevo hombre, las nacionalidades no existen, pues esta distinción ha sido completamente abolida.

Después de la primera guerra mundial, algunos hermanos de Inglaterra fueron a una conferencia celebrada en Alemania. Durante la conferencia, un hermano se puso de pie y presentó a los hermanos británicos con las siguientes palabras: "La guerra ha terminado y ahora algunos hermanos ingleses nos visitan; queremos extenderles la más cordial bienvenida". Después de tal presentación, uno de los hermanos procedentes de Inglaterra se puso de pie y les dijo: "No somos hermanos ingleses. Somos hermanos de Inglaterra". Estas palabras son maravillosas. No hay hermanos ingleses, solamente hay hermanos de Inglaterra. ¿Cómo podría haber un hermano inglés, un hermano estadounidense, una hermana francesa o una hermana italiana en la casa de Dios? Damos gracias a Dios que en Cristo no hay distinciones basadas en la nacionalidad.

Hermanos y hermanas, todos formamos parte de la iglesia. Hemos recibido la imposición de manos. Ahora, tenemos que comprender que todas las distinciones que existían entre griegos y judíos han sido abolidas. En Cristo, ya no existen tales diferencias. Esto constituye un hecho glorioso, una verdad realmente gloriosa. En la iglesia, Cristo es el único que existe. Cristo es todo, y en todos y no hay nada además de Cristo.

III. LAS DISTINCIONES ENTRE LAS CLASES SOCIALES FUERON ABOLIDAS

Otra relación intransigente de la sociedad humana son las distinciones de clases sociales. No experimentaremos con mucha frecuencia las diferencias que existen entre las diversas nacionalidades a menos que conozcamos personas extranjeras. Sin embargo, a diario tenemos que enfrentar el problema de las distinciones de clases entre los hombres. El apóstol nos dice que no hay distinción de clases entre el libre y el esclavo. En

Cristo, no hay libre ni esclavo. Tales distinciones han dejado de existir.

Probablemente, nuestra generación no ha llegado a experimentar en ningún momento la drástica distinción de clases que existía entre un hombre libre y un esclavo. Sin embargo, Pablo escribió sus epístolas cuando la práctica de la esclavitud había alcanzado su cenit bajo el imperio romano. En aquel tiempo, había un mercado de ganado, un mercado de ovejas y un mercado de seres humanos. Esto es semejante a las bolsas de valores que existen en la ciudad de Shanghái en los cuales se compran y venden textiles, materias primas, mercancías y oro. En aquella época, se practicaba en Roma la compra y venta de seres humanos. Los romanos pelearon muchas batallas y capturaron muchos prisioneros, los cuales eran llevados al mercado para ser vendidos. Si a un amo le parecía que los hijos de un esclavo estaban consumiendo demasiados alimentos, él podía llevarlos al mercado y ponerlos a la venta. Esta práctica era muy común en Roma. Los seres humanos eran comprados y vendidos como cualquier otra mercancía. Incluso se medía cuán rentable era un esclavo por la cantidad de hijos que podía producir, aquellos que producían más, eran vendidos por un mejor precio. En aquellos tiempos, la distinción entre un hombre libre y un esclavo era enorme.

Si bien la noción de democracia procede de Roma y fue en Roma donde se originaron los derechos civiles, el sufragio y las votaciones; tales derechos solamente eran para los hombres libres, los esclavos no tenían ningún derecho. Si uno mataba a un esclavo, únicamente tenía que negociar con el dueño el valor monetario correspondiente y pagar lo acordado. El esclavo no tenía derechos civiles y no era considerado como un ser humano. Matar a un esclavo era semejante a matar una vaca. Lo máximo a lo que uno estaba obligado era a pagar por la vaca y no había necesidad de pagar por la vida que se había perdido. Los hijos de los esclavos nacían esclavos y pertenecían al amo de sus padres. Durante toda su vida no gozaban de libertad alguna, a menos que su amo eligiera liberarlos. Si se escapaban, eran crucificados.

Esta distinción de clase, que ya no existe en nuestros tiempos en ningún lugar en la tierra, resultaba ser más cruel que las distinciones que actualmente existen entre amos y siervos, empleadores y empleados, y jefes y subalternos. Pero mucho antes de que el mundo aboliera la esclavitud, la Palabra de Dios ya había abolido tales distinciones de clases. En sus epístolas a los corintios, los gálatas y los colosenses, Pablo estableció claramente que no había distinción entre el libre y el esclavo. Tal distinción es abolida en Cristo.

En el Nuevo Testamento, el libro de Filemón habla sobre Onésimo, un esclavo de Filemón. Filemón era colaborador de Pablo. Cuando Onésimo creyó en el Señor, él también llegó a ser un hermano. Cuando estaban en casa, Onésimo era el esclavo y Filemón era el amo. Pero si Filemón llevaba a Onésimo a la reunión de la iglesia, Onésimo sería llamado hermano de Filemón y no su esclavo. En la iglesia, la relación amo-esclavo no tiene cabida. Cuando se arrodillaban juntos a orar, Onésimo era hermano de Filemón. Pero cuando se levantaban e iban a sus respectivos trabajos, Onésimo era el esclavo de Filemón. En el Señor, ellos eran uno; en el nuevo hombre eran uno; y en el Cuerpo también eran uno. Les ruego que se fijen en esto: en Cristo la relación amo-esclavo no existe, en el nuevo hombre tal clase de relación no existe y en la iglesia tampoco existe. En Cristo, todas las distinciones entre las diversas clases sociales han sido completamente abolidas. Ya no hay conciencia de clase, ni lucha de clases.

Ante Dios, debemos comprender que quizás seamos siervos, subalternos o empleados y, como tales, debemos asumir nuestra posición en nuestro centro de labores y aprender a sujetarnos a nuestros superiores o amos. Sin embargo, cuando venimos ante Dios, no debiéramos ceder ante cualquiera simplemente porque se trata de nuestro amo o nuestro jefe. En nuestras conversaciones sobre asuntos espirituales, no debiéramos considerar que nuestros amos o superiores siempre están en lo correcto, ni que sus razonamientos son siempre los correctos. No existe tal cosa. Todas las veces que nos arrodillamos para orar o reflexionar sobre asuntos espirituales, nuestro estatus cambia y las distinciones de clase dejan de existir entre nosotros. No podemos introducir en la vida de iglesia ninguna de estas relaciones determinadas por las distinciones de clases sociales, porque tal clase de relaciones no existe en la iglesia.

Este hecho es especialmente importante cuando asistimos a las reuniones de la iglesia. Recordemos que Jacobo condenó tales actitudes como pecaminosas. Él describió que cuando un rico asistía a la reunión, se le asignaba el mejor asiento, mientras que cuando entraba un pobre, se le decía que se quedase de pie o que se sentase bajo un estrado. Jacobo condenó tal práctica calificándola de pecado. Todas las veces que nos reunimos para tener comunión con los hijos de Dios, tenemos que tener bien en claro que estamos posicionados en Cristo, en el nuevo hombre y en el Cuerpo. Nuestra posición no está basada en ninguna distinción de clase social.

Únicamente los cristianos son capaces de superar todas las distinciones de clase y solamente ellos pueden realizarlo cabalmente. Solamente los cristianos pueden agarrarse de las manos y saludarse como hermanos, porque solamente ellos tienen amor. Únicamente los cristianos, aquellos que están en Cristo, pueden abolir todas las distinciones de clases. Los jóvenes deben darse cuenta de que su jefe cristiano, por ser un creyente en Cristo, es hermano suyo, y que su subalterno cristiano, también es su hermano. Su amo cristiano es su hermano, y su esclavo cristiano es su hermano también. La distinción entre el libre y el esclavo es completamente anulada, tal distinción ha dejado de existir. Para nuestra comunión con nuestros hermanos y hermanas únicamente podemos basarnos en lo poco que el Señor nos ha dado. Todos somos hermanos y hermanas. Si hacemos esto, seremos grandemente bendecidos por el Señor y la iglesia será llena del amor del Señor.

Un grupo de cristianos de la ciudad de Chungking en cierta ocasión deseaba construir un salón de reuniones para los funcionarios del gobierno. Ellos vinieron a mí y me pidieron mi opinión. Yo les dije: "¿Qué nombre le piensan poner a esta iglesia? Me parece que tendría que llamarse: 'La iglesia de los funcionarios de gobierno'". Si es una iglesia de funcionarios, ciertamente no es algo que esté en Cristo, porque en Cristo tal cosa no existe. En Cristo, no hay esclavo ni libre. Si un hombre libre desea ser salvo, tiene que recibir la vida del

Señor. Si un esclavo desea ser salvo, también tiene que recibir la vida del Señor. No hay distinción entre ambos. No podemos añadir nada a Cristo ni podemos quitarle nada a Cristo. Los hombres no pueden edificar una iglesia destinada únicamente para los oficiales porque no existe tal cosa en Cristo. Todos tenemos que aprender a ser hermanos o hermanas.

IV. LAS DISTINCIONES ENTRE VARÓN Y MUJER FUERON ABOLIDAS

La cuarta distinción que ha sido abolida en Cristo es la relacionada con el género de las personas; es decir, la distinción entre varón y mujer. En este mundo, los varones cumplen un determinado papel, mientras que las mujeres cumplen otro distinto. Asimismo, en lo referente a la administración de la iglesia, el varón tiene su lugar y la mujer tiene la suya. En la familia, el esposo tiene su lugar y la esposa tiene la suya. Sin embargo, en Cristo y en el nuevo hombre, tanto el hombre como la mujer tienen la misma posición y no hay diferencia entre el uno y la otra.

En Cristo, el varón no tiene un lugar especial, y tampoco la mujer, debido a que Cristo es el todo en todos. A este respecto, el varón no difiere de la mujer. Les ruego que no se olviden que cuando se trata de asuntos espirituales, no hay distinción entre varón y mujer.

Ya dijimos que, cuando se trata de algunas áreas de servicio en la iglesia, las hermanas ocupan un lugar distinto al de los hermanos, pero esto tiene que ver sólo con la cuestión de la autoridad. Hoy en día, en Cristo, no existe distinción entre varón y mujer. Un hermano es salvo mediante la vida de Cristo, la vida del Hijo de Dios. De la misma manera, una hermana es salva mediante la vida de Cristo, la vida del Hijo de Dios. En la Biblia en chino, todas las veces que se tradujo "hijos e hijas", en el idioma original decía simplemente "hijos", esta única palabra no permitía distinguir al varón de la mujer (aun cuando en el uso era de género masculino). Por nacimiento, yo soy hijo de Dios y debo madurar como tal. Un hijo es de género masculino, sin embargo, aquí la palabra describe tanto a los hermanos como a las hermanas.

En todo el Nuevo Testamento, únicamente 2 Corintios

6:17-18 se refiere específicamente a los hijos y a las hijas: "Por lo cual, 'salid de en medio de ellos ... y Yo os recibiré', 'y seré para vosotros por Padre, y vosotros me seréis hijos e hijas, dice el Señor Todopoderoso'". Después de que hemos creído en Dios y hemos sido liberados y separados del mundo, así como de toda su influencia contaminada e inmunda; Dios nos recibirá como un Padre, y nosotros seremos Sus hijos e hijas. Este es un asunto entre Dios y nosotros como individuos, no estamos hablando acerca de lo que una persona es en Cristo. Por esto dice: "hijos e hijas". Si una persona padece sufrimientos por causa de Dios y sufre pérdidas por causa de Él, Dios llegará a ser un Padre para dicha persona. Si eres varón, Dios te recibirá como hijo. Si eres mujer, Dios te recibirá como hija. Dios los recibirá como hijos e hijas. Él es el Señor todo-suficiente y es el poseedor de todas las cosas. Este es un asunto que trata de lo que una persona es ante Dios. No tiene que ver con lo que él o ella sea en Cristo. En Cristo, nosotros todos somos hijos de Dios y no hay distinción entre varón y mujer, no existe en absoluto tal distinción.

Cierta vez le pregunté a un hermano en el Señor que trabajaba como artesano en Shanghái: "Hermano, ¿cómo les va a los hermanos en su ciudad?". Él me contestó: "¿Me estás preguntando acerca de los hermanos varones o de los hermanos mujeres?". Tal respuesta no podía haber sido mejor expresada. Es una de las expresiones más ciertas que se han dicho. Tanto los hermanos varones como los hermanos mujeres, todos son hermanos; en Cristo no existe tal distinción. Lo que este hermano dijo era completamente correcto, él no hizo sino corroborar la verdad bíblica. Cuando acudimos al Señor y le tocamos, superamos toda distinción que existe entre varón y mujer. Estamos más allá de todo género. Ante el Señor y en Cristo, no existe diferencia alguna entre varón y mujer.

V. LAS DISTINCIONES ÉTNICAS FUERON ABOLIDAS

Según la Biblia, existe otra distinción entre griegos y judíos. Los judíos son un pueblo muy religioso, mientras que los griegos son un pueblo que se identifica con la filosofía y la sabiduría. Históricamente, si uno habla de religión, se piensa en los judíos, y si uno habla de filosofía, se piensa en los griegos. Todas las ramas de la ciencia y la filosofía, tienen su origen en los griegos. Todos los términos científicos que usamos actualmente, tienen sus raíces en el idioma griego. Por tanto, el pueblo griego simboliza la sabiduría. Si uno desea hablar de la ciencia y de la filosofía, tiene que remitirse a los griegos. Pero si uno desea hablar acerca de la religión, tiene que remitirse a los judíos. Estas son distinciones de los grupos étnicos.

Las personas que viven en diferentes regiones de la tierra, con frecuencia poseen sus propias características étnicas. Por ejemplo, aquellos que se criaron en el sur son más afectuosos; mientras que aquellos que se criaron en el norte son, generalmente, más reservados. Los sureños son generalmente menos severos, mientras que los norteños son, por lo general, más serios. Las personas que viven en las regiones tropicales gustan de bailar y cantar todo el día; mientras que a los norteños, en especial los del norte de Europa, no les gusta ni saltar. En lugar de ello, se muestran reservados y son más conservadores. Pero los sureños pueden ser cristianos tanto como los norteños. Los judíos pueden ser cristianos y los griegos también pueden ser cristianos. Los sabios pueden ser cristianos y los religiosos también pueden ser cristianos.

En Cristo, no hay distinción entre judío y griego. Algunas personas gustan de razonar y les encanta hallar una explicación para todo. Otras personas gustan de hablar acerca de la conciencia. ¿Acaso esto quiere decir que hay dos clases diferentes de cristianos? Según la carne, estos dos son totalmente distintos. Uno es regido por su intelecto, por su mente; mientras que el otro es regido por sus impulsos, por sus sentimientos. Pero en Cristo, no hay distinción entre griegos y judíos. No solamente las diferencias nacionales desaparecen, sino incluso las diferencias étnicas también desaparecen. Una persona que es reservada por naturaleza puede ser tan cristiana como una persona que es efusiva. Aquellos que son regidos por su mente pueden ser cristianos; y aquellos cuya conducta es regida por sus emociones también pueden ser cristianos. Todo tipo de gente puede ser cristiana.

Puesto que todo tipo de persona puede ser cristiana, uno debe aprender a renunciar a sus propias características étnicas al entrar en la iglesia, porque tales cosas no existen en la vida de iglesia. Hoy en día, surgen muchos problemas en la vida de iglesia debido a que mucha gente trae consigo sus características étnicas, su propio "sabor" étnico; es decir, ellos procuran introducir sus propias características distintivas. Cuando se reúnen personas locuaces y efusivas, su grupo se convierte en un grupo muy locuaz y efusivo. Pero cuando se reúnen personas de carácter reservado, su grupo es un grupo muy callado y reservado. De este modo, se cultivan muchas diferencias entre los hijos de Dios.

Les ruego que no olviden que las distintas características étnicas no tienen cabida en la iglesia, ni en Cristo, ni en el nuevo hombre. No condenen a una persona por el simple hecho que ella posee un temperamento distinto al suyo. Ustedes tienen que darse cuenta de que probablemente, los demás tampoco tienen en muy alta estima vuestra manera de ser. Quizás usted piense que siempre habla afablemente con los demás y tal vez se pregunte por qué lo tratan con tanta indiferencia. Pero tal vez los demás piensen que usted habla demasiado y que su manera de ser es intolerable.

Independientemente de que usted sea una persona rápida o sosegada, fría o afectuosa, intelectual o sentimental, en cuanto usted se convierte en un hermano y se integra a la vida de iglesia, tiene que renunciar a su propia manera de ser. Tales cosas no son propias de la vida de iglesia. Una vez que se introduzcan tales elementos en la iglesia, ellos se convertirán en normas por las cuales juzgamos y discriminamos a los hermanos, haciendo así que se produzcan divisiones entre nosotros. Entonces, uno mismo se convertirá en el estándar, y todos aquellos que se conformen a tal modelo podrán ser considerados buenos cristianos, mientras que aquellos que no alcanzan tal estándar serán considerados cristianos deficientes. Uno mismo se habrá convertido en el modelo a seguir. Así, infiltrará en la iglesia su propia naturaleza, su propio carácter y su propia idiosincrasia. Toda confusión en la iglesia surge debido a la diversidad en la idiosincrasia humana. El silencio que es característico en usted, o su peculiar locuacidad, no es necesariamente bueno. Su manera de ser reservado no es necesariamente algo bueno, como tampoco lo es su carácter afectuoso. Su inteligencia prevaleciente tampoco es necesariamente bueno, ni lo son las intensas emociones que lo caracterizan. Todas estas distinciones existen aparte de Cristo mismo y están representadas por los griegos y los judíos. No podemos traer a la iglesia ninguna clase de idiosincrasia natural.

Un nuevo creyente tiene que aprender desde un principio a rechazar todo cuanto procede del viejo hombre. Uno no debiera decir: "Pues así soy yo". Son muchos los hermanos que hablan así sin la menor vergüenza. Tenemos que decirles que no queremos su vieja persona, que ellos no deben traerla a la iglesia. Su vieja persona no existe en Cristo; por tanto, no debiéramos hacer distinciones basadas en ella. Tales distinciones tienen que ser completamente abolidas entre nosotros. En Cristo, en el Cuerpo y en el nuevo hombre, tales distinciones han sido totalmente anuladas.

Ningún hermano o hermana debiera expresar su idiosincrasia una vez que se ha integrado a la vida de iglesia. En cuanto uno es salvo, tiene que renunciar a todas esas cosas. Si usted viene a la iglesia y, al relacionarse con los hermanos y hermanas, únicamente aprueba a aquellos que concuerdan con usted y que se ciñen a su estándar, y al mismo tiempo que desaprueba a los que no están de acuerdo con usted o a quienes no se ciñen a su estándar, entonces, usted traerá confusión y división a toda la iglesia. A lo largo de los años, la iglesia ha sido perjudicada por las diferencias surgidas de las diversas maneras de ser de las personas. Nunca traiga a la iglesia su diferencia disposicional. Algunos quizás sean rápidos para actuar y es posible que digan: "Yo soy una persona dinámica y a mí no me gusta las personas que son lentas. A Dios tampoco le gusta una persona que sea lenta para actuar". Quizás otros, que por naturaleza son lentos, digan: "Yo soy una persona estable por naturaleza y por eso no me gustan las personas que son muy rápidas para actuar". Pero en la vida de iglesia, los hijos de Dios no debiéramos ser divididos por el hecho de ser rápidos o tranquilos. En el momento en que tales elementos se manifiestan, uno hace de sí mismo el estándar para los demás. Los griegos quieren que los judíos se arrepientan, y los judíos quieren que los griegos se arrepientan. Pero Dios quiere desechar a ambos. Solamente Cristo permanece, y nada más.

Si un nuevo creyente se ciñe a este principio desde el comienzo mismo de su vida cristiana, esto le ahorrará a la iglesia muchas dificultades. Jamás debemos discriminar de acuerdo con nuestra propia idiosincrasia. Tenemos que rechazar todo cuanto procede del viejo hombre. Debemos seguir las mismas huellas que siguen los demás hijos de Dios.

VI. TODA DIFERENCIA DE ÍNDOLE CULTURAL FUE ABOLIDA

En el libro de Colosenses se nos habla de dos clases de pueblos: los bárbaros y los escitas. Estas dos designaciones han representado un problema para los estudiosos de la Biblia. En nuestro idioma, un bárbaro es una persona salvaje y primitiva. Pero, ¿qué es un escita? Esta palabra procede de la palabra griega *Zema,* la cual posteriormente se convirtió en *Zecota,* y luego en *Zecotia y Zecotian.*

Según el señor Wescott, *Zecotia* designaba una región. En la literatura griega antigua, con frecuencia se menciona a los gálatas y zecotas juntos. Por tanto, los zecotas eran un pueblo bastante digno. Al igual que sucede con el nombre de muchas ciudades, el nombre *zecota* trae a la mente cierta imagen en cuanto es mencionado. Por ejemplo, entre los chinos, cuando se menciona la región Shansi, uno piensa de inmediato en los que cambian divisas, porque la gente de Shansi se dedicaba, en su mayoría, a tales negocios. Si se menciona Shaoshing, uno piensa de inmediato en los secretarios de la nobleza durante la dinastía Chin. Así pues, el nombre de un lugar con frecuencia evoca la imagen que uno se ha hecho de determinado pueblo.

Si consultamos textos de literatura griega, podríamos deducir que los escitas eran un pueblo que inspiraba respeto, mientras que los bárbaros eran despreciados. Esto tiene que ver con la cultura. En el mundo, la cultura genera grandes diferencias entre las personas. Si uno pone un típico caballero inglés a lado de un aborigen africano, la diferencia de culturas será muy evidente. Sin embargo, Pablo nos dice que los bárbaros y los escitas deben abolir por igual toda distinción entre ellos.

Tales diferencias culturales son una barrera para mucha gente. En cierta ocasión, conocí a dos judíos. Debido a que los conocía bastante bien, les pregunté con franqueza: "¿Por qué tanta gente aborrece a los judíos?". Uno de ellos respondió: "Nuestra cultura judía no se ajusta al estándar de los demás". Esa fue la primera vez que escuché tal clase de respuesta y en ese momento no comprendí lo que me quiso decir. Entonces, él quiso explicarme: "Considere el caso de un judío estadounidense. Le seré franco; si yo no fuera judío sino un americano, también los aborrecería. Yo despreciaría la cultura judía. Si un estadounidense gana doscientos dólares al mes, gastará una parte en víveres y en vivienda; él suele lustrarse sus zapatos y cambiarse de camisa diariamente. Cada dos meses, se compra un par de zapatos nuevos y mantiene su casa limpia y ordenada. Si a fin de mes le quedan diez dólares en el bolsillo, está contento. Pero los judíos son diferentes, un judío que gana la misma cantidad de dinero, gastará únicamente diez dólares y se ahorrará el resto. Él calcula cuánto podrá ahorrar si no lustra sus zapatos y no compra zapatos nuevos. Al judío tampoco le importa ponerse una camisa sucia con tal de ahorrarse detergente. A diferencia del estadounidense que es tan quisquilloso con respecto a sus comodidades, el judío no es nada exigente en lo que se refiere a sus alimentos o su vivienda. Todo lo que él anhela es tener una cuenta de ahorros que no deje de crecer. Nosotros los judíos menospreciamos a los estadounidenses por ser pobres, mientras que los estadounidenses nos desprecian porque no nos preocupamos por nuestro arreglo personal ni por nuestras condiciones de vida". Este judío continuó diciendo: "Nosotros los judíos somos buenos para ganar dinero. Sabemos usar la cabeza, pero no sabemos cómo vestirnos. No sabemos cómo llevarnos bien con los demás. Y por todo eso, no le caemos bien a nadie". Aquella fue la primera vez que escuché tal clase de respuesta.

Para una persona de cultura refinada, le resulta difícil relacionarse de igual a igual con uno que, aparentemente, no posee una cultura tan refinada. Lo que los separa no es la clase social, la capacidad intelectual, ni la posición financiera sino la cultura. Desde el punto de vista de un escita, todo lo que tenga que ver con un bárbaro está mal. Según ellos, la manera en que se viste, come y vive un bárbaro es inaceptable. En cambio, desde la perspectiva de un bárbaro, un escita es excesivamente hedonista. Según ellos, un escita es demasiado exigente con respecto a su comida y su vestimenta. Estas dos personas tienen perspectivas totalmente diferentes. Si ambos se integran a la iglesia, cada uno de ellos manifestará sus propias opiniones y considerará que las opiniones de los demás son erróneas. Si ellos se juntan, el conflicto es evidente. Ellos jamás podrán ser uno.

Los chinos comen con palillos, mientras que los de la India comen con las manos. Si los sentamos en la misma mesa para que coman juntos, ambos se sentirán muy incómodos. Quizás no digan nada al principio, pero si comen juntos dos días seguidos, no serán capaces de soportarse el uno al otro y comenzarán a discutir entre ellos. Uno quizás piense que se debe usar palillos porque es de muy mal gusto comer con las manos; mientras que al otro tal vez le parezca que comer con palillos es meramente una exhibición y que sólo cuando uno come con las manos podrá disfrutar verdaderamente lo que está comiendo. Así pues, uno dirá que el otro está equivocado y viceversa. Esto representa una diferencia de culturas. Tales diferencias culturales constituyen una verdadera barrera. Pero, incluso estas diferencias han sido abolidas en Cristo. Aquellos que están en Cristo debieran ser las personas más flexibles. Ellos pueden tolerar toda clase de diferencias entre los hombres. Un hombre en Cristo no establece un estándar y exige que todos los demás tienen que alcanzar ese estándar. Un hombre en Cristo no respeta únicamente a quienes asuman tal estándar ni menosprecia a los que no lo hacen. No es así como se comporta una persona que está en Cristo. Esta clase de comportamiento, no corresponde ni a la iglesia ni al nuevo hombre. Supongan que algunos hermanos nos visitan procedentes de India o África. Sus culturas, difieren de las nuestras. Pero nosotros debiéramos plantearnos una sola pregunta: ¿Están ellos en el Señor o no? Y ellos también sólo debieran preguntarse: ¿Están en el Señor o no? Si estamos en Cristo, todo problema quedará resuelto de inmediato. Si nos relacionamos en Cristo y nos amamos los unos a los otros en Cristo, no hay nada que no se pueda tolerar. No debiéramos permitir que nada se interponga entre los hijos de Dios, nada que haga surgir diferencias entre los hermanos y hermanas en Cristo.

No podemos agrupar a los hermanos y hermanas más sofisticados para formar una iglesia aparte. Tampoco podemos agrupar a los menos sofisticados para formar otra iglesia. Tales grupos no constituirían la iglesia. Tales cosas no corresponden a la iglesia. Tales cosas existen fuera de la iglesia, fuera del Cuerpo y aparte del nuevo hombre. Jamás debiéramos traer tales problemas a la iglesia. Todas las diferencias culturales han sido abolidas en la iglesia.

Sin embargo, todavía tenemos que aprender a "vivir como romanos entre romanos" y estar bajo la ley entre aquellos que están bajo la ley. En cualquier clase de cultura que estemos, debemos actuar como los demás. Si algunos hermanos del África vienen de visita a China y tienen cierto conocimiento de Dios, deberán usar palillos para comer. Si nosotros vamos al África, quizás tengamos que comer con las manos. No deseamos provocar conflicto alguno entre nuestros hermanos y hermanas de esa localidad. Cuando vamos a visitarlos, tenemos que aprender a vivir entre ellos. Cuando nos visitan, ellos tienen que aprender a vivir con nosotros. Si vamos a Inglaterra, debemos aprender a comportarnos como los ingleses y cuando un inglés viene a China, deberá aprender a comportarse como los chinos. Si no hacemos esto, haremos tropezar a los demás, y ellos no podrán ser ganados para Cristo. Si los hijos de Dios tienen un buen comienzo con respecto a este asunto, podrán evitar muchos problemas en el futuro.

VII. LAS MARCAS DE DEVOCIÓN EN LA CARNE FUERON ANULADAS

La última diferencia de la cual se habla en Colosenses es la circuncisión y la incircuncisión. Esto hace referencia a la distinción que se hace basada en marcas externas de devoción. Sabemos que los judíos eran circuncidados y llevaban en sus cuerpos una marca que indicaba que ellos pertenecían a Dios, que ellos temían a Dios y que negaban la carne. Al hacerlo, ellos se ponían bajo el pacto de Dios y llegaban a formar parte de este pacto.

Mucha gente (particularmente los judíos) ama la circuncisión. Ellos creen que únicamente aquellos que han sido circuncidados están bajo el pacto de Dios, mientras que aquellos que no han sido circuncidados no lo están. Una judía no podía casarse con alguien que no ha sido circuncidado. Hechos 15 nos cuenta que incluso los creyentes gentiles fueron obligados a circuncidarse. Los judíos le daban mucha importancia a esta marca de piedad en la carne.

Hoy en día, nosotros también podemos caer en el mismo error que los judíos, al dar excesiva importancia a los signos externos. Por ejemplo, quizás yo haya sido bautizado por inmersión, mientras que otro hermano fue bautizado por aspersión. La Palabra de Dios nos dice que debemos ser bautizados por inmersión. Es cierto que debemos ser bautizados por inmersión, sin embargo, si yo me considero mejor que mi hermano por haberme bautizado por inmersión; entonces, habré hecho de tal bautismo una marca de devoción. En realidad, estoy sosteniendo que con respecto a cierto asunto en la carne, yo soy mejor que mi hermano. Si considero que mi hermano está equivocado delante del Señor debido a que no ha sido bautizado por inmersión, estoy haciendo del bautismo por inmersión una causa de separación.

La práctica de cubrirse la cabeza tiene para las hermanas cierto significado espiritual. Sin embargo, puede llegar a convertirse en una marca en la carne. El partimiento del pan tiene cierto significado espiritual, pero también puede convertirse en una mera marca en la carne. La imposición de manos tiene su propio significado espiritual, pero puede llegar a ser, igualmente, una marca en la carne. Todas estas cosas ciertamente poseen gran significado espiritual. Pero si son usadas para separar a los hijos de Dios, todas ellas perderán todo significado espiritual y se convertirán en meras marcas de la carne. En realidad, llegarán a ser semejantes a la circuncisión.

Les ruego que no me malinterpreten, más bien procuren entender lo que les quiero decir. No vayan a pensar que no estamos de acuerdo con el bautismo por inmersión, el partimiento del pan, la práctica de cubrirse la cabeza o la imposición de manos. Lo que estoy tratando de mostrarles es que, una vez que usted separa a los hijos de Dios usando estas cosas, usted está haciendo distinciones según la carne. En Cristo, no hay circuncisión ni incircuncisión. Los símbolos físicos no deben ser usados para separar a los hijos de Dios. En Cristo somos uno. La vida que está en Cristo es una sola. Es bueno que una realidad espiritual tenga su correspondiente símbolo físico. Sin embargo, si una persona que experimenta cierta realidad espiritual no se preocupa por el correspondiente símbolo físico, nosotros no debiéramos aislar a tal persona a causa de ello. En resumen, los hijos de Dios no deben permitir que los símbolos físicos dañen la unidad que ellos tienen en Cristo.

Es verdad que algunos hijos de Dios no tienen una perspectiva correcta con respecto a ciertos asuntos. Pero siempre y cuando ellos posean la realidad espiritual, debemos estar satisfechos con la unidad espiritual que tenemos con ellos y no debemos insistir en los símbolos. Por ejemplo, una hermana puede ser una persona que se sujeta tanto al Señor como a los hermanos, pues sabe cuál es su posición delante del Señor y delante de los hermanos. Si lo único que le hace falta es un signo sobre su cabeza, nosotros no deberíamos excluirla por ello. En el momento en que separamos a los hijos de Dios, dañamos la unidad.

Pablo dejó claramente establecido que la circuncisión no es para la purificación de las impurezas de la carne, sino para remover las actividades carnales. A los ojos de Dios, lo que cuenta es la realidad interna, y no las cosas externas. Si hemos recibido la misma revelación internamente, entonces no tenemos por qué hacer divisiones basadas en las diferencias externas. Y si alguno no posee la realidad interna ni el signo externo, eso no nos concierne a nosotros. Si una hermana no asume la posición de sujeción que le corresponde, y para cierto hermano su bautismo no constituye una separación del mundo ni representa ser sepultado y resucitado juntamente con el Señor; entonces él o ella están muy lejos de la verdad. En tales casos, la responsabilidad no es nuestra. No obstante, si una persona comprende que el bautismo es la sepultura y resurrección de uno junto a Cristo, pero tiene una perspectiva ligeramente diferente a la nuestra con respecto a los signos externos, nosotros no podemos dañar la unidad por causa de tales diferencias mínimas. Ustedes no pueden separarse de los demás simplemente porque sean obedientes al Señor con respecto a ciertos símbolos físicos. Es erróneo separar los hijos de Dios debido a tales cosas. Todos nosotros somos hermanos y hermanas. En Cristo somos un nuevo hombre. Somos miembros del mismo Cuerpo. En la iglesia, hemos anulado toda distinción fuera de Cristo. Todos nosotros estamos sobre un nuevo terreno. Todos estamos en el único nuevo hombre que el Señor ha establecido, así como en el Cuerpo único que fue creado por el Señor. Tenemos que ver que todos los hijos de Dios son uno. No podemos considerar a nadie conforme a una manera especial de ver las cosas. Tenemos que erradicar completamente el denominacionalismo y toda posición sectaria de nuestro corazón. Si hacemos esto, habremos dado otro paso hacia adelante.

CAPÍTULO NUEVE

LA LECTURA DE LA BIBLIA

Lectura bíblica: 2 Ti. 3:15-17; Sal. 119:9-11, 15, 105, 140, 148

I. LA IMPORTANCIA DE LEER LA BIBLIA

Todos los creyentes deben leer la Biblia porque "toda la Escritura es dada por el aliento de Dios, y útil para enseñar, para redargüir, para corregir, para instruir en justicia" (2 Ti. 3:16). La Biblia nos muestra las muchas cosas que Dios ha hecho por nosotros y cómo Él ha guiado a los hombres en el pasado. Si queremos conocer las riquezas de Dios, lo vasto de Su provisión para nosotros, y si queremos conocer paso a paso cómo Dios guía a los hombres, tenemos que leer la Biblia.

Hoy en día, cuando Dios habla personalmente a los hombres, se basa en lo que Él dijo en el pasado. Es rara la ocasión en la que Él nos dice algo que no lo haya dicho antes en la Biblia. Aun si alguien ha avanzado mucho en su caminar espiritual, la revelación que reciba de Dios se basará en lo que Dios mismo ya ha hablado en la Biblia. Por lo tanto, lo que Dios enuncia hoy es simplemente una repetición de Su Palabra. Si una persona no conoce lo que Dios ha dicho en el pasado, le será difícil en el presente recibir revelación de parte de Dios debido a que carece del fundamento para que Dios le hable.

Más aún, si Dios desea hablar a los demás por medio de nosotros, Él lo hará basándose en lo que Él ya había hablado en el pasado. Si no sabemos qué es lo que Dios dijo en el pasado, Él no podrá hablar a los demás por medio de nosotros, y seremos inútiles a los ojos de Dios.

Esta es la razón por la cual necesitamos que la palabra de Dios more en nosotros ricamente. Si Su palabra mora ricamente en nosotros, conoceremos bien Su manera de actuar en el pasado y oiremos lo que Él dice hoy. Sólo entonces podrá Dios usarnos a nosotros para hablar a los demás. La Biblia es un gran libro, una obra monumental. Si dedicáramos toda nuestra vida al estudio de la Biblia, percibiríamos apenas una parte de sus riquezas. Por ende, le será imposible a una persona entender la Biblia si no le dedica un tiempo para estudiarla. Todo creyente que recién empieza en la vida cristiana debe esforzarse al máximo por laborar en la Palabra de Dios para que cuando crezca pueda recibir la nutrición que ella proporciona y también abastecer a otros con las riquezas de la Palabra.

Todo aquel que quiera conocer a Dios debe estudiar Su Palabra con seriedad, y todos los creyentes deben comprender la importancia de leer la Biblia desde el comienzo mismo de su vida cristiana.

II. PRINCIPIOS BÁSICOS CON RESPECTO A LA LECTURA DE LA BIBLIA

Existen cuatro principios básicos que debemos tener presente al leer la Biblia; ellos son: (1) descubrir los hechos; (2) memorizar y recitar el texto; (3) analizar, clasificar y comparar; y (4) recibir la iluminación de Dios.

Debemos seguir esta secuencia cuando leamos la Biblia. No podemos saltar del tercer punto al primero ni viceversa. En primer lugar, descubrimos los hechos que constan en la Biblia. En segundo lugar, memorizamos tales hechos. Al estudiar y memorizar la Palabra de Dios tenemos que hacerlo con precisión y exactitud. No podemos darnos el lujo de dejar o ignorar ninguna sección de ella. En tercer lugar, debemos analizar, clasificar y comparar los hechos. Después de analizar con exactitud los hechos, y de haberlos clasificado y comparado debidamente, estaremos en la posición adecuada para avanzar al cuarto paso, que consiste en recibir la iluminación de Dios.

La Biblia contiene muchos hechos o realidades de índole espiritual. Si los ojos internos están cerrados, no podremos ver tales hechos; pero cuando descubrimos los hechos bíblicos, la mitad de la luz contenida en la Palabra de Dios estará a nuestra disposición. La iluminación de Dios no es otra cosa que Su resplandor sobre los hechos que constan en Su Palabra. Identificar tales hechos es la mitad de nuestra labor requerida al leer la Biblia y debe ser lo primero que debemos hacer al estudiarla.

Por ejemplo, la ley de la gravedad es un hecho, una realidad. Esta existía mucho antes de que naciese Isaac Newton, pero por miles de años nadie la había descubierto. Un día Newton, mientras estaba durmiendo bajo un árbol y al darse cuenta de que una manzana le cayó encima, *descubrió* la ley de la gravedad. La existencia de los hechos es incuestionable. La pregunta es si hemos logrado descubrir tales hechos.

Por ejemplo, hay ciertas cosas que la Biblia menciona en ciertos pasajes, mientras que las ignora en otros. En cierto pasaje se expresa una cosa, mientras que en otro pasaje se lo salta. El mismo término puede aparecer de una forma en un lugar y de otra en un lugar diferente. La misma palabra aparece en plural en ciertos casos, y en otros, en su forma singular. En algunos pasajes, la Biblia recalca el nombre del Señor, mientras que en otros hace hincapié en el nombre del hombre. La cronología se menciona en algunos lugares, pero en otros se deja de lado por completo. Todos estos son hechos.

Una persona que lee con esmero la Biblia es, sin duda, cuidadosa ante Dios. No puede ser descuidada ni torpe, ya que ni una jota ni una tilde de la Palabra de Dios puede ser alterada. Lo que dice la Palabra de Dios, así ha de ser. En el momento mismo en que la Palabra de Dios se abre a nosotros, debiéramos poder determinar cuál es el énfasis en dicho pasaje. Muchas personas son descuidadas, y oyen y leen la Palabra sin prestar mucha atención; por ende, no identifican qué es lo que la Palabra de Dios enfatiza, ni comprenden las profundidades de la misma. Lo primero que tenemos que hacer es identificar los hechos, luego memorizarlos, analizarlos, clasificarlos y compararlos. Sólo entonces recibiremos la luz del Señor. De este modo, seremos abastecidos y podremos abastecer a otros. Así seremos nutridos y podremos nutrir a los demás.

Les daré un ejemplo sencillo. Si leemos la Biblia cuidadosamente, encontraremos en el Nuevo Testamento las expresiones *en el Señor, en Cristo, en Cristo Jesús* y otras parecidas, pero nunca veremos *en Jesús* ni *en Jesucristo*. Únicamente hallamos la expresión *en Cristo Jesús,* mas no *en Jesucristo.* Estos son hechos y debemos memorizarlos y tomar nota de cada uno de ellos. Examine el pasaje donde dice *en el Señor* y el contexto en el que aparece. Busque los pasajes en los que se halla la expresión *en Cristo* y determine cuál es su contexto. Busque, además, aquellos pasajes en los que aparece la expresión *en Cristo Jesús* y determine en qué contexto se usa. Si memorizamos todos estos pasajes, los podremos comparar entre sí. ¿Por qué en cierta ocasión dice *en Cristo* en vez de *en Jesús?* ¿Por qué en determinado pasaje dice *en Cristo Jesús* y no *en Jesucristo?* ¿Por qué la Biblia nunca dice *en Jesús* ni *en Jesucristo?* ¿Por qué es así? Cuando analicemos y comparemos las Escrituras de esta forma y acudamos a Dios para ser iluminados, podremos ver algo.

Cuando somos iluminados con la luz, todo es esclarecido. *Jesús* es el nombre dado al Señor mientras estaba en la tierra. *Cristo* es el nombre que Dios le designó a Él al ungirlo después de la resurrección. Recordemos que en Hechos 2 se nos dice que Dios le ha hecho Señor y Cristo. Por tanto, Cristo es el nombre con que Dios le designó en Su resurrección. Al leer Romanos encontramos las palabras *Cristo Jesús,* lo cual quiere decir que el Cristo de hoy es el mismo Jesús que estuvo en la tierra; Su nombre ahora es Cristo Jesús. Antes de Su resurrección se le llamó *Jesucristo,* lo cual denota que Jesús llegaría a ser el Cristo. *Jesús* es el nombre con el que se le conoció mientras vivió en la tierra como hombre. Existe una diferencia entre la expresión que da a entender que Cristo era antes Jesús y la expresión que muestra que Jesús llegaría a ser el Cristo. Es más, no podemos estar *en Jesús,* pero sí *en Cristo;* podemos estar *en el Señor* y *en Cristo Jesús,* mas no *en Jesucristo.* Mientras el Señor estaba en la tierra, no podíamos estar en Él, porque si hubiéramos estado, habríamos tomado parte en Su muerte en la cruz así como en Su redención, lo cual contradice totalmente la verdad bíblica. Nosotros no tenemos parte en Su encarnación ocurrida en Belén. Él era el Hijo unigénito de Dios, y nosotros no tenemos parte en ese aspecto.

¿Cómo podemos estar en Cristo? En 1 Corintios 1:30 se nos dice: "Mas por Él [Dios] estáis vosotros en Cristo Jesús". No dice *en Jesús*. Después de que el Señor Jesús murió y resucitó, fuimos unidos a Él en Su resurrección. Mediante Su muerte y resurrección, Dios lo hizo el Cristo y nos unió a Él por el Espíritu. Nosotros recibimos Su vida cuando Él resucitó; por lo tanto, la regeneración no proviene de la encarnación sino de la resurrección. Ahora podemos ver esto claramente.

Es así como se lee y estudia la Biblia. Primero, identificamos los hechos; luego los memorizamos, los clasificamos y los comparamos; después, oramos al Señor y esperamos en Él, y finalmente, recibimos Su iluminación y una nueva visión. Estos son los cuatro principios que usamos al leer la Biblia. No podemos pasar por alto ninguno de ellos.

Permítanme darles otro ejemplo. Noten lo que se dice acerca de la venida del Espíritu Santo en Juan 14 y 15. Al leer estos pasajes, debemos prestar mucha atención a la promesa del Señor Jesús y descubrir cuáles son los hechos específicos relacionados a dicha promesa.

Leemos en Juan 14:16-20: "Y Yo rogaré al Padre, y os dará otro Consolador, para que esté con vosotros para siempre: el Espíritu de realidad, al cual el mundo no puede recibir, porque no le ve, ni le conoce; pero vosotros le conocéis, porque permanece con vosotros, y estará en vosotros. No os dejaré huérfanos; vengo a vosotros. Todavía un poco, y el mundo no me verá más; pero vosotros me veis; porque Yo vivo, vosotros también viviréis. En aquel día vosotros conoceréis que Yo estoy en Mi Padre, y vosotros en Mí, y Yo en vosotros". ¿Cuáles son los hechos que debemos identificar en este pasaje? Las primeras oraciones hablan de "el Padre" y "el Espíritu" pero después cambia a "Yo". Este cambio en el pronombre presenta un hecho: que de la tercera persona se pasa a la primera persona.

Conforme a los cuatro principios ya mencionados, ¿cómo debemos abordar este pasaje? Primero, debemos identificar los hechos. En este caso, el hecho es que el pronombre pasa de "Él" a "Yo"; segundo, debemos tener presente este hecho; tercero, debemos analizar el hecho de que aquí hay dos Consoladores. El Señor dice: "Yo rogaré al Padre, y [el Padre] os dará otro Consolador. La palabra *otro* significa que ya había uno. Así que "Él [el Padre] os dará otro Consolador" significa que debe de existir un primer Consolador.

Así pues, lo primero que podemos determinar es que el Señor habla de dos Consoladores. Les dice a los discípulos que ellos ya tienen un Consolador, y que Él les va a dar otro. ¿Qué clase de Consolador es el segundo? Uno "que esté con vosotros para siempre". ¿Quién es este Consolador? El Señor Jesús dijo que el mundo no conocía a este Consolador, pero que Sus discípulos sí. ¿Por qué podían conocerlo Sus discípulos? "Porque permanece con vosotros". Es decir, Él estaba con ellos permanentemente. El mundo no le puede recibir, pues ni siquiera le ha visto, ¿y los discípulos? Los discípulos le habían visto y le conocían porque estaba con ellos todo el tiempo.

El Señor les anunció: "Porque permanece con vosotros, y estará en vosotros". Después de decir esto, el Señor ya no vuelve a usar el pronombre "Él", pues en la siguiente oración dice: "No os dejaré huérfanos; vengo a vosotros". Al estudiar estos pasajes, encontramos que "Él" [pronombre de tercera persona] es "Yo" [sujeto tácito de "vengo a vosotros"], y que este "Yo" es aquel "Él". En otras palabras, mientras el Señor Jesús estuvo en la tierra, Él era el Consolador, el Espíritu Santo estaba en el Señor, y el Señor era el Consolador, así pues, Él y el Espíritu Santo eran uno solo. Por esta razón, Él dijo que los discípulos le habían visto y le conocían, y que Él estaba con ellos.

¿Qué sucedió entonces? El Señor procede entonces a decirles que otro Consolador vendría después que Él muriera y resucitara. Les dijo que volvería a ellos y que Dios les daría el Espíritu Santo, pero ¿cómo se logró esto? El mismo Señor volvió a ellos nuevamente en el Espíritu Santo; no los dejó huérfanos. Por un breve tiempo no le vieron, pero luego le volvieron a ver y Él permanecería en ellos. El versículo 17 dice: "Estará en vosotros". Más adelante, en el versículo 20 leemos: "Yo en vosotros". Por consiguiente, el "Yo" tácito de la segunda sección es el "Él" de la primera. Si notamos este cambio, podremos ver la diferencia entre los dos Consoladores. La primera sección se refiere al Espíritu Santo en Cristo, y la segunda a Cristo en el Espíritu Santo. ¿Quién es el Espíritu

Santo? Es el Señor Jesús presentado en otra forma. El Hijo es el Padre en otra forma; de la misma manera, el Espíritu Santo es el Hijo en otra forma. Sólo es un cambio de forma. Por este ejemplo vemos que el primer principio básico al leer la Biblia es identificar los hechos. Si no lo hacemos, no podremos recibir ninguna luz de Dios. Lo importante no es cuántas veces leemos la Biblia, sino saber descubrir los hechos que esta contiene mediante las muchas veces que la leamos.

Pablo era una persona que sabía descubrir los hechos. Noten lo que dijo en Gálatas 3. Él vio en Génesis que Dios bendeciría a las naciones mediante la simiente de Abraham, y que la palabra *simiente* estaba en singular, y no en plural, refiriéndose a Cristo. Primero, Pablo identificó este hecho. Él vio que las naciones serían bendecidas mediante la simiente de Abraham, y vio que esta simiente única se refería a Cristo. Si la palabra hubiera sido en plural, se habría referido a los muchos hijos de Abraham, es decir, a los judíos, y el significado sería completamente diferente. Pablo leyó la Escritura detenidamente y supo descubrir los hechos contenidos en la misma.

En la Biblia se esconden muchos hechos. Que alguien sea rico en el conocimiento de la Palabra de Dios dependerá de cuántos de esos hechos haya descubierto. Cuanto más hechos haya descubierto, más rica será dicha persona. Si una persona no descubre los hechos contenidos en la Biblia, sino que la lee apresuradamente y sin prestar atención, ciertamente no podrá entender mucho.

Al leer la Biblia, debemos descubrir los hechos, luego memorizarlos, analizarlos y compararlos. Por último, debemos arrodillarnos ante Dios y pedirle luz.

III. LAS DIFERENTES MANERAS DE LEER LA BIBLIA

Debemos dividir nuestra lectura de la Biblia en dos períodos diferentes y debemos tener dos ejemplares, uno para cada ocasión. La primera lectura puede hacerse en la mañana, y la otra en la tarde. Ambas lecturas también pueden hacerse temprano en la mañana, leyendo de una manera en la primera mitad del tiempo, y leyendo de otra manera el resto del tiempo. Nuestra lectura de la Biblia debe dividirse en dos períodos. En la mañana o en la primera sesión de nuestra lectura matutina, debemos meditar, alabar al Señor y orar mientras leemos la Biblia, combinando nuestra lectura con meditación, alabanza y oración. En este período recibimos el alimento espiritual y nuestro espíritu es fortalecido. No lea mucho durante esta sesión, tres o cuatro versículos son suficientes. Sin embargo, en la tarde o en la segunda sesión de la lectura matutina, debemos dedicar más tiempo a la lectura de la Biblia, pues lo hacemos con el propósito de aprender más de la Palabra de Dios.

Si es posible, debemos tener dos Biblias porque la que se usa en la mañana, o en el primer período de lectura, no debe tener ninguna anotación (excepto fechas, a las cuales aludiremos más adelante). En la Biblia que usamos en el segundo período de lectura podemos anotar todo lo que nos haya llamado la atención, ya sea haciendo anotaciones, poniendo algún signo o subrayando algunas palabras o versículos. La Biblia que usamos en el primer período puede contener fechas que indiquen ciertos versículos especiales, cierto acuerdo que hemos establecido con el Señor o alguna experiencia especial que tuvimos en ese día. Debemos anotar la fecha al lado de tal versículo para indicar que ese día tuvimos un encuentro con Dios. Escriba sólo la fecha. La Biblia que usamos en el segundo período es para beneficio de nuestro entendimiento y en ella debemos tomar nota de todos los hechos espirituales que hayamos logrado identificar y de la luz que hayamos recibido. Procedamos entonces a describir la manera en que debemos leer la Biblia durante estos dos períodos.

A. En la primera sesión meditamos en la Palabra de Dios

En cuanto a la meditación de la Palabra, creo que la mejor manera para describirla es citar lo que George Müller dijo:

> Al Señor le ha placido recientemente enseñarme una verdad sin mediación del hombre, hasta donde sé, cuyo beneficio nunca he perdido; incluso hoy, mientras preparo la quinta edición de esta publicación, veo que han pasado más de catorce años. Esto

es lo que vi en ese entonces: comprendí más claramente que nunca, que la primera y la más importante tarea que debo cumplir cada día es hacer que mi alma esté feliz en el Señor. Lo primero de lo cual debía preocuparme día a día, no era cómo servir al Señor ni cómo glorificarle, sino cómo hacer que mi alma entre a un estado de felicidad y cómo hacer que mi hombre interior sea nutrido. Pues yo puedo esforzarme por presentar la verdad ante los incrédulos, por beneficiar a los creyentes, por aliviar a los afligidos y, en general, es del todo posible comportarme como corresponde a un hijo de Dios en este mundo y, aun así, no estar feliz en el Señor ni ser nutrido y fortalecido en mi hombre interior día tras día; pues podía haber estado cumpliendo todas aquellas tareas con un espíritu errado. Antes de ver esto, y durante por lo menos diez años, era mi hábito entregarme a la oración inmediatamente después de vestirme en las mañanas, pero *ahora* he descubierto que lo más importante que tengo que hacer es leer la Palabra de Dios y meditar sobre ella para que mi corazón sea consolado, fortalecido, instruido, reprendido y amonestado, y para que así, por medio de la Palabra de Dios, al meditar en ella, mi corazón sea conducido a experimentar comunión con el Señor.

A partir de entonces, empecé a dedicarme a meditar sobre el Nuevo Testamento desde el comienzo, temprano en las mañanas. Lo primero que hacía después de pedirle al Señor que bendijera Su preciosa Palabra, era meditar sobre ella buscando en cada versículo para obtener de ellos bendición, no con miras a ministrar la Palabra en público, ni con el fin de predicar sobre lo que había meditado, sino con el fin de alimentar a mi alma. Después de algunos minutos, el resultado era que mi alma siempre era conducida a confesar mis pecados, a dar gracias, a interceder o a suplicar, pese a que mi propósito era más bien *meditar* que *orar*. Sin embargo, al meditar sobre la Palabra de Dios, ello me conducía de inmediato a la oración y me encontraba por momentos confesando mis faltas o intercediendo o haciendo súplicas o dando gracias. Luego, proseguía yo al siguiente versículo, haciendo de éste una oración por mí o por otros, a medida que leía la Palabra de Dios, siempre teniendo en cuenta que el objetivo de mi meditación era alimentar mi alma. Como resultado de ello, surgía la confesión, el agradecimiento, la súplica o la intercesión, mezclada con mi meditación, y mi hombre interior casi siempre era en gran manera nutrido y fortalecido. Cuando iba a desayunar, con raras excepciones, me encontraba en paz, y muchas veces con felicidad de corazón. Así, al Señor también le placía comunicarme aquello que, ese mismo día, o mucho después, se convertía en alimento para otros creyentes, pese a que yo me entregaba a la meditación, no para ministrar públicamente, sino para obtener provecho para mi propio hombre interior...

Y aún ahora, desde que Dios me enseñó esto, es muy claro para mí que lo primero que un hijo de Dios debe hacer cada mañana es *procurar alimento para su hombre interior.* Así como el hombre exterior no puede trabajar por mucho tiempo a menos que se alimente, siendo esto una de las primeras cosas que hacemos en la mañana, así también sucede con nuestro hombre interior. Todos nosotros debemos tomar el alimento con ese propósito; pero, ¿cuál es el alimento para el hombre interior? No es *la oración* sino *la Palabra de Dios,* y tampoco es la simple lectura de la Palabra que pasa por nuestras mentes como el agua por la tubería, sino aquella lectura en la cual reflexionamos en lo que hemos leído, meditamos sobre ello y lo aplicamos a nuestros corazones. Cuando oramos, hablamos con Dios. Pero si queremos que nuestras oraciones se prolonguen por un cierto período de tiempo sin convertirse en una formalidad, generalmente se requiere para ello de cierta fortaleza o deseo piadoso; por tanto, el momento en que nuestra alma puede con mayor eficacia realizar tal esfuerzo, es inmediatamente después de que el hombre interior haya sido nutrido al meditar en la Palabra de Dios, desde la cual nuestro Padre nos habla, nos anima, nos consuela, nos instruye, nos humilla y nos amonesta. Por consiguiente, podemos meditar con la bendición de Dios pese a que somos débiles espiritualmente, sin embargo, cuanto más débiles seamos, más necesitaremos la meditación para ser fortalecidos en nuestro hombre interior. Así tampoco tendremos que preocuparnos mucho por ser distraídos en nuestra mente al orar, como ocurre cuando no hemos tenido tiempo para meditar. Hago hincapié en este asunto porque sé cuán grande es el beneficio y el refrigerio espirituales que he obtenido; y con todo amor y solemnidad suplico a mis hermanos que consideren este asunto. Por la bendición de Dios, atribuyo a esto la ayuda y fortaleza que he recibido de Dios para poder pasar en paz por numerosas pruebas de mayor envergadura que nunca antes había experimentado. Ahora, después de catorce años de haber llevado esto a la práctica, con el temor de Dios, me atrevo a recomendarlo plenamente...

¡Cuán diferente es el día cuando el alma ha recibido refrigerio y se ha regocijado en la mañana, a nuestro día cuando sin preparación espiritual caen sobre nosotros el servicio, las pruebas y las tentaciones! (George Müller, *Autobiography of George Müller, the Life of Trust* [Autobiografía de George Müller, "Una vida de fe"], 1861, reimpreso en 1981, págs. 206-210)

B. La lectura general durante la segunda sesión

Una persona que recientemente ha recibido al Señor, por lo menos durante los primeros meses de su vida cristiana, no debe dedicarse al estudio profundo de la Biblia, ya que no está familiarizada con ella en forma global. Más bien, puede dedicar unos cuantos meses a leerla por completo y adquirir ciertos conocimientos generales, y más adelante puede empezar a estudiarla seriamente.

Para familiarizarse con la Biblia, la persona debe leerla en su totalidad, capítulo por capítulo, en forma consecutiva, una y otra vez. Es de gran ayuda decidir cuántos capítulos del Antiguo Testamento y cuántos del Nuevo quiere uno leer cada día. La lectura no debe ser ni muy rápida ni muy lenta; debe ser en forma regular, continua y general. George Müller leyó toda la Biblia, el Antiguo y el Nuevo Testamento, cien veces durante toda su vida. Los que han recibido recientemente al Señor deben procurar leer la Biblia y mantener un registro de cuántas veces la han leído en su totalidad. Sería bueno que los nuevos creyentes, cuando hayan terminado de leer todo el Nuevo Testamento por primera vez, le escriban una carta y notifiquen a algún hermano mayor. También es útil dejar una hoja en blanco en la Biblia, donde uno anote el número de veces que la ha leído. Cuando uno haya terminado de leerla la primera vez, debe anotar la fecha y el lugar. Lo mismo se puede hacer la segunda vez, la tercera y así sucesivamente. Cada vez que usted termine de leer la Biblia en su totalidad, debe anotar exactamente la fecha en que terminó de leer el Antiguo Testamento y el Nuevo. Espero que usted, al igual que el señor Müller, lea toda la Biblia cien veces a lo largo de su vida. Si una persona desea leer la Biblia cien veces y calcula que ha de vivir cincuenta años, tendrá que leerla por lo menos dos veces al año. Vemos, entonces, por qué se necesita dedicar mucho tiempo a la lectura de la Biblia.

El principio que podemos usar para leer la Biblia es ir capítulo por capítulo repetidas veces. Los que ya tienen más experiencia deben poner mucha atención a la manera en que los nuevos creyentes leen la Biblia. Es bueno revisar, de vez en cuando, las fechas que ellos han anotado en sus Biblias, y ver cuántos capítulos han leído por día y cuánto han avanzado cada semana. Debemos prestar atención a esta labor y no desmayar, y también debemos animar a quienes van demasiado despacio y decirles: "Ya ha pasado medio año, ¿cómo es que todavía no has terminado de leer el Nuevo Testamento?".

Si una persona lee la Biblia de esta manera, en poco

tiempo su conocimiento bíblico crecerá; si es posible debe memorizar uno o dos versículos todos los días. Al principio uno tiene que esforzarse un poco, porque tal vez le sea difícil y le resulte tedioso, pero más adelante verá cuán beneficioso es esto.

C. Un estudio intenso durante un tiempo designado

La primera manera de leer la Biblia, hecha con oración y meditación sobre la Palabra, se debe practicar continuamente por toda la vida. La segunda manera, en la cual se hace una lectura general y cierto tipo de estudio, puede empezarse después de seis meses, al haberse familiarizado con la Palabra.

Todo creyente debe tener un plan definido para estudiar la Biblia. Si usted sólo puede dedicar media hora diaria, hágase un plan de estudio de la Biblia de media hora al día; si puede dedicar una hora diaria, hágase un plan acorde con el tiempo del que dispone. Hágase un plan de estudio de la Biblia que se acomode a su horario. La manera menos provechosa de leer la Biblia es la basada en "la inspiración", o sea, tener una lectura imprevista y ocasional, que comienza en la página que a uno se le ocurre en el momento; en ocasiones uno lee con avidez durante diez días y luego deja de leer los siguientes diez días. Este no es un buen método y no debemos adoptarlo. Cada uno debe tener un plan específico de lectura y ser disciplinado y estricto en seguirlo.

Sin embargo, no se exija demasiado ni se dedique a ello demasiadas horas, porque si lo hace, le será muy difícil mantenerlo, lo cual viene a ser peor que no tener ningún plan. Una vez que usted determina un método, impleméntelo por cinco, diez o quince años; no se detenga a los dos, tres, cinco o seis meses. Por esta razón uno debe estimar cuidadosamente ante el Señor las horas que va a dedicar al estudio de la Palabra. Una hora al día será suficiente. Media hora es muy poco, ya que no podrá abarcar mucho; pero si sólo dispone de media hora, está bien, aunque lo ideal sería una hora. Si se dispone de dos horas es aún mejor, pero normalmente no es necesario dedicar más de dos horas. No conocemos a ningún hermano o hermana que haya estudiado por tres horas al día y haya podido mantener ese horario por mucho tiempo.

En el libro *Las maneras de estudiar la Biblia* se presentan veintiocho formas diferentes de estudiar la Palabra de Dios. De las veintiocho maneras presentadas, el estudio progresivo de la verdad a lo largo de toda la Biblia es el más difícil. Se recomienda que este método sea puesto en práctica sólo años más tarde. El estudio de ciertas palabras en la Biblia es mucho más fácil, porque se puede estudiar metales, minerales, números, nombres propios o nombres geográficos, entre otros temas. Estos pueden considerarse estudios suplementarios, y no tenemos que dedicarles todo nuestro tiempo. También, si tenemos tiempo, podemos hacer estudios cronológicos de la Biblia. Además de estos, existen muchas otras maneras de estudiar la Biblia, como por ejemplo el estudio de las profecías, las tipologías, las parábolas, los milagros, las enseñanzas del Señor mientras estuvo en la tierra, o se puede estudiar libro por libro, etc. Debemos poner en práctica todos estos métodos uno por uno.

Supongamos que una persona tiene una hora diaria para estudiar la Biblia. Puede distribuir ese tiempo de la siguiente manera:

1. Los primeros veinte minutos: estudio de ciertos temas

Las experiencias de algunas personas nos sugieren que una hora de estudio puede dividirse en cuatro sesiones. En la primera sesión, de veinte minutos, se puede estudiar temas específicos como profecías, tipologías, parábolas, dispensaciones, las enseñanzas del Señor cuando estuvo en la tierra o un libro en particular. Se puede leer todos los pasajes que traten del tema de nuestro estudio y buscar los versículos referentes al mismo tema. Si ha decidido estudiar libro por libro, puede seleccionar Romanos o el Evangelio de Juan. Después de terminar el primer libro, continúe con el siguiente, estúdielo en detalle y examine su contenido. Si usted decide dedicar veinte minutos de su tiempo diario a esta clase de estudio, no lo extienda ni lo acorte. Debemos aprender a restringirnos y a no ser descuidados.

2. Los segundos veinte minutos: estudio de ciertas palabras

Los veinte minutos siguientes podemos dedicarlos al estudio de palabras específicas. Encontramos términos especiales y significativos que se repiten a lo largo de la Biblia, como por ejemplo: *reconciliación, sangre, fe, gozo, paz, esperanza, amor, obediencia, justicia, redención, misericordia,* etc. Si los agrupamos y los resumimos, podemos estudiarlos a fondo y comprender sus significados intrínsecos. Por ejemplo, podemos estudiar la palabra *sangre*. Primero debemos anotar todos los capítulos y versículos que la mencionen y analizar el significado de cada caso. ¿Qué hizo la sangre por nosotros ante Dios? ¿A qué clase de personas se aplica la sangre? ¿Qué logró la sangre y cuanto logró en beneficio nuestro? En el Antiguo Testamento hay muchos versículos que hablan de la sangre y los debemos analizar todos. Esto no se puede lograr en una sola sesión; por lo tanto, no esperemos obtener resultados asombrosos el primer día. Si se puede conseguir una concordancia se podría ahorrar mucho trabajo.

3. Los terceros diez minutos: reunir información

Los diez minutos que siguen los podemos dedicar a reunir información sobre los temas que hayamos escogido. Hay muchos temas en la Biblia, como por ejemplo: la creación, el hombre, el pecado, la salvación, el arrepentimiento, el Espíritu Santo, la regeneración, la santificación, la justificación, el perdón, la libertad, el Cuerpo de Cristo, la venida del Señor, el juicio, el reino de Dios, la eternidad, etc. Uno puede escoger ciertos temas y reunir la información contenida en la Biblia misma. Cuando mucho, uno puede examinar cinco temas simultáneamente; no es recomendable escudriñar más de cinco, pues se tendrá demasiada información, lo cual hace la tarea bastante difícil. No reúna material para un solo tema, pues esto también toma demasiado tiempo. Se puede encontrar material para más de un tema en un solo capítulo. Uno puede estar estudiando sobre el Espíritu Santo, pese a que el capítulo que está leyendo no contiene nada sobre dicho tema; sin embargo, puede encontrar otros temas en el mismo capítulo; por lo tanto, es más provechoso reunir información sobre dos, tres, cuatro o cinco temas al mismo tiempo, aunque no más de cinco.

El estudio de cada tema puede requerir cierto tiempo para completarse; cada día se reunirá más información sobre el tema de estudio interesado. Se debe anotar toda la información que se haya encontrado y después escribir las palabras principales y el significado de cada pasaje. Es muy importante que uno sepa de qué se trata el pasaje. Supongamos que uno esté estudiando sobre el Espíritu Santo en el libro de Efesios. Al hallar la expresión "sellados con el Espíritu Santo" en 1:13, debe escribir el significado de la palabra *sellar*. Primero debe anotar el versículo mismo, luego los términos afines y por último el significado de dicho versículo. Debe reunir toda la información y un día, cuando vaya a abordar el tema, todo este material estará disponible para que usted lo utilice.

4. Los cuartos diez minutos: la paráfrasis

Los últimos diez minutos lo podemos usar para parafrasear la Biblia, que es un ejercicio de suma importancia y utilidad. Al usar uno sus propias palabras para describir lo que contiene la Biblia, recibe una visión renovada del pasaje. Haga una paráfrasis sencilla usando palabras que otros puedan entender.

Por ejemplo, usted está estudiando Romanos capítulo por capítulo. Y si un joven se le acerca y le dice que ha leído lo que Pablo ha escrito en dicho libro, pero que lo no entiende, usted tiene que pensar cómo explicárselo usando sus propias palabras. Ofrecer una paráfrasis no es dar un comentario, sino comunicar con sus propias palabras y con sencillez lo mismo que Pablo dijo a fin de que otros lo entiendan. Por esta razón, uno necesita aprender a parafrasear la Biblia, relatar el pasaje con las palabras de uno mismo. Puede comenzar con el libro de Romanos, haga una paráfrasis de ello con sus propias palabras. Pablo lo escribió usando sus propias palabras, y ahora usted debe tratar de hacer lo mismo. Haga lo que pueda, con propiedad y claridad, de tal manera que tanto usted como los hermanos puedan entender el pasaje cuando lo lean.

Si puede hacer una paráfrasis, verá cuánto sabe de las Escrituras. Al usar uno sus propias palabras para presentar nuevamente el pensamiento de los apóstoles estará preparándose para exponer la Biblia. Por consiguiente, hacer una paráfrasis de la Biblia constituye el primer paso y explicarla, el segundo. Primero debemos aprender a expresar el texto de la Biblia con nuestras propias palabras ya que nuestro entrenamiento ante Dios debe llevar un orden apropiado. No tratemos de exponer la Biblia sin haber aprendido antes a parafrasearla, ya que eso sería prematuro. Si no podemos parafrasear la Biblia, no podremos explicarla bien. Aprender a parafrasear es un requisito indispensable para exponer la Biblia. Esta es una lección básica que todos debemos aprender. Primero, narre las epístolas de Pablo con sus propias palabras y después haga lo mismo con todo el Nuevo Testamento.

Cuando haga su paráfrasis, evite usar las palabras de la Biblia; use las suyas, ya que la finalidad de este ejercicio es aprender a expresar el significado del pasaje con palabras que estén a su alcance. Después de que haya trabajado así un libro de la Biblia, se dará cuenta de cuán valiosa es esta experiencia y cuánto beneficio le reporta tal disciplina. Una persona negligente no podrá parafrasear la Biblia; así que debemos orar al Señor y leer la Biblia de una manera ordenada antes de hacer una paráfrasis válida. Después de terminar un libro, revise su trabajo una o dos veces, haciendo los cambios necesarios y puliendo las frases. De este modo, obtendrá una impresión más clara de dicho libro y sabrá de qué hablaban los apóstoles. Para tener un conocimiento profundo de un pasaje es necesario parafrasearlo.

Para poder parafrasear la Biblia, hay que estudiarla minuciosa y exhaustivamente. Uno tiene que entender lo que ese pasaje dice y lo que está implícito en él. Entonces uno podrá incorporar todo ese conocimiento a la paráfrasis que se va a redactar. Esto requiere un entendimiento completo del versículo, ya que éste sólo podrá parafrasearse cuando se haya entendido claramente todo su contenido. Al practicar esto diariamente, leer detalladamente y tomar notas minuciosas, uno podrá llegar a parafrasear una epístola entera de Pablo y, entonces, estará en capacidad de entender plenamente lo dicho por Pablo y, al repetirlo en sus propias palabras, comunicar el mismo significado a los demás.

Hasta ahora hemos mencionado cuatro cosas: primero, debemos estudiar por temas; segundo, debemos estudiar las palabras; tercero, debemos reunir la información necesaria, y cuarto, debemos hacer una paráfrasis de lo estudiado. Debemos poner en práctica los veintiocho métodos a los que aludimos anteriormente. Es muy importante mantener un horario definido. Debemos ceñir nuestros lomos, y ser restringidos y regulados por el Señor. Si decidimos estudiar una hora al día, hagámoslo. No la extendamos ni la acortemos, a menos que estemos enfermos o de vacaciones, que son las únicas dos excepciones. Debemos mantener este horario, pues si persistimos en este ejercicio diariamente, pronto recogeremos una buena cosecha más adelante.

CAPÍTULO DIEZ

LA ORACIÓN

Lectura bíblica: Jn. 16:24; Jac. 4:2-3; Lc. 11:9-10; Sal. 66:18; Mr. 11:24; Lc. 18:1-8

I. LA ORACIÓN ES UN DERECHO BÁSICO DEL CREYENTE

Los creyentes tienen un derecho básico mientras están en la tierra hoy y es el derecho a que sus oraciones sean contestadas. En el momento que una persona es regenerada, Dios le concede el derecho básico de pedir y de ser oído por Él. En Juan 16 dice que Dios nos responde cuando le pedimos en el nombre del Señor para que nuestro gozo sea cumplido; y si oramos sin cesar, viviremos en la tierra una vida cristiana que estará llena de gozo.

Si oramos sin cesar y Dios no nos contesta incesantemente, o si hemos sido cristianos por años y Dios rara vez nos escucha o nunca nos responde, ello muestra que tenemos un problema muy grave. Si hemos sido creyentes por tres o cinco años sin haber recibido una sola respuesta a nuestras oraciones, somos cristianos inútiles. No solamente un tanto inútiles, sino muy inútiles. Somos hijos de Dios y ¡nuestras oraciones no son respondidas! Esto jamás debería suceder. Todo creyente debe recibir respuesta a sus oraciones de parte de Dios, pues tal experiencia es básica. Si Dios no ha contestado a nuestras oraciones por mucho tiempo, esto indica que algo está mal con nosotros. En lo que concierne a las respuestas recibidas a nuestras oraciones, no hay manera de engañarnos. Si fueron respondidas, fueron respondidas; si no lo fueron, simplemente no fueron respondidas. Nuestras oraciones o son eficaces o no lo son.

Nos gustaría preguntarle a cada creyente: ¿Ha aprendido usted a orar? ¿Ha contestado Dios a su oración? Estamos equivocados si dejamos nuestras oraciones sin que sean contestadas, porque las oraciones no son palabras que quedan en el aire, puesto que se ofrecen para ser respondidas. Las oraciones sin respuesta son oraciones vanas, y los creyentes deben tener la expectativa de que sus oraciones sean contestadas, porque si usted ha creído en Dios, Él debe contestar sus oraciones, sino sus oraciones serán inútiles. Uno debe orar hasta recibir respuesta, ya que la oración no sólo cultiva el espíritu, sino es más, se hace para obtener respuestas de parte de Dios.

Aprender a orar no es una tarea sencilla. Es posible que alguien haya sido un creyente por treinta o cincuenta años y, aun así, no haya aprendido todavía a orar como es debido. Por un lado, la oración no es un aprendizaje sencillo; pero por otro, es tan fácil que uno puede orar en cuanto cree en el Señor. La oración puede considerarse el tema más profundo y a la vez el más sencillo. Es tan insondable que algunos nunca han sabido orar como es debido, a pesar de haber estado aprendiéndolo toda su vida. Muchos hijos de Dios tienen el sentir de que jamás aprendieron a orar, aun hasta en su lecho de muerte. Sin embargo, la oración es algo tan sencillo que tan pronto una persona cree en el Señor puede empezar a orar y a recibir respuestas a sus oraciones. Si usted tiene un buen comienzo en su vida cristiana, siempre recibirá respuestas a sus oraciones. De lo contrario, es posible que transcurran tres o cinco años antes de que sus oraciones sean respondidas. Si usted no tiene un buen fundamento al respecto, necesitará hacer un gran esfuerzo para corregirlo más adelante. Por lo tanto, cuando uno cree en el Señor, debe aprender a recibir respuesta a sus oraciones de parte de Dios. Esperamos que todos los creyentes presten mucha atención a este asunto.

II. LAS CONDICIONES PARA QUE DIOS CONTESTE NUESTRAS ORACIONES

En la Biblia vemos numerosas condiciones que tenemos que satisfacer para que nuestras oraciones sean contestadas. Pero sólo unas cuantas son básicas y creemos que si las cumplimos, nuestras oraciones serán respondidas. Estas pocas condiciones, pese a que son básicas, también se aplican a los que han orado por muchos años, y debemos prestarles mucha atención.

A. Pedir

Todas nuestras oraciones deben ser peticiones genuinas delante de Dios. Después de ser salvo, cierto hermano oraba todos los días hasta que un día una hermana le preguntó: "¿Ha escuchado Dios alguna vez tu oración?". Esto lo sorprendió, pues para él la oración era simplemente oración, y no veía razón para preocuparse por si era contestada o no. Desde entonces, cada vez que oraba, le pedía a Dios que contestara su oración y empezó a considerar cuántas de sus oraciones no habían sido respondidas. A raíz de ello, este hermano se dio cuenta de que sus oraciones eran vagas y caprichosas. A él no le preocupaba si Dios contestaba o ignoraba sus oraciones. Para él su oración era como pedir a Dios que saliera el sol, el cual sale independientemente de si uno ora o no. Él había sido salvo por un año, pero hasta entonces sus oraciones no habían sido respondidas; todo ese tiempo, lo único que había hecho era arrodillarse a musitar palabras y no podía indicar con precisión lo que había pedido; lo que equivalía a no pedir nada.

El Señor dice: "Llamad, y se os abrirá" (Mt. 7:7). Si usted llama a la pared, el Señor no se la abrirá, pero si toca la puerta, Él con toda seguridad le abrirá; si le pide que le permita entrar, le dejará entrar. El Señor también dijo: "Buscad, y hallaréis" (v. 7). Supongamos que hay muchas cosas frente a usted, ¿cuál quiere? No conteste que cualquiera; debe pedir por lo menos una de ellas. Lo mismo sucede con Dios; Él quiere saber específicamente lo que uno quiere y pide. Sólo así Él se lo podrá dar. Así que pedir significa solicitar algo específico. Tenemos que pedir, y esto es lo que quiere decir buscar y llamar a la puerta. Supongamos que usted desea que su padre le dé algo hoy. Usted tendrá que pedir específicamente aquello que desea recibir. Si usted va a la farmacia para comprar medicina, tiene que decirle al farmacéutico qué medicina necesita exactamente. Si va al supermercado a comprar verduras, tiene que pedir exactamente lo que desea. Por tanto, es sorprendente que las personas se acerquen al Señor y no le digan exactamente lo que quieren. Esta es la razón por la cual el Señor dice que no sólo necesitamos pedir, sino que tenemos que pedir especificando lo que deseamos recibir. El problema radica en que no pedimos. El obstáculo está de nuestro lado. Al orar debemos pedir lo que necesitamos y deseamos. No hagamos una oración todo-inclusiva ni oremos descuidadamente; debemos preocuparnos por la respuesta a nuestra oración.

Un nuevo creyente debe aprender a orar teniendo un objetivo concreto. "No tenéis, porque no pedís" (Jac. 4:2). Muchos oran sin pedir. Es inútil pasar una o dos horas u ocho o diez días ante el Señor orando sin pedirle nada. Uno debe aprender a hacer peticiones concretas; uno tiene que llamar a la puerta y golpearla fuertemente. Una vez que usted ha identificado la entrada y ha decidido entrar, debe llamar a la puerta con energía. Cuando uno busca algo determinado, no se conformará con cualquier cosa, sino que irá en pos de lo que verdaderamente quiere. No debemos ser como algunos hermanos y hermanas que se levantan en las reuniones a orar por veinte minutos o media hora, sin saber ni lo que dicen ni lo que quieren. Es bastante extraño que muchas personas hagan oraciones largas en las que no se pide nada en concreto.

Debemos aprender a ser específicos al orar, y saber cuándo Dios contesta nuestras oraciones y cuándo no. Si a usted no le importa si Dios le responde o no, le será muy difícil orar eficazmente cuando enfrente alguna dificultad en el futuro. Las oraciones vacías no tendrán ningún efecto en tiempos difíciles, ni traerán solución alguna a nuestros problemas. Sólo las oraciones hechas con objetivos específicos podrán resolver problemas específicos.

B. No pedir mal

Una segunda condición que tenemos que cumplir al orar es que no debemos pedir mal: "Pedís, y no recibís, porque pedís mal" (Jac. 4:3). Nuestra oración a Dios debe ser hecha en función de nuestra necesidad. No debemos orar "a ciegas", insensatamente y sin control. Además, nunca debemos pedir mal o pedir desmesuradamente por cosas innecesarias según los deseos de nuestra carne, ya que si lo hacemos, nuestras oraciones serán vanas. Dios siempre nos da "mucho más abundantemente de lo que pedimos o pensamos" (Ef. 3:20); pero si pedimos mal, el resultado será muy diferente.

Pedir mal significa solicitar más de lo que uno necesita o puede recibir. Si uno necesita algo, se lo puede pedir a Dios; mas sólo pídale aquello que necesita, porque pedir más de lo que se necesita es pedir mal. Si uno se halla en una necesidad seria, está bien que pida a Dios que la resuelva, pero si no tiene ninguna necesidad y pide por pedir, está pidiendo mal. Sólo se debe pedir de acuerdo a la capacidad y la necesidad de uno. No debemos pedir cosas al azar. Pedir desmesuradamente es pedir mal, y por ende, dicha oración no recibirá respuesta. Pedir mal ante Dios se puede comparar con el caso de un niño que le pide a su padre que le dé la luna. A Dios no le agrada que le pidamos mal. Todo cristiano debe aprender a hacer que sus oraciones se circunscriban a los parámetros apropiados y a no hacer peticiones apresuradas ni a pedir más de lo que uno verdaderamente necesita.

C. Quitar de en medio los pecados

Algunos no piden mal, pero no reciben respuesta a sus oraciones debido a que la barrera básica del pecado se interpone entre ellos y Dios. En Salmos 66:18 leemos: "Si en mi corazón miro la iniquidad, / Él Señor no me escuchará". Si una persona está consciente de ciertos pecados obvios y no está dispuesta a dejarlos, el Señor no contestará las oraciones que ella haga. (Nótese la expresión *en mi corazón*.) Mientras haya tal impedimento, el Señor no puede contestar a nuestras oraciones.

¿Qué significa la expresión *en mi corazón hubiese yo mirado a la iniquidad*? "Significa esconder un pecado en el corazón y no estar dispuesto a dejarlo; es saber que algo es pecado y, aun así, seguir albergándolo". No es sólo una debilidad en la conducta o apariencia, sino un deseo presente en el corazón. Por ejemplo, la persona descrita en Romanos 7 no corresponde a esta categoría, porque aunque ha pecado, aborrece lo que ha hecho; mientras que la persona que contempla la iniquidad en su corazón encubre su iniquidad y no está dispuesta a deshacerse de ella.

Este pecado no sólo permanece en su conducta, sino también en su corazón; por esta razón, el Señor no escuchará ninguna de sus oraciones. Mientras haya, aunque sea un pecado en nuestro corazón, ello impedirá que Dios nos escuche. No debemos esconder ningún pecado favorito en nuestro corazón; debemos reconocer todos nuestros pecados como tales y dejar que la sangre nos lave. El Señor puede compadecerse de nuestras debilidades, pero no permitirá que alberguemos iniquidad en nuestro corazón. Aunque quitásemos todos los pecados de nuestra conducta pero seguimos amando algún pecado en nuestro corazón y nos rehusamos a dejarlo, nuestras oraciones no prevalecerán. En el momento que comenzamos nuestra vida cristiana, tenemos que pedir la gracia del Señor para que santifique nuestra conducta y nos guarde de pecar. Además, debemos abandonar y rechazar todo pecado que haya en nuestro corazón; no debemos albergar iniquidad alguna en nuestro corazón. Mientras haya pecado en nuestro corazón, nuestras oraciones serán inútiles ya que el Señor no escuchará tales oraciones.

En Proverbios 28:13 dice: "El que encubre sus transgresiones, no prosperará; / Mas el que las confiesa y las abandona alcanzará misericordia". Uno debe confesar sus pecados y decirle al Señor: "Hay un pecado en mi corazón que no puedo renunciar. Te pido que me perdones. Quiero apartarlo de mí; por favor, líbrame de este pecado y no dejes que continúe en mí. No lo quiero; quiero rechazarlo". Si uno se confiesa así ante el Señor, Él le perdonará, le concederá el perdón y escuchará su oración. No debemos ser negligentes al respecto: si no pedimos, no recibiremos nada; ni recibiremos nada si pedimos mal. Y aunque no pidamos mal, el Señor no nos contestará si albergamos algún pecado en nuestro corazón.

D. Creer

Por el lado positivo, la condición indispensable para que nuestra oración halle respuesta es la fe, ya que sin ésta la oración resulta ineficaz. El relato de Marcos 11 muestra claramente la vital importancia que tiene la fe en la oración. El Señor Jesús dijo: "Todas las cosas por las que oréis y pidáis, creed que las habéis recibido, y las obtendréis" (v. 24). Al orar tenemos que hacerlo con fe, porque si creemos que ya hemos recibido lo que pedimos, lo obtendremos. Es nuestro deseo que tan pronto como una persona reciba al Señor, aunque sólo lleve una semana de haber sido salva, sepa lo que es la fe, puesto que el Señor dijo: "Creed que las habéis recibido, y las obtendréis". Él no dijo: "Creed que las *recibiréis*", sino "creed que las *habéis recibido*". Debemos creer que ya hemos recibimos lo que le hemos pedido, y lo obtendremos. La fe de la que el Señor habla aquí, precede al predicado *hemos recibido*. ¿Qué es creer? Es tener la certeza de que ya recibimos lo que hemos pedido.

Los creyentes a veces cometen el error de separar el verbo *creer* del predicado *habéis recibido* y reemplazan éste con *recibiremos;* así que oran al Señor pensando que si tienen una fe muy grande, algún día obtendrán lo que piden. Piden al Señor que la montaña sea quitada y echada al mar, y creen que así se hará. Se imaginan que esta es una fe muy grande; sin embargo, esto separa "creer" de "habéis recibido" y lo reemplaza por "recibiréis". La Biblia dice que debemos creer que lo hemos recibido, no que lo recibiremos; estas dos cosas no significan lo mismo. No sólo los creyentes nuevos deben aprender esto, sino también todos los que han sido creyentes por muchos años deben saber esto.

¿Qué es la fe? Es la certeza de que Dios *ya ha contestado* a nuestra oración, y no la convicción de que Dios *contestará* nuestra oración. La fe se manifiesta cuando nos arrodillamos a orar y decimos en un instante: "Gracias mi Dios, gracias que ya has contestado a mi oración. ¡Te doy gracias, oh Dios! Pues este asunto está resuelto". Esto es creer que ya hemos recibido lo que hemos pedido. Una persona puede arrodillarse, orar, y luego ponerse de pie y decir: "Yo creo que Dios ciertamente oirá mi oración". La expresión *ciertamente oirá* es incorrecta, porque aunque se esfuerce por tratar de *creer,* no verá ningún resultado. Supongamos que uno ora por un enfermo, y éste dice: "¡Gracias, oh Dios! ¡Estoy sano!". Su fiebre tal vez persista y no se presente ningún cambio, pero el problema está resuelto porque él tiene la certeza de que está sano. Pero si dice: "Creo que el Señor me sanará", tendrá que esforzarse por "creer". El Señor Jesús dijo: "Creed que las habéis recibido, y las obtendréis". No dijo que la obtendrá si uno cree que la *recibirá*. Si uno cambia el orden, no obtendrá resultados. Hermanos y hermanas, ¿ven dónde está la clave? La fe genuina se manifiesta en la expresión *hecho está*, y en el hecho de agradecer a Dios por haber respondido a nuestra oración.

Quisiera añadir algo más acerca de la fe. Tomemos por ejemplo el caso de la sanidad. En el Evangelio de Marcos encontramos algunos ejemplos concretos de cómo se manifiesta la fe. Vemos en este evangelio tres expresiones que aluden de modo especial a la oración. La primera se relaciona con el poder del Señor, la segunda con la voluntad del Señor y la tercera con un acto del Señor.

1. El poder del Señor: Dios puede

Marcos 9:21-23 dice: "Jesús preguntó al padre: ¿Cuánto tiempo hace que le sucede esto? Y él dijo: Desde niño. Y muchas veces le ha echado en el fuego y en el agua, para matarle; pero si puedes hacer algo, ten compasión de nosotros, y ayúdanos. Jesús le dijo: En cuanto a eso de: Si puedes, todo es posible para el que cree". El padre le dijo al Señor Jesús: "Si puedes hacer algo...ayúdanos". El Señor respondió diciendo: "Si puedes", citando y repitiendo lo dicho por el padre. El padre dijo: "Pero si puedes hacer algo ... ayúdanos"; y el Señor Jesús le respondió: "Si puedes, todo es posible para el que cree". No es cuestión de si el Señor podía, sino de si aquel hombre creía o no creía.

Generalmente, una persona que se encuentra en dificultades está llena de dudas y le es imposible creer en el poder de Dios. Esto es a lo primero que debemos enfrentarnos. Hay ocasiones en las que las dificultades que enfrentamos parecen ser más poderosas que el propio poder de Dios. El Señor Jesús reprendió al padre por dudar del poder de Dios. En la Biblia muy raras veces vemos que el Señor interrumpa a otra persona como lo hizo en este pasaje; da la impresión de que el Señor estuviese enojado cuando repitió: "Si puedes". En realidad, el Señor reprendió al padre por haber dicho: "Si puedes hacer algo, ten compasión de nosotros, y ayúdanos". La respuesta del Señor era como si estuviese diciendo: "¿Qué es eso de 'si puedes'? Para el que cree, todo es posible, y la pregunta no radica en que si el Señor puede, sino si es que uno cree o no cree. ¡Cómo te atreves a preguntar si puedo!". Cuando los hijos de Dios oran, deben aprender a elevar sus ojos y decir: "¡Señor, Tú puedes!".

En Marcos 2 se relata el caso en el que el Señor sana al paralítico y le dice: "Hijo, tus pecados te son perdonados" (v. 5), pero algunos escribas cavilaban en sus corazones: "¿Por qué habla éste así? ¡Blasfema! ¿Quién puede perdonar pecados, sino uno solo: Dios?" (v. 7). Ellos pensaban en sus corazones que solamente Dios podía perdonar pecados y que Jesús no, pues ellos consideraban que perdonar pecados era un acto extraordinario. Pero el Señor les dijo: "¿Por qué caviláis acerca de estas cosas en vuestros corazones? ¿Qué es más fácil, decir al paralítico: Tus pecados te son perdonados, o decirle: Levántate, toma tu camilla y anda?" (v. 8-9). Con esto, el Señor les mostró que para el hombre la pregunta era si uno podía o no podía hacerlo, pero para Dios la pregunta era cuál es más fácil hacer. Para los hombres es imposible tanto perdonar pecados como decirle a un paralítico que se levante y ande; pero el Señor les mostró que Él podía perdonar los pecados y también hacer que el paralítico se levantase y andase. Perdonar pecados y hacer que el paralítico se levante y camine son cosas que el Señor puede realizar fácilmente, y con esto les daba a entender que "Dios puede". En nuestra oración necesitamos saber que "Dios puede" y que nada es difícil para el Señor.

2. La voluntad del Señor: Dios quiere

Es verdad que Dios es todopoderoso, pero ¿cómo sabemos que Él quiere sanarme? Yo no sé cuál sea Su voluntad, tal vez el Señor no desee sanarme. ¿Qué debo hacer? Vayamos a otro pasaje. Marcos 1:41 dice: "Y Jesús, movido a compasión, extendió la mano y le tocó, y le dijo: Quiero, sé limpio". Aquí la cuestión que se nos plantea no es si Dios puede, sino más bien si Dios desea hacer algo o no. Independientemente de cuán grande sea Su poder, debemos saber si Él está dispuesto a sanar. Si Dios no nos quiere sanar, la grandeza de Su poder no tendrá efecto en nosotros. La primera pregunta que se debe entender claramente es que Dios *puede,* y la segunda es si Dios *quiere* o no. El Señor le dijo al leproso: "Quiero". El Antiguo Testamento nos dice que la lepra es una enfermedad inmunda (Lv. 13—14), y que cualquiera que tuviera contacto con un leproso, quedaba contaminado; sin embargo, el amor del Señor fue tan grande que le dijo: "Quiero". ¡El Señor Jesús extendió Su mano, lo tocó y quedó limpio! El leproso le rogó al Señor y el Señor quiso limpiarlo. ¿Podrá ser que el Señor no nos sane de nuestra enfermedad? ¿Será posible que el Señor no responda nuestras oraciones? Todos podemos decir "Dios puede" y "Dios quiere".

3. *La acción del Señor: Dios lo realizó*

No es suficiente saber que Dios puede y quiere; también necesitamos saber que Dios lo ha realizado. Volvamos entonces a Marcos 11:24, que citamos anteriormente: "Todas las cosas por las que oréis y pidáis, creed que las habéis recibido, y las obtendréis". Esto nos revela que Dios ya efectuó algo.

¿Qué es la fe? No es solamente creer que Dios puede hacer algo y que lo hará, sino también creer que Él ya lo hizo. Si usted cree que ya ha recibido lo que ha pedido, lo obtendrá, y si cree y confía en que Dios puede y hará algo porque Él mismo ha dicho que lo hará, debe usted entonces agradecer al Señor y declarar: "Dios ya lo hizo". Muchas personas no reciben respuestas a sus oraciones porque no entienden esto y todavía tienen la esperanza de que la *recibirán* en el futuro. Sin embargo, tal esperanza está referida al futuro, mientras que creer es para nosotros algo que ya ha sido realizado. La fe auténtica dice: "¡Te doy gracias, oh Dios, porque me sanaste! ¡Gracias, oh Dios, que lo he recibido! ¡Gracias, oh Dios, porque estoy limpio! ¡Gracias, oh Dios, porque estoy restablecido!". Cuando la fe es perfecta, no sólo dirá: "Dios puede" y "Dios quiere", sino también "¡Dios ya lo hizo!".

¡Dios ya escuchó nuestras oraciones! ¡Él ya lo hizo todo! Si creemos que ya hemos recibido lo que hemos pedido, lo obtendremos. Con mucha frecuencia, nuestra fe es una fe que cree que recibirá algo en el futuro y, como resultado de ello, jamás recibimos nada. Nuestra fe debe afirmar que ya hemos recibido lo que pedimos. La fe siempre habla de hechos realizados, no de hechos que se realizarán.

Usemos el ejemplo de una persona que acaba de oír el evangelio. Si usted le pregunta: "¿Ha creído en el Señor Jesús?", y él le responde: "Sí, he creído". Luego tal vez le pregunte: "¿Es usted salvo?". Si él le responde: "Estoy seguro de que seré salvo", usted sabrá de inmediato que él no es salvo. Supongamos que usted le pregunta de nuevo: "¿De verdad cree que *es* salvo?". Si la persona contesta: "Ciertamente seré salvo", usted sabrá que él todavía no es salvo. Quizás usted quiera preguntarle nuevamente: "¿Está usted verdaderamente seguro de que será salvo?", y si le responde: "Me *parece* que seré salvo", de inmediato usted percibirá que él no habla como alguien que ha sido salvo. Cualquiera que diga: "Seré salvo", "Ciertamente seré salvo" o "Tengo fe que seré salvo" no nos da garantía alguna de que ha sido salvo. Pero si la persona afirma: "Soy salva", tiene el tono correcto; ella ha creído y es, por tanto, salva. La fe genuina cree que ya se realizó el hecho. Si una persona tiene fe en el momento en que es salva, dirá: "Te doy gracias, oh Dios, porque he recibido la salvación". Tenemos que asirnos de estos tres hechos: Dios puede, Dios quiere y Dios lo realizó.

La fe no es un ejercicio psicológico; *la fe consiste en recibir la palabra de Dios* y creer con seguridad que Dios puede, que Él quiere y que ya lo efectuó. Si usted no ha recibido la palabra de Dios, *no corra el riesgo de tentar a Dios*. El ejercicio del intelecto no es fe. Tomemos por ejemplo una enfermedad. Aquellos que han sido sanados mediante la fe genuina no tienen temor de un examen médico (Mr. 1:44). El resultado de un examen médico demostrará que en realidad fueron curados y que no fue simplemente una experiencia psicológica.

Cuando los nuevos creyentes aprenden a orar, deben hacerlo en dos etapas. En la primera etapa deben orar hasta recibir la promesa, la palabra específica de Dios dada para ellos. Todas las oraciones comienzan pidiéndole algo a Dios y pueden continuar por un período de tiempo, a veces por períodos de tres a cinco años. Es necesario seguir pidiendo. Algunas oraciones son contestadas inmediatamente, mientras que otras se tardan años, y es entonces cuando se debe perseverar. La segunda etapa se extiende desde el momento en que se recibe la promesa, la palabra específica de Dios, hasta que la promesa se cumple, o sea, hasta que la palabra de Dios ha sido cumplida. En esta etapa no se ora, sino que se ofrece alabanza. En la primera etapa se ora hasta recibir una palabra específica, mientras que en la segunda, se alaba al Señor continuamente hasta que la palabra haya sido cumplida. Este es el secreto de la oración.

Algunas personas sólo conocen dos aspectos de la oración. Primero se arrodillan a orar por lo que no tienen y luego ellos lo obtienen, pues Dios les ha dado lo que pidieron. Supongamos que yo le pido un reloj al Señor, y a los pocos días el Señor me lo concede. Generalmente sólo distinguimos dos eventos en este suceso: primero se carece de algo y luego se obtiene lo que uno carecía. Pero no nos damos cuenta de que entre estos dos eventos ocurre otra cosa, a saber: el evento de la fe. Supongamos que yo oro pidiendo un reloj y un día digo: "Gracias, oh Dios, porque ya escuchaste mi oración". Aunque mis manos todavía están vacías, tengo la certeza de que ya recibí el reloj. Algunos días más tarde, el reloj llega. No debiéramos prestar atención únicamente a estos dos sucesos, a saber: que no tenía un reloj pero que ahora lo tengo, sino que debemos prestar atención al tercer suceso que se halla entre esos dos, en el cual Dios nos hace una promesa, y es entonces que creemos y nos regocijamos en la promesa dada. Quizás hayamos tenido que esperar tres días antes de recibir el reloj, pero en nuestro espíritu ya lo habíamos recibido desde hace tres días. Debe ser la experiencia de un cristiano la de *recibir en el espíritu* lo que pide, pues si nunca ha experimentado esto, no tiene fe.

Esperamos que los nuevos creyentes comprendan lo que es la fe y confiamos en que aprenderán a orar. Quizás usted ha orado continuamente durante tres días o cinco, o un mes, o más de un año, y todavía no ha obtenido ninguna respuesta, pero en lo recóndito de su corazón tiene la pequeña certeza de que el asunto finalmente será realizado. En ese momento usted debe comenzar a alabar a Dios y seguir alabándole hasta que tenga en sus manos lo que pidió. En otras palabras, en la primera etapa uno avanza en la oración desde no tener nada hasta tener fe, y en la segunda uno avanza en la alabanza desde que recibe la fe hasta que de hecho recibe lo que pidió.

¿Por qué debemos dividir nuestras oraciones en estas dos etapas? Supongamos que una persona empieza a orar sin tener fe hasta llegar a tenerla. Si una vez que tiene fe, continuase orando, puede llegar a perder su fe. Una vez que uno ha adquirido fe, debe comenzar a alabar. Si continúa orando, puede alejar su fe mediante sus oraciones y al final puede no recibir nada. "Lo obtendréis" implica que ya lo tenemos en nuestras manos, mientras que "lo habéis recibido" se refiere a lo que ya hemos recibido en el espíritu. Si la fe ya está allí, pero las cosas no se han materializado, debe acercarse a Dios con alabanza, no con oración, porque si Dios ya dijo que nos lo dará, no necesitamos seguir pidiendo. Si tenemos la certidumbre interior de que "ya hemos recibido" no tenemos necesidad de seguir pidiendo. Son muchos los creyentes que han tenido la experiencia de que en cuanto tocan la fe por medio de sus oraciones, ya no pueden seguir orando. Y lo único que pueden decir es: "¡Señor, te alabo!". Pues ellos tienen que mantener su fe y alabar: "¡Señor, te alabo! ¡Has escuchado mi oración; te alabo porque respondiste a mi oración desde hace un mes!". Si ustedes hacen esto, recibirán lo que pidieron. Lamentablemente, algunas personas no saben esto. Dios ya les ha prometido algo, pero ellos siguen suplicando en oración. A la postre, sus oraciones menoscaban su fe. Esta es una gran pérdida.

Lo dicho en Marcos 11:24 es muy precioso, y no encontramos en todo el Nuevo Testamento otro pasaje que explique tan claramente lo que es la fe. "Todas las cosas por las que oréis y pidáis, creed que las habéis recibido, y las obtendréis". Quien comprenda esto, sabrá lo que significa orar, y la oración será una herramienta poderosa en sus manos.

E. Perseverar al pedir

Otro aspecto de la oración que requiere mucha atención es que debemos perseverar en oración y nunca desmayar. En Lucas 18:1 se menciona "la necesidad de orar siempre, y no desmayar". Ya que algunas oraciones requieren perseverancia, debemos orar hasta que la oración parezca que agota al

Señor y lo obliga a contestar. Esta es otra clase de fe. El Señor dijo: "Pero cuando venga el Hijo del Hombre, ¿hallará fe en la tierra? (v. 8). Esta fe es diferente de la fe que discutimos anteriormente, aunque sin contradecir aquella, ya que en Marcos 11 se nos dice que debemos orar hasta que tengamos fe, y en Lucas 18 se nos dice que debemos persistir en nuestra petición, pidiéndole al Señor persistentemente hasta que Él se vea obligado a contestar nuestra oración. En este caso, no debemos preocuparnos si se nos hace una promesa o no; sino que debemos orar hasta que Dios se vea obligado a contestar.

Muchas oraciones son inconsistentes. Una persona puede orar por uno o dos días, pero después de tres meses se olvida por completo del asunto; otras piden algo una sola vez y no lo solicitan por segunda vez, lo cual muestra que no les importa si reciben o no reciben lo que han pedido. Cuente usted las veces que ha hecho la misma oración más de dos, tres, cinco o diez veces. Si usted mismo se olvida de sus propias oraciones, ¿cómo puede esperar que Dios se acuerde de ellas? Si usted no tiene interés en cierta petición, ¿cómo puede esperar que a Dios le interese escucharle? La verdad es que usted no tiene el deseo de recibir lo que está pidiendo. Una persona orará persistentemente sólo si tiene una verdadera necesidad, y sólo cuando es presionado por circunstancias difíciles. En tales casos, esa persona perseverará por años y años, y no dejará de orar. Le dirá al Señor: "¡Señor! No dejaré de orar hasta que me contestes".

Si usted quiere pedir algo y verdaderamente lo desea, debe molestar a Dios y pedirle con insistencia hasta que Él le oiga. Usted tiene que hacerlo hasta que Dios no tenga otra alternativa que contestarle, ya que usted lo ha obligado a actuar.

III. LA PRÁCTICA DE LA ORACIÓN

Todo creyente debiera tener una libreta de oración cada año para anotar en ella sus oraciones, como si se tratara de un libro de contabilidad. Cada página debe tener cuatro columnas. En la primera columna se anotará la fecha en que comenzó a orar por asuntos específicos; en la segunda, aquello por lo cual ora; en la tercera, la fecha en que recibió respuesta a su oración; y en la cuarta, debe dejar constancia la manera en que Dios contestó su petición. De esta manera, usted sabrá cuántas cosas le ha pedido a Dios en un año, cuántas respuestas ha recibido y cuántas de sus oraciones todavía no han sido contestadas. Los nuevos creyentes definitivamente deben tener una libreta de este tipo, aunque sería bueno que quienes son creyentes desde hace muchos años también la tuvieran. La ventaja de anotar toda esta información en un solo cuaderno es que nos muestra si Dios contesta nuestras oraciones o no, porque en cuanto Dios deja sin contestar una sola de nuestras oraciones, debe de haber alguna razón para ello. Es bueno que los creyentes tengan celo al servir al Señor, pero tal servicio es inútil si sus oraciones no reciben respuesta. Si el camino que hay entre el hombre y Dios está bloqueado, lo mismo sucederá con el camino a las demás personas. Si uno no tiene poder ante Dios, tampoco lo tendrá ante los hombres; por lo tanto, primero debemos procurar ser hombres poderosos ante Dios antes de que Él nos pueda usar ante los hombres.

Una vez cierto hermano anotó los nombres de ciento cuarenta personas y oró pidiendo que fuesen salvas. Algunas personas fueron registradas en la mañana y esa misma tarde fueron salvas. Después de dieciocho meses, sólo dos de ellas no habían sido salvas. Este es un excelente ejemplo para nosotros. Esperamos que Dios obtenga más hijos que lleven un registro así de sus oraciones. Espero que usted anote uno por uno los asuntos por los que ora, así como los que Dios contesta; cualquier cosa que usted haya anotado en el libro y no haya recibido respuesta, debe ser presentada ante el Señor con perseverancia. Usted debe dejar de orar sólo si Dios le da a conocer que lo que pide no concuerda con Su voluntad. De lo contrario, persista hasta que reciba respuesta. Usted no puede ser negligente de ninguna manera. Debe aprender desde el principio a ser estricto en este asunto y debe ser serio ante Dios. Una vez que comience su petición, no se detenga hasta que obtenga la respuesta.

Al usar su cuaderno de oración, note que algunas oraciones necesitan hacerse de continuo, mientras que otras solamente una vez por semana. Este horario depende del número de peticiones que tenga anotadas en el libro, ya que si tiene muy pocas, puede orar por ellas diariamente, pero si tiene muchas, puede organizarlas de tal modo que ore por algunas los lunes y por otras los martes y así sucesivamente. Así como los hombres organizan su agenda de actividades, también nosotros debemos reservar ciertas horas de nuestro tiempo para la oración. Si nuestras oraciones no fueran específicas, no necesitaríamos un cuaderno de oración, pero si son específicas si lo necesitamos. Podemos mantener esta libreta junto a nuestra Biblia y a nuestro himnario, ya que debe usarse diariamente. Después de un tiempo, cuente cuántas oraciones han sido contestadas y cuántas no. Ciertamente será de gran bendición orar de una manera específica de acuerdo con nuestro cuaderno de oración.

La oración que el Señor enseña en Mateo 6, la que se describe en 1 Timoteo 2 y las oraciones en las que se pide luz, vida, gracia y dones para la iglesia, son oraciones que tratan de temas generales. No es necesario que las incluyamos en nuestras peticiones específicas, ya que estas oraciones por asuntos tan importantes deben realizarse a diario.

Toda oración tiene dos lados: la persona que ora y aquella por la cual se ora. Muchas veces la persona por la cual se ora no cambia a menos que la que ora cambie primero. Si la situación de la persona por la cual oramos persiste, debemos acudir a Dios y decirle: "Señor, ¿qué cambios debo hacer? ¿Qué pecados no te he confesado? ¿Qué afectos debo dejar? ¿Estoy de verdad aprendiendo la lección de fe? ¿Hay algo más que debo aprender?". Si hay algún cambio que nosotros necesitamos hacer, esto entonces debe ser lo primero que debemos hacer, porque no podemos esperar que aquellos por quienes oramos cambien, a menos que nosotros lo hayamos hecho primero.

Cuando un hombre cree en el Señor, debe aprender a orar fervientemente. Debe aprender bien la lección de la oración antes de tener un conocimiento profundo de Dios y un futuro fructífero para sí mismo.

Capítulo Once

MADRUGAR

Lectura bíblica: Cnt. 7:12; Sal. 57:8-9; 63:1; 78:34; 90:14; 108:2-3; Éx. 16:21

I. LAS HORAS DE LA MADRUGADA SON LAS MEJORES DEL DÍA

¿A qué hora se deben levantar los creyentes todos los días? En cierta ocasión, una hermana dijo algo que me pareció excelente, pues dijo: "Básicamente, podemos determinar cuánto ama una persona al Señor por la elección que ella hace cada mañana entre su lecho y el Señor. ¿A quién ama usted más, al Señor o a su cama? Si usted ama más a su cama, entonces dormirá un poquito más. Si usted ama más al Señor, entonces se levantará un poquito más temprano". Aunque estas palabras fueron pronunciadas hace más de treinta años, aún siguen resonando con frescura en nuestro ser. Una persona debe escoger entre su amor por su cama y su amor por el Señor. Cuanto más ame al Señor, más madrugará.

Un cristiano debe levantarse temprano porque las horas de la madrugada son las mejores para reunirse con el Señor. Con la única excepción de los que estén enfermos, todos los hermanos y hermanas deben levantarse temprano. De hecho, hay muchas enfermedades que, en realidad, no son enfermedades. Tales achaques se convierten en enfermedades debido solamente a que tales personas se aman demasiado a sí mismas. Con la excepción de aquellos, que por órdenes del médico tienen que descansar más, todos deberían madrugar. Puesto que debemos ser equilibrados en todo, es nuestro consejo que aquellos hermanos y hermanas que están verdaderamente enfermos, duerman un poco más. Sin embargo, aquel

que goza de buena salud debe levantarse lo más temprano que
pueda, pues las horas de la madrugada son las mejores para ir
al encuentro del Señor, tener contacto con Él y disfrutar de
comunión con Él. Debemos recordar que el maná se recogía
antes de que saliera el sol (Éx. 16:14-21). Cualquiera que
desee nutrirse con el alimento provisto por Dios, deberá levantarse temprano, pues el maná se derrite con el calor del sol.
Si deseamos recibir alimento espiritual y ser edificados espiritualmente, si deseamos disfrutar de comunión espiritual y del
suministro espiritual, tenemos que madrugar. Si nos levantamos tarde, el maná se habrá derretido y desaparecido. Es en
la madrugada cuando Dios suministra a Sus hijos el alimento
espiritual y la comunión santa. El que se levanta tarde, no
recoge nada. Son muchos los hijos de Dios que están enfermos,
no porque tengan problemas espirituales, sino porque se levantan demasiado tarde. También son muchos los hijos de Dios
quienes, a pesar de que se han consagrado a Dios, son celosos
por Él y le aman fervientemente, no llevan una vida cristiana
apropiada por el simple hecho de que se levantan tarde. No
piensen que esto carece de importancia y que no tiene nada
que ver con la condición espiritual del creyente; todo lo contrario, ello contribuye en gran manera a su condición espiritual.
Muchos cristianos no son espirituales simplemente porque no
se levantan temprano. Muchos han sido cristianos por muchos
años pero, aun así, no pueden llevar una vida cristiana apropiada debido a que se levantan demasiado tarde. Yo no
conozco a nadie que sepa orar y que no se levante temprano,
ni conozco a nadie que disfrute de íntima comunión con Dios y
que se levante tarde. Todas aquellas personas que conocen a
Dios, se levantan temprano. Por norma, ellos se levantan temprano para tener comunión con el Señor.

En Proverbios 26:14 dice: "Como la puerta gira sobre sus
quicios, así el perezoso se vuelve en su cama". Este versículo
nos dice que el perezoso en su cama es como la puerta que
gira sobre sus goznes. El perezoso se vuelve en su cama sin
poder dejarla. Se vuelve a un lado de su cama; luego se vuelve
al otro. No importa para qué lado se vuelve, continúa en su
cama. A muchos les encanta tanto su cama que disfrutan de
ella al volverse de un lado a otro, y les resulta imposible dejar

su lecho. Cuando se vuelven a la izquierda, están en la cama, y cuando se vuelven a la derecha, aún siguen en la cama. Les encanta dormir y no pueden dejar su lecho. Muchas personas sólo quieren dormir un ratito más y simplemente no pueden levantarse de la cama. Si uno desea aprender a servir a Dios y ser un buen cristiano, tiene que levantarse muy temprano por la mañana todos los días.

Aquellos que madrugan, cosechan muchos beneficios en términos espirituales. Las oraciones que ellos hacen a otras horas del día simplemente no pueden compararse con las oraciones ofrecidas en las primeras horas de la mañana. La lectura de la Biblia que ellos realizan a otras horas del día no tiene comparación con la que realizan en la madrugada. Igualmente, la comunión que ellos tienen con el Señor temprano en la mañana tampoco tiene comparación con la que ellos tienen a otras horas del día. El alba es el mejor tiempo del día, y debemos gastarlo en la presencia del Señor en lugar de otras cosas. Algunos cristianos, que se levantan tarde por la mañana, dedican todo el día en otros asuntos, y sólo a la hora de acostarse se arrodillan a leer la Biblia y a orar. Por eso, no es de extrañar que para ellos la lectura bíblica, la oración y la comunión con el Señor les resulten tan ineficaces. Desde el momento mismo que creemos en el Señor Jesús, debemos reservar un tiempo temprano en la mañana para tener comunión con Dios y tener contacto con Él.

II. EJEMPLOS DE SIERVOS QUE MADRUGABAN

En la Biblia encontramos muchos siervos de Dios que se levantaban de madrugada. Examinemos algunos de estos ejemplos:

1. Abraham—Gn. 19:27; 21:14; 22:3
2. Jacob—28:18
3. Moisés—Éx. 8:20; 9:13; 24:4; 34:4
4. Josué—Jos. 3:1; 6:12; 7:16; 8:10
5. Gedeón—Jue. 6:38
6. Ana—1 S. 1:19
7. Samuel—15:12
8. David—17:20
9. Job—Job 1:5

10. María—Lc. 24:22; Mr. 16:9; Jn. 20:1

11. Los apóstoles—Hch. 5:21

Todos estos versículos nos muestran que los siervos de Dios tenían la costumbre de encontrarse con Dios al amanecer. Todos y cada uno de ellos tenían el hábito de levantarse muy temprano, a primeras horas de la mañana, para tener comunión con Dios. Ellos se levantaban muy de mañana para realizar muchas gestiones relativas a los asuntos de Dios. También se levantaban de madrugada para consagrarse a Dios. Si bien en la Biblia no existe ningún mandamiento que específicamente nos ordene levantarnos temprano, aquí tenemos suficientes ejemplos bíblicos que nos muestran que todos los siervos fieles de Dios se levantaban temprano. Incluso el propio Señor Jesús madrugaba. "Levantándose muy de mañana, siendo aún muy oscuro, salió y se fue a un lugar desierto, y allí oraba" (Mr. 1:35). Cuando quiso elegir a los doce apóstoles, Él llamó a Sus discípulos muy temprano por la mañana (Lc. 6:13). Si el Señor tenía que levantarse temprano para hacer estas cosas, entonces, ¿no debiéramos nosotros con mayor razón hacerlo también?

Todo hermano o hermana que tenga el deseo de seguir al Señor jamás debiera abrigar la idea de que no hay mucha diferencia entre levantarse una hora antes o una hora después. Deben tener bien claro que incluso su lectura de la Biblia será ineficaz si se levantan una hora más tarde. Igualmente, sus oraciones resultarán ineficaces si las hacen una hora más tarde. Aun cuando uno pueda dedicar la misma cantidad de tiempo a dichas actividades, el hecho de que las realice una hora más tarde dará resultados muy diferentes. Así pues, levantarse temprano trae grandes bendiciones. Es nuestro deseo que los nuevos creyentes no pierdan tales bendiciones al inicio mismo de su vida cristiana. Sé de un hermano a quien, durante sus primeros tres años como creyente, se le preguntó por lo menos cincuenta veces: "¿A qué hora te levantaste esta mañana?". Levantarse temprano es una gran bendición. Aquellos que han aprendido a levantarse temprano, saben cuán importante es hacerlo. Si usted no se levanta temprano, vivirá sumido en pobreza espiritual. Levantarse tarde causa muchas pérdidas, pues muchas cosas espirituales se pierden por levantarse tarde.

Hemos visto que abundan los ejemplos en la Biblia. Pero, ¿qué de aquellos siervos de Dios que no son mencionados en la Biblia? Nos referimos a personas como George Müller, John Wesley y muchos otros que son conocidos por ser siervos de Dios. Podemos decir que casi todos aquellos a quienes conocemos en persona, o los conocemos por sus libros, y que han sido útiles en las manos de Dios, dieron mucha importancia al asunto de madrugar. Ellos lo llamaban "vigilia matutina". Todos los siervos de Dios hacen hincapié en la necesidad de tener tal "vigilia matutina". De hecho, la expresión *la vigilia matutina* indica claramente que ésta era una práctica que se realizaba en las primeras horas de la mañana. ¿Han escuchado de alguien que tenga vigilia matutina después que salga el sol? ¡Jamás! Uno tiene "vigilias matutinas" en las horas de la madrugada. Se trata, pues, de un hábito excelente que todo cristiano debe cultivar. Los hijos de Dios no deben ser personas descuidadas. La iglesia ha venido practicando esto por muchos años, y nosotros debemos mantener esta muy buena costumbre de ir al encuentro de nuestro Dios en las primeras horas de la madrugada. La expresión *vigilia matutina* no se encuentra en la Biblia y, si queremos, podemos designarla de otra manera, pero no importa cómo la llamemos, acudir a la presencia de Dios en las horas de la madrugada es de suma importancia.

III. QUÉ HACER EN LAS PRIMERAS HORAS DE LA MAÑANA

No nos limitamos simplemente a levantarnos temprano, sino que tenemos que hacer ejercicios espirituales y todo lo que hagamos debe tener un contenido espiritual. A continuación, mencionaremos algunas de las cosas que debemos hacer en la madrugada.

A. Tener comunión con Dios

Cantar de los cantares 7:12 nos muestra que el mejor momento para tener comunión con el Señor es temprano en la mañana. Tener comunión con Dios consiste en abrir nuestro espíritu y nuestra mente a Él, y permitirle que nos ilumine, nos hable, que cause una determinada impresión en nosotros y que nos conmueva (Sal. 119:105, 147). Durante ese tiempo, nuestros corazones se acercan a Dios y damos lugar a que Él se acerque a nuestro corazón. Debemos levantarnos en la madrugada a fin de permanecer en la presencia del Señor, meditar sobre la Palabra, ser dirigidos por Él y recibir impresiones de Dios, para aprender a tocarlo y darle la oportunidad de que Él nos hable.

B. Alabar y cantar

Nuestras alabanzas y cánticos deben escucharse muy de mañana. Las primeras horas de la mañana son las mejores para entonar alabanzas a Dios. Cuando presentamos ante Dios nuestras alabanzas más sublimes, nuestro espíritu asciende a la cima más alta.

C. Leer la Biblia

En la madrugada se debe recoger el maná (el cual es Cristo). ¿Qué significa comer el maná? Significa disfrutar a Cristo, disfrutar de la Palabra de Dios y disfrutar de Su verdad todos los días al amanecer. Después de haber comido el maná, tendremos la fortaleza necesaria para emprender nuestra jornada por el desierto. Las horas de la mañana son las mejores para recoger el maná. Si en las primeras horas de la mañana nos dedicamos a hacer otras cosas, no seremos alimentados espiritualmente ni estaremos satisfechos.

Dijimos anteriormente que debemos tener dos Biblias: una con nuestras anotaciones, para usarla por la tarde, y otra libre de anotaciones, para "comer maná" muy de mañana. Durante este tiempo no debemos tratar de leer mucho ni procurar abarcar muchos pasajes de la Biblia. En lugar de ello, debemos detenernos en una pequeña porción de la Palabra, leyéndola al mismo tiempo que disfrutamos de incesante comunión con Dios y elevamos algunos cánticos. Esto no quiere decir que debemos seguir cierto orden: tener comunión con Dios primero, alabarle después y, sólo entonces, leer la Biblia al final. No, tenemos que entremezclar todas estas cosas. Al mismo tiempo, también debemos orar. Cuando abrimos y leemos la Palabra y estamos en la presencia de Dios, tal vez sintamos la necesidad de confesar nuestros pecados. Otras veces al leer un pasaje, quizás seamos conmovidos por Su gracia y en virtud de ello, somos motivados a darle gracias al Señor. También podemos orar a Dios con respecto a lo que hemos leído en Su Palabra. Podemos decir: "Señor, esto es lo que yo verdaderamente necesito. Este pasaje, este versículo y esta palabra verdaderamente han puesto en evidencia mis deficiencias. Señor, llena mi necesidad". Cuando encontramos una promesa, digámosle: "Señor, creo en esta promesa"; y si es gracia lo que hemos recibido, le decimos: "Señor, recibo Tu gracia". También es posible que seamos conducidos a interceder, pues al leer la Biblia, posiblemente nos acordemos de aquellos que están en una condición espiritual lamentable y, sin criticarlos ni acusarlos, intercedemos diciendo: "Señor cumple Tu palabra tanto en mí como en mi hermano y hermana". También es posible que seamos llevados a confesar nuestros pecados y los pecados de los demás. Podemos orar por nosotros mismos así como por otros. Podemos ejercitar nuestra fe para creer tanto en beneficio nuestro como en beneficio de otros. Y podemos ofrecer acciones de gracias a nombre nuestro como a nombre de otros. La lectura de la Biblia no debe ser muy larga ni debe abarcar demasiado. Tal vez dos, tres o cuatro, quizás hasta cinco versículos sean lo suficiente. Podríamos invertir una hora en ellos. Mientras hacemos esto, al leer cada palabra de esos versículos, podemos orar y tener comunión con Dios usando tales palabras; entonces seremos llenos de Él.

Tanto en el Antiguo Testamento como en el Nuevo podemos encontrar muchas personas que tuvieron comunión con Dios de esta manera. Ellas conocían a Dios y tenían comunión con Él. Esta comunión llegó a formar parte de sus vidas.

En los Salmos, David intercambia con mucha libertad los pronombres "tú" y "Él", de tal modo que así como conversaba con el hombre, casi de inmediato elevaba sus oraciones a Dios. Por ello, en un mismo salmo encontramos frases dirigidas a los hombres intercaladas con oraciones dirigidas a Dios. Por un lado, David se dirigía a los hombres; por otro, hablaba con

Dios. Así pues, el libro de Salmos nos muestra que David era una persona que vivía en constante comunión con Dios.

Mientras Nehemías se encontraba trabajando, profería algunas cuantas frases y luego elevaba una breve oración. Así, cuando el rey le preguntó algo, él podía contestarle y, casi de inmediato, conversar con el Señor. Él entremezclaba su trabajo y su oración. Para él, el trabajo y la oración eran inseparables.

Pablo escribió el libro de Romanos a aquellos que se encontraban en Roma. Sin embargo, podemos notar que en más de una ocasión también se dirigía al Señor. Algunas veces parecía olvidarse de que estaba escribiendo a los romanos porque de repente empezaba a hablar con Dios. Vemos esto también en sus otras epístolas. En un instante él podía tornarse a Dios y conversar con Él.

Aquellos que han leído la autobiografía de la señora Guyón, podrán apreciar algo que es muy característico de ella. La mayoría de las autobiografías son escritas para ser leídas por los hombres, pero en su autobiografía, ella en un instante se dirige a los hombres y en el siguiente a Dios. En un momento hablaba con La Combe (la persona que le pidió que escribiera su autobiografía) y, en el siguiente instante, hablaba con el Señor. A esto llamamos comunión. Es difícil saber cuándo comienza la comunión con Dios y cuándo termina. La comunión no consiste en hacer a un lado otros asuntos para dedicarse exclusivamente a orar, sino en hacer ambas cosas simultáneamente.

Por lo tanto, en las horas de la madrugada dedicadas a recoger el maná, debemos aprender a entremezclar la oración con la Palabra de Dios, como también debemos mezclar la alabanza y la comunión con la Palabra de Dios. En un momento tendremos la experiencia de estar en la tierra, y el siguiente en los cielos; en un momento estaremos en nosotros mismos, y al instante en Dios. Si continuamos practicando esto todas las mañanas, después de algún tiempo seremos llenos del Espíritu, y la palabra de Dios morará en nosotros ricamente. Es indispensable leer la Palabra de Dios y recoger el maná. Muchos hermanos y hermanas son débiles y no son capaces de cruzar el desierto. A estos debemos preguntarles: "¿Han comido hoy?". Ellos no pueden caminar porque su alimentación espiritual es deficiente. El maná se recoge al amanecer, y para obtenerlo necesitamos madrugar. Si no madrugamos, no tendremos maná. Debemos levantarnos muy de mañana para laborar en la Palabra de Dios.

D. Orar

Cuando amanece, debemos tener comunión con el Señor, alabarle y recoger el maná. También demos orarle al Señor. Salmos 63:1 y 78:34 nos muestran que debemos buscar al Señor al amanecer. La oración de la que hablamos en el párrafo anterior es una especie de oración compenetrada, pero la oración a la que nos referimos aquí es más específica. Después de tener comunión, de alabar y comer el maná, uno es fortalecido y puede presentarlo todo en oración delante de Dios. La oración ciertamente requiere de mucha energía, por lo que debemos acercarnos a Dios de madrugada para ser alimentados. Entonces, una vez que hagamos esto, podremos dedicar una media hora o unos quince minutos para orar por algunas necesidades urgentes, ya sea con respecto a nosotros mismos, a la iglesia o con respecto al mundo. Por supuesto, también podríamos ofrecer tales oraciones en la tarde o en la noche, pero si sabemos aprovechar el hecho de que hemos recibido y adquirido un poder fresco al tener comunión con Dios y al comer el maná de madrugada, entonces tendremos un respaldo mejor.

Al amanecer, todo creyente debe realizar estas cuatro cosas delante del Señor: tener comunión con Él, alabarle, leer la Biblia y orar. La conducta que tengamos durante el día pondrá de manifiesto si hemos hecho estas cuatro cosas en la madrugada. George Müller afirmaba que el grado de su condición espiritual durante el día, dependía exclusivamente de la alimentación que recibía del Señor por la mañana. Muchos cristianos se sienten débiles durante el transcurso del día, porque desperdician las mañanas. Por supuesto, hay ciertos hermanos que han avanzado tanto en su peregrinaje espiritual que han aprendido a separar totalmente el alma del espíritu. Puesto que su hombre exterior ha sido quebrantado, difícilmente serán afectados por alguna circunstancia a la que tengan que enfrentarse durante el día. Pero esto ya es un asunto completamente distinto. Los nuevos creyentes necesitan aprender a levantarse temprano. Una vez que actúen irresponsablemente a este respecto, serán irresponsables en todo lo demás y nada marchará bien. Hay una gran diferencia entre ser o no ser nutrido en la mañana.

Cierto músico famoso dijo una vez: "Si dejo de ensayar por un día, yo lo notaré; si dejo de hacerlo por dos días, mis amigos lo notarán; y si no ensayo por tres días, la audiencia lo notará". Si esto sucede cuando ensayamos con un instrumento musical, con mayor razón se aplica al aprendizaje de la lección espiritual de madrugar. Si no hemos disfrutado una rica vigilia matutina en la presencia de Dios, nosotros lo notaremos. Aquellos que tienen alguna experiencia con el Señor, cuando conversen con nosotros, también lo notarán. Ellos percibirán que carecemos del suministro fresco que proviene de la fuente espiritual. Desde el primer día de sus vidas cristianas, los nuevos creyentes deben ser estrictos consigo mismos y ser disciplinados. Ellos deben levantarse temprano todos los días para poner esto en práctica en la presencia del Señor.

IV. LA PRÁCTICA DE MADRUGAR

Finalmente, hablemos un poco sobre la manera concreta de poner esto en práctica. ¿Qué debemos hacer para madrugar? Tenemos que tomar en cuenta varios puntos.

Todos los que madrugan deben desarrollar el hábito de acostarse temprano. Nadie que se acueste tarde podrá levantarse temprano. Esto sería como quemar una vela por ambos lados.

No se impongan una meta demasiada elevada. Algunas personas quieren levantarse a las tres o cuatro de la mañana, y cuando se dan cuenta de que les es muy difícil mantener ese horario, dejan de madrugar. Es mejor ser moderados. La hora más apropiada para levantarse es las cinco o seis de la mañana, cuando el sol está a punto de salir o acaba de salir. Levántense siempre al rayar el alba. Si uno trata de levantarse demasiado temprano, no perseverará por mucho tiempo; aparte de que fijarse una meta tan elevada hará que nuestra conciencia nos acuse. Ciertos hermanos han procurado fijarse metas demasiado elevadas y eso les ha causado muchos problemas en sus hogares, en sus trabajos y aun cuando se hospedan en otras casas. Esto no es provechoso. Debemos seguir una norma que esté a nuestro alcance, sin irnos a los extremos. No debemos imponernos una meta que nos es imposible de alcanzar. Para fijar la hora adecuada de levantarse, debemos tomar en consideración ante el Señor nuestras limitaciones físicas y nuestras circunstancias. Una vez que establezcamos un horario, seamos fieles en mantenerlo.

Posiblemente nos resulte difícil madrugar al principio. Si bien es fácil madrugar el primer y el segundo día, el tercer día es difícil. Es muy posible que los primeros dos días no nos cueste mucho trabajo, pero después, echaremos de menos la cama y eso hará que nos sea difícil levantarnos temprano, especialmente durante el invierno. Toma tiempo hacer un nuevo hábito. Tal vez por estar uno acostumbrado a levantarse tarde, su mente también se ha acostumbrado a ello. Pero si uno madruga por algunos días, su mente se irá ajustando al nuevo horario hasta que una vez ya levantado, no regresará de nuevo a su lecho pese a que su mente le pide que lo haga. Al principio necesitamos esforzarnos un poco para madrugar. Para adquirir este nuevo hábito tenemos que pedirle a Dios que nos conceda Su gracia, y debemos continuar pidiéndole hasta que tengamos el hábito. Hagámoslo una y otra vez. Renunciemos diariamente a nuestro lecho a fin de levantarnos al amanecer. A la postre, nos levantaremos de madrugada espontáneamente. Delante de Dios, ustedes tienen que desarrollar este hábito. No perdamos la gracia que representa el tener comunión con Dios en la madrugada.

Una persona saludable no necesita más de ocho horas de sueño, y usted no es la excepción. No se preocupe preguntándose si madrugar afectará su salud, porque no lo afectará, pero su ansiedad sí podría afectar su salud. Son muchos los que se aman demasiado a sí mismos y caen enfermos por preocuparse tanto de sí mismos. Si el doctor le dice que está enfermo, posiblemente usted necesite dormir diez o doce horas, pero seis a ocho horas son suficientes para una persona normal. Debemos dormir de seis a ocho horas diarias; no debemos adoptar una posición extremada, pues no pretendemos que los que estén enfermos madruguen. Si usted está enfermo, hará bien en quedarse en la cama y leer la Biblia allí; sin embargo, aquellos a quienes el doctor no les haya aconsejado quedarse en cama hasta tarde, y que no están enfermos, deben madrugar.

Es nuestro deseo que los hermanos que tienen más madurez espiritual y de mayor peso en el Señor fomenten esta práctica. La iglesia debe darle un "empujón" a los holgazanes para despertarles e instarles a que avancen y, a la vez, debe conducir a los nuevos creyentes a participar de esta bendición. Cuando se nos presente la oportunidad, debemos preguntarle al recién convertido: "¿A qué hora te levantas?". Después de algunos días, preguntémosle de nuevo: "¿A qué hora te levantaste hoy?". Debemos recordarle este asunto durante por lo menos el primer año de su vida cristiana. Después de un año, quizás todavía sea necesario preguntarle: "Hermano, ¿a qué hora te levantas ahora?". Hagamos esta pregunta a los nuevos creyentes cada vez que los veamos, ayudándolos a que pongan esto en práctica. Sin embargo, si nosotros mismos no hemos aprendido bien esta lección ante el Señor, nos será muy difícil esperar que otros también lo aprendan; por esta razón, nosotros mismos debemos aprender bien esta lección.

Entre todos los hábitos que desarrolle un nuevo creyente, el hábito de levantarse temprano debe ser el primero. Hemos desarrollado la costumbre de dar gracias por los alimentos y de reunirnos los domingos; también debemos adquirir la costumbre de madrugar para tener contacto con el Señor. El nuevo creyente debe desarrollar este hábito. Es una lástima ver que algunos que han sido cristianos por muchos años, jamás han disfrutado la bendición y la gracia que ellos recibirían si madrugasen. Si deseamos experimentar esta gracia, debemos aprender bien esta lección. Si más hermanos y hermanas se proponen aprender esta lección y todos se levantan al amanecer, la iglesia crecerá. Si un hermano recibe más luz, toda la iglesia será iluminada más intensamente. Pero si todos reciben un poco más de luz cada mañana, entonces toda la iglesia también será enriquecida. Hoy la iglesia es pobre porque muy pocas personas reciben el suministro que procede de la Cabeza. Si todos y cada uno de nosotros recibimos algo directamente de la Cabeza, por muy poco que sea, la acumulación de todas esas pequeñas porciones enriquecerán a la iglesia profusamente.

No deseamos que sólo unos cuantos hermanos laboren en la iglesia. Nuestra esperanza es que todos los miembros se presenten de madrugada ante el Señor, que toda la iglesia se levante al alba para recibir las riquezas y la gracia de Dios. Lo que un miembro recibe de la Cabeza es de beneficio para todo el Cuerpo. Si cada hermano y hermana toma este camino, habrá muchos vasos que tengan al Señor como su contenido, y cada día seremos más y más ricos espiritualmente. No debemos pensar que levantarnos al amanecer no tiene importancia. Si aprendemos a levantarnos al rayar el alba y adquirimos la costumbre de hacerlo, tendremos un brillante futuro espiritual.

CAPÍTULO DOCE

LAS REUNIONES

Lectura bíblica: He. 10:25; Mt. 18:20; Hch. 2:42; 1 Co. 14:23, 26

I. LA GRACIA CORPORATIVA SE ENCUENTRA EN LAS REUNIONES

La Palabra de Dios dice: "No dejando de congregarnos" (He. 10:25). ¿Por qué no debemos dejar de congregarnos? Porque cuando estamos reunidos, Dios nos imparte Su gracia. La gracia que Dios imparte al hombre puede dividirse en dos categorías: una personal y la otra corporativa. Él no sólo nos concede gracia personal, sino también gracia corporativa, y esta gracia corporativa sólo se encuentra en la asamblea o reunión.

Previamente hemos hablado sobre la oración. Uno puede orar individualmente en su casa y, sin duda alguna, Dios escucha tales oraciones. Dios sí escucha oraciones individuales. Sin embargo, hay otra clase de oración. Para que estas oraciones reciban respuesta, deben ofrecerse en las reuniones y deben responder al principio de que sean dos o tres personas las que se reúnen juntas a orar en el nombre del Señor. Si un individuo intenta hacer esto por sí mismo, no obtendrá respuesta alguna. Son muchos los asuntos importantes que deben ser presentados en oración en las reuniones para que Dios responda al respecto. Tales asuntos tienen que ser presentados en las reuniones de oración para que lleguen a concretarse. La gracia corporativa de Dios llega al hombre solamente mediante tales reuniones. Uno puede pensar que la oración individual por ciertos asuntos es suficiente y que uno por sí solo puede hallar la misericordia de Dios; sin embargo, la experiencia nos dice que no es así. A menos que se reúnan dos o tres, o todos los hermanos y hermanas para orar, Dios no responderá a tales peticiones. Por tanto, podemos distinguir dos clases de respuestas a las oraciones: una es la respuesta a las oraciones individuales y la otra es la respuesta a las oraciones de la asamblea. Si no nos reunimos a orar con los demás, algunas de nuestras oraciones no recibirán respuesta.

También hemos hablado sobre cómo leer la Biblia. Por supuesto que Dios nos concede Su gracia individualmente cuando leemos la Biblia. Sin embargo, algunos pasajes de la Biblia no pueden ser comprendidos por una sola persona. Dios concede Su luz a la asamblea, cuando todos están reunidos. En tales reuniones es posible que algunos hermanos sean guiados a interpretar un determinado pasaje bíblico. Quizás hasta entonces no se haya hablado sobre este pasaje en particular, pero el hecho de que la asamblea se halle reunida le da a Dios la oportunidad de iluminarlos con Su luz. Son muchos los hermanos y hermanas que pueden dar testimonio de que logran entender mejor la palabra de Dios cuando se encuentran reunidos que cuando la estudian individualmente. Son muchas las veces que estando reunidos Dios nos abre cierta porción de Su Palabra por medio de otra porción, de tal manera que mientras una persona habla de un pasaje, la luz brilla en otro pasaje, y de esta manera habrá más luz y recibiremos la gracia en forma corporativa.

Si no nos reunimos con los demás, lo más que podemos obtener es una porción individual de gracia, nos perderemos una gran parte de la gracia corporativa, la cual Dios concede únicamente a aquellos congregados en las reuniones. Si no nos reunimos con otros, no recibiremos esta gracia. Es por esta razón que la Biblia nos exhorta a no dejar de congregarnos.

II. LA IGLESIA Y LAS REUNIONES

Una característica notable de la iglesia es que ella se reúne. El cristiano jamás podrá sustituir las reuniones con sus esfuerzos autodidactos. Dios tiene la gracia corporativa reservada exclusivamente para las reuniones, así que si no nos reunimos con los demás, no recibiremos esa porción.

En el Antiguo Testamento, Dios ordenó a los israelitas que

se reunieran. A esa reunión la Biblia llama *la congregación*. Esta palabra implica que ellos eran personas que debían reunirse. En el Nuevo Testamento la revelación es aún más clara. Allí consta claramente el mandamiento "no dejando de congregarnos". A Dios no le interesa que los individuos aprendan por sí mismos, sino que Él quiere que nos congreguemos para que podamos recibir la gracia corporativa. Ninguno que deja de congregarse podrá recibir más de Su gracia corporativa. Es una necedad dejar de congregarse. Un hombre debe reunirse, tiene que congregarse con los demás hijos de Dios a fin de recibir la gracia corporativa.

La Biblia proporciona mandamientos y ejemplos claros acerca de aquellas personas que se reunían. Cuando el Señor estuvo en la tierra, Él se reunía con Sus discípulos en el monte (Mt. 5:1), en el desierto (Mr. 6:32-34), en las casas (2:1-2) y a la orilla del mar (4:1). En la víspera de Su crucifixión, Él pidió prestado un salón grande en un aposento alto para reunirse con Sus discípulos (14:15-17); y después de Su resurrección, se apareció en el lugar donde ellos estaban reunidos (Jn. 20:19, 26; Hch. 1:4). Antes de Pentecostés, los discípulos se habían reunido para orar en unanimidad (v. 14) y cuando llegó el día de Pentecostés también estaban reunidos (2:1). Vemos que después de ese acontecimiento, todos ellos perseveraron en la enseñanza y en la comunión de los apóstoles, en el partimiento del pan y en las oraciones. Poco tiempo después fueron perseguidos y tuvieron que regresar a sus propios lugares; aun así continuaron con la práctica de reunirse (4:23-31). Pedro, después de haber sido puesto en libertad, se dirigió a la casa donde se congregaban los discípulos (12:12); y en 1 Corintios 14 leemos que "toda la iglesia" se reunía en un solo lugar (v. 23). Toda la iglesia era la que se reunía, nadie que sea parte de la iglesia está exento de reunirse con ella.

¿Qué significa la palabra *iglesia*? Iglesia es la traducción de la palabra griega *ekklesia: ek* significa "salir" y *klesia* significa "congregarse o reunirse", o sea, *ekklesia* significa la reunión de aquellos que han sido llamados a salir. Dios no solamente está en procura de algunos individuos que han sido llamados a salir, sino que Él desea que se reúnan aquellos que han sido llamados a salir. Si aquellos que han sido llamados a salir se mantuvieran separados unos de otros, no habría iglesia, ni se produciría la iglesia.

A partir del momento en que creímos en el Señor Jesús, tenemos que congregarnos con otros hijos de Dios. Esta es una necesidad básica que tenemos que atender. No piensen que podemos ser cristianos autodidactos. Tenemos que erradicar este pensamiento de nuestras mentes. El cristianismo no tiene los "cristianos autodidactos", sólo tiene la congregación de toda la iglesia. No vayan a creer que podemos ser cristianos simplemente por el hecho de que oramos y leemos la Biblia a solas en nuestras casas. El cristianismo no está edificado sobre la base de individuos solamente, sino que también se basa en el hecho de que nos congregamos.

III. LAS FUNCIONES DEL CUERPO SE MANIFIESTAN EN LAS REUNIONES

En 1 Corintios 12 se habla del Cuerpo, y en el capítulo 14 de las reuniones. Ambos capítulos hablan de los dones del Espíritu Santo; pero el capítulo 12 habla de los dones en el Cuerpo, mientras que el 14, de los dones en la iglesia. De acuerdo con estos dos capítulos, tal parece que los miembros del Cuerpo desempeñan sus funciones en mutualidad durante las reuniones. Si leemos estos dos capítulos juntos, veremos claramente que el capítulo 12 nos muestra el Cuerpo mientras que el 14 nos muestra el Cuerpo en pleno ejercicio de sus funciones. Uno nos habla del Cuerpo, y el otro de las reuniones. Uno nos habla de los dones en el contexto del Cuerpo, mientras que el otro nos habla de los dones en el contexto de las reuniones de la iglesia. La función que ejerce el Cuerpo se lleva a cabo específicamente en las reuniones. La ayuda mutua, la influencia mutua y el cuidado mutuo de los miembros (por ejemplo, los ojos ayudan a las piernas, las orejas a las manos y las manos a la boca) se manifiestan mucho más claramente en las reuniones. Es por medio de las reuniones que recibimos respuestas a muchas de nuestras oraciones. Muchas veces, no recibimos ninguna luz cuando la procuramos individualmente; pero al acudir a las reuniones, recibimos la luz que carecíamos. Aquello que individualmente conseguimos ver como fruto de nuestra propia búsqueda personal, jamás podrá compararse con lo que conseguimos ver en las reuniones, pues todos los ministerios establecidos por Dios operan por medio de las reuniones y son para el beneficio de las mismas. Si una persona rara vez se reúne con otras tendrá menos probabilidades de conocer y experimentar el Cuerpo en el ejercicio de sus funciones.

Además de ser el Cuerpo de Cristo, la iglesia también es la morada de Dios. En el Antiguo Testamento la luz de Dios se hallaba en el Lugar Santísimo mientras que la luz del sol iluminaba el atrio, y el candelero que contenía aceite de oliva delante del velo ardía en el Lugar Santo. En el Lugar Santísimo no había luz natural ni artificial, sino la luz de Dios. El Lugar Santísimo es la morada de Dios, y donde mora Dios allí está Su luz. Asimismo, en nuestros días, cuando la iglesia se reúne como la morada de Dios nosotros disfrutamos de la luz de Dios. Cuando la iglesia se congrega, Dios manifiesta Su luz. No sabemos por qué es así. Lo único que podemos decir es que este es uno de los resultados que se obtiene cuando los miembros ejercen sus respectivas funciones en mutualidad. El hecho de que los miembros del Cuerpo ejerzan sus respectivas funciones en mutualidad permite que la luz de Dios sea manifestada a través del Cuerpo.

Dice Deuteronomio 32:30: "¿Cómo podría perseguir uno a mil, y dos hacer huir a diez mil, si su Roca no los hubiese vendido, y Jehová no los hubiera entregado?". Si uno persigue a mil, ¿cómo pueden dos hacer huir a diez mil? Esto es extraño. Aunque no sabemos cómo sucede eso, no obstante, sabemos que es un hecho. Según el hombre, si uno puede perseguir a mil, dos podrán perseguir a dos mil. Pero Dios dice que dos pueden perseguir a diez mil, es decir, ocho mil más de lo que el hombre preveía. Dos individuos por separado, cada uno puede perseguir a mil, pero si los juntamos, debieran poder perseguir sólo a dos mil. Aquí vemos a los miembros en el ejercicio de sus funciones en mutualidad, ellos juntos persiguen a diez mil, que son ocho mil más de los que perseguirían si lo hubiesen hecho individualmente. Una persona que no conoce el Cuerpo de Cristo, ni le interesa reunirse, perderá ocho mil. Por tanto, necesitamos aprender a recibir la gracia corporativa. No debemos pensar que la gracia personal es suficiente. Reitero, lo que caracteriza a los cristianos es que ellos se reúnen. El creyente jamás puede sustituir las reuniones con aquello que ha aprendido autodidácticamente. Tenemos que tener esto bien claro y darle la debida importancia. El Señor nos promete Su presencia en dos formas. La primera aparece en Mateo 28 y la otra en Mateo 18. En Mateo 28:20 el Señor dijo: "Yo estoy con vosotros todos los días, hasta la consumación del siglo". Podemos decir que aquí se halla claramente implícita Su presencia en forma individual. En cambio, en Mateo 18:20 el Señor dijo: "Porque donde están dos o tres congregados en Mi nombre, allí estoy Yo en medio de ellos". Aquí Su presencia es Su presencia en la reunión. Es sólo estando en las reuniones que podemos disfrutar de esta segunda clase de presencia Suya. La presencia del Señor en el ámbito individual y Su presencia en las reuniones son dos cosas distintas. Algunas personas sólo han experimentado la presencia del Señor en forma individual, pero eso no es suficiente. Su presencia se experimenta de manera más fuerte y poderosa en las reuniones, no podemos experimentar Su presencia de esta manera en el ámbito individual. Si bien individualmente podemos disfrutar de la presencia del Señor, tal presencia Suya jamás llega a ser tan prevaleciente o poderosa como lo es Su presencia en las reuniones. Pero si estamos reunidos con todos los santos, percibiremos Su presencia de una manera que no nos habría sido posible experimentar como individuos. Tenemos que aprender a reunirnos con los hermanos y hermanas porque es en las reuniones donde experimentamos la presencia especial del Señor, la cual constituye una enorme bendición. Tal clase de presencia jamás podría ser experimentada por nosotros de forma individual. No es posible hallar un solo "cristiano autodidacto" que haya podido experimentar esta clase de presencia del Señor que es tan poderosa.

Cuando los hijos de Dios se reúnen, espontáneamente ejercerán sus respectivas funciones en mutualidad. No entendemos cómo opera en nuestras reuniones tal mutualidad en el Cuerpo, pero sabemos que es un hecho. Cuando un hermano se pone de pie para profetizar, los otros ven la luz. Cuando otro se pone de pie para tomar parte activa en dicha reunión, los otros hermanos sienten la presencia del Señor; y cuando un tercer hermano se pone de pie para orar, los demás tocan a Dios. Si otro hermano dice unas cuantas palabras en la reunión, otros perciben el suministro de la vida divina. Es imposible explicar este fenómeno con palabras, pues no puede explicarse en términos humanos. Únicamente cuando el Señor retorne nos podremos explicar cómo ejerce el Cuerpo de Cristo sus diversas funciones en mutualidad. Hoy en día, nosotros nos limitamos a acatar lo dispuesto por el Señor.

Posiblemente usted no haya dado importancia a las reuniones porque acaba de ser salvo y desconoce lo que es la luz del Cuerpo, la función que ejerce y su eficacia. Pero la experiencia nos dice que muchas lecciones espirituales que son fundamentales para nuestra vida cristiana se aprenden solamente en el Cuerpo. Cuanto más nos reunimos, más aprendemos. Si no nos reunimos, no tenemos parte en todas estas riquezas. Por tanto, es nuestro deseo que los nuevos creyentes aprendan a reunirse como es debido desde el comienzo mismo de su vida cristiana.

IV. LOS PRINCIPIOS QUE DEBEN REGIR NUESTRAS REUNIONES

¿Cómo debemos reunirnos? El primer principio bíblico sobre las reuniones es que todas las reuniones son conducidas en el nombre del Señor. En Mateo 18:20 se nos dice: "Congregados en Mi nombre", que también puede traducirse: "Congregados bajo Mi nombre". ¿Qué significa congregarse bajo el nombre del Señor? Significa estar bajo Su autoridad. El Señor es el centro y todos somos atraídos hacia Él. Nosotros no vamos a las reuniones para visitar a ciertos hermanos o hermanas, ni asistimos a ellas debido a que nos sentimos atraídos hacia ciertos hermanos y hermanas. Nosotros vamos a la reunión para congregarnos con los demás santos bajo el nombre del Señor. El Señor es el centro. Por ello, no nos reunimos para escuchar la prédica de alguien, sino para encontrarnos con el Señor. Si ustedes se reúnen para escuchar la predicación de determinada persona, mucho me temo que estén reuniéndose bajo el nombre de aquella persona y no bajo el nombre del Señor. Algunas veces, se usan los nombres de ciertas personas para atraer a la gente. Esto equivale a congregar a las personas bajo el nombre de esa persona. Pero el Señor dice que tenemos que reunirnos bajo Su nombre. Debemos congregarnos bajo el nombre del Señor, porque Él no está con nosotros físicamente (Lc. 24:5-6). Puesto que el Señor no está presente en forma física, Su nombre resulta necesario. Si el Señor estuviese físicamente entre nosotros, no tendríamos tanta necesidad de Su nombre. El nombre está presente porque la persona misma no está presente físicamente. En lo que concierne a Su cuerpo físico, el Señor está en los cielos, pero nos ha dejado Su nombre. El Señor prometió que si nos congregamos bajo Su nombre, Él estaría en medio de nosotros, lo cual significa que Su Espíritu estará en medio de nosotros. Aunque el Señor está sentado en los cielos, Su nombre y Su Espíritu están entre nosotros. El Espíritu Santo es quien respeta y defiende el nombre del Señor y es guardián del mismo, Él protege y guarda el nombre del Señor. Donde el nombre del Señor está, allí está el Espíritu Santo y el nombre del Señor es manifestado. Aquellos que desean congregarse, deben hacerlo bajo el nombre del Señor.

El segundo principio que debe regir nuestras reuniones es que ellas deben tener como objetivo la edificación de los demás. En 1 Corintios 14 Pablo nos dice que un principio fundamental que debemos seguir al reunirnos es que debemos procurar la edificación de los demás y no de nosotros mismos. Por ejemplo, el hablar en lenguas edifica al que habla; sin embargo, su interpretación edifica a los oyentes. En otras palabras, cualquier actividad que sólo edifique a una persona, no es otra cosa que el principio de "hablar en lenguas". Pero el principio que rige la interpretación de lenguas es el de impartir a los demás aquello con lo que nosotros hayamos sido edificados, para que ellos también se edifiquen. Por esta razón, no debemos hablar en lenguas en la reunión si no hay nadie que las interprete. No debemos hablar algo que sólo nos edifique a nosotros mismos y no a los demás.

Por ello, cuando nos reunimos es muy importante considerar a los demás. Lo importante no es cuánto hablemos, sino que lo que digamos edifique a los demás. Que las hermanas puedan hacer preguntas o no durante la reunión, está también determinado por este mismo principio. Las preguntas que se hagan en una reunión no deben ser únicamente para nuestro beneficio. Lo que debemos considerar es si tales preguntas tendrán un efecto negativo en la reunión o no. ¿Desean ustedes contribuir a la edificación de los demás en la reunión? El indicador más claro de que nuestro individualismo ha sido aniquilado es nuestro comportamiento en las reuniones. Hay quienes únicamente piensan en sí mismos. Tales personas tienen en mente un mensaje que desean predicar y tienen que predicarlo cuando vienen a la reunión. Ellas tienen pensado un himno que les gustaría cantar, y entonces harán cualquier cosa para tener la oportunidad de cantarlo en la reunión. A ellas no les importa si ese mensaje contribuirá o no a la edificación de los demás que se hallan presentes en la reunión, ni si el himno avivará a la congregación o no. Esta clase de personas no hace sino perjudicar las reuniones.

Algunos hermanos han sido creyentes por años, pero todavía no saben reunirse. A ellos les da lo mismo el cielo o la tierra, el Señor o el Espíritu Santo; todo lo que les interesa es su propia persona. Piensan que siempre y cuando ellos estén presentes, aunque no haya nadie más, esa ya es una reunión. Para ellos, ninguno de los hermanos o hermanas existe, y ellos son los únicos que están presentes. Esto es verdadera arrogancia. Cuando hablan en la reunión, quieren hacerlo hasta que se queden satisfechos. Al final, los únicos contentos son ellos mismos, mientras que todos los hermanos y hermanas están descontentos. Estas personas sienten que tienen una gran "carga", la cual tiene que ser impartida. Pero en cuanto abren sus bocas, los demás se ven obligados a recoger esta "carga" y llevársela a su casa con ellos. A otros les gusta hacer oraciones largas, las cuales llegan a agotar a los demás. Así, toda la iglesia sufre cuando una persona va en contra de los principios que deben regir nuestras reuniones. No debemos ofender al Espíritu Santo en las reuniones, porque si lo hacemos, perderemos toda bendición. Si al congregarnos, nos interesamos por las necesidades y la edificación de los demás, honraremos al Espíritu Santo, quien hará la obra de edificación para que nosotros también seamos edificados. Sin embargo, si hablamos descuidadamente y no edificamos a otros, ofenderemos al

Espíritu Santo, y como consecuencia nuestra reunión será en vano. Cuando nos reunimos, no debemos pensar en sacar provecho de la reunión para nuestro beneficio propio. Todo lo que hagamos debe ser hecho para beneficio de los demás. Si pensamos que lo que vamos a decir beneficiará a otros, debemos decirlo; y si pensamos que nuestro silencio beneficiará a los demás, entonces debemos callar. Siempre debemos atender a las necesidades de los demás, éste es el principio básico que debe regirnos al reunirnos.

Esto no quiere decir que todos deben estar callados durante las reuniones. Si bien es cierto que a veces lo que decimos puede perjudicar a otros, nuestro silencio también puede perjudicarlos. Ya sea que hablemos o nos quedemos callados, si no atendemos a las necesidades de los demás, la reunión será perjudicada. Siempre debemos procurar que los demás sean edificados en la reunión. Aquellos que deben hablar no deben permanecer callados. "Hágase todo para edificación" (1 Co. 14:26). Todos debemos asistir a las reuniones teniendo en mente una sola meta: estamos allí para beneficiar a los demás, y no sólo a nosotros mismos. Jamás debemos hacer nada que haga tropezar a los demás. Si nuestro silencio hace que los demás tropiecen, entonces no debemos permanecer callados, sino que tenemos que hablar. Si al hablar vamos a hacer que otros tropiecen, debemos callar. Tenemos que aprender a hablar con el fin de edificar a los demás y también tenemos que aprender a callar con el fin de edificar a los demás. Todo cuanto hagamos debe tener el propósito de edificar a los demás, y no a nosotros mismos. Cuando no seamos para nosotros mismos, tendremos como fruto nuestra propia edificación. Pero si sólo pensamos en nosotros mismos, no recibiremos ninguna edificación.

Si no estamos seguros de que edificaremos a otros con lo que vamos a decir, es mejor que lo consultemos con los hermanos que tienen más experiencia. Debemos preguntarles: "¿Qué piensan, debo hablar más o debo hablar menos durante las reuniones?". Tenemos que aprender a ser humildes desde el principio de nuestra vida cristiana. Jamás debemos considerarnos que somos "alguien". No deben pensar que debido a que pueden cantar y predicar bien, son personas de gran

importancia. Les ruego que no se juzguen a ustedes mismos.
Es mejor preguntarles a los hermanos que tienen más experiencia. Verifique con ellos si usted contribuye a la edificación
de los demás cuando habla en ciertas reuniones. Hable más si
ellos le animan a hacerlo, y hable menos si ellos así lo reco-
miendan. Nuestras reuniones serán muy elevadas si todos
nos humillamos para aprender de los demás. Cuando nuestras reuniones son así, otros sentirán que Dios está entre
nosotros. Este es el resultado de la operación del Espíritu
Santo. Espero que pongamos atención a este asunto, porque si
lo hacemos, nuestras reuniones glorificarán a Dios.

V. EN CRISTO

Debo mencionar aquí otro asunto. Cada vez que nos reuna-
mos y tengamos comunión en mutualidad, debemos recordar
que, por ser creyentes, somos uno en Cristo. Consideremos los
siguientes versículos.

1 Corintios 12:13 dice: "Porque en un solo Espíritu fuimos
todos bautizados en un solo Cuerpo, sean judíos o griegos,
sean esclavos o libres; y a todos se nos dio a beber de un
mismo Espíritu". Aquí la palabra "sean" indica que no hay
distinción. En el Cuerpo de Cristo no tienen lugar las distinciones que se hacen en el mundo, porque en un solo Espíritu
fuimos todos bautizados en un solo Cuerpo, y a todos se nos
dio a beber de un mismo Espíritu.

Gálatas 3:27-28 dice: "Porque todos los que habéis sido
bautizados en Cristo, de Cristo estáis revestidos. No hay judío
ni griego, esclavo ni libre, varón ni mujer, porque todos vosotros sois uno en Cristo Jesús". Fuimos bautizados en Cristo
Jesús y también fuimos revestidos de Él; por tanto, no hay
judío ni griego, esclavo ni libre, varón ni mujer, porque todos
nosotros somos hechos uno en Cristo.

Leemos en Colosenses 3:10-11: "Y vestido del nuevo, el
cual conforme a la imagen del que lo creó se va renovando
hasta el conocimiento pleno, donde no hay griego ni judío, circuncisión ni incircuncisión, bárbaro, escita, esclavo ni libre;
sino que Cristo es el todo, y en todos". Tanto Gálatas 3:28
como Colosenses 3:11 usan la expresión *no hay*. Ya no hay distinción entre nosotros porque estamos revestidos del nuevo

hombre, nosotros conformamos un solo y nuevo hombre. Este nuevo hombre fue creado según Dios (Ef. 4:24), en el cual no hay griego ni judío, circuncisión ni incircunsición, bárbaro ni escita, esclavo ni libre. Solamente Cristo es el todo, y en todos. Así pues, sólo existe una entidad y todos fuimos hechos uno. Al leer estos tres pasajes de la Escritura, notamos que los creyentes son uno en Cristo. En el Señor, no hacemos distinciones basadas en la posición social que ocupábamos anteriormente. En el nuevo hombre y en el Cuerpo de Cristo no hay distinciones de ninguna clase; por tanto, si introducimos en la iglesia estas distinciones hechas por los hombres, la relación entre los hermanos será conducida a un terreno equivocado.

Hasta aquí hemos mencionado cinco distinciones: la distinción entre griego y judío, entre libre y esclavo, entre varón y mujer, entre bárbaro y escita, y entre circunciso e incircunciso.

La distinción que se hace entre judío y griego conlleva dos significados diferentes. En primer lugar, los judíos y los griegos proceden de dos razas diferentes y pertenecen a dos países distintos. En el Cuerpo de Cristo, en Cristo, en el nuevo hombre, no hay ni judío ni griego. Así pues, los judíos no deben jactarse de ser los descendientes de Abraham y el pueblo escogido por Dios, ni tampoco deben menospreciar a los extranjeros. Debemos darnos cuenta de que tanto los judíos como los griegos ya fueron hechos uno en Cristo, y que en Cristo las fronteras han dejado de existir. En el Señor todos hemos sido hechos hermanos. No podemos dividir a los hijos de Dios en clases diferentes. En el Cuerpo de Cristo y en el nuevo hombre, los hijos de Dios constituyen una sola entidad. Aquellos que introducen en la iglesia ideas relativas al parentesco o a ciertas características regionales, simplemente no saben lo que es la iglesia de Cristo. Ahora estamos en la iglesia y tenemos que darnos cuenta de que entre nosotros ya no se hace distinción alguna entre judío y griego. A los judíos les resulta muy difícil renunciar a esta distinción. Pero la Biblia nos dice que en Cristo no hay judío ni griego. Cristo es el todo, y en todos. En la iglesia sólo hay Cristo.

Entre judíos y griegos también se hace otra distinción. Los judíos son por temperamento muy religiosos y celosos de sus

creencias, mientras que los griegos son personas de temperamento intelectual. Históricamente, cada vez que se habla de
religión, uno piensa en los judíos; y si es de ciencia y filosofía,
en los griegos. Esta es una distinción de carácter, o manera de
ser. Sin embargo, no importa qué idiosincrasia los distinga,
tanto los judíos como los griegos pueden ser cristianos. Aquellos que tienen celo por la religión y aquellos que son
intelectuales también pueden ser cristianos. En Cristo, no
hay distinción entre judío y griego. Los primeros le dan
importancia a los dictados de su conciencia, mientras que a los
segundos principalmente les importa lo que tiene que ver con
la razón y la lógica. ¿Hay diferencia alguna entre estas dos
clases de personas? De acuerdo con la carne, ciertamente
difieren en cuanto a su manera de ser. Mientras unos actúan
guiados por sus sentimientos, los otros actúan guiados por
su intelecto. Pero en Cristo no hay distinción entre judío
y griego. Una persona afectuosa puede ser cristiana, y una
persona fría también lo puede ser. Aquel que es dirigido por
su intuición puede ser un cristiano, y el que es dirigido por su
intelecto también puede ser cristiano. Toda clase de personas
pueden hacerse cristianas.

Una vez que nos hacemos cristianos, tenemos que despo-
jarnos de nuestro temperamento, pues éste no tiene cabida en
la iglesia. Muy a menudo la iglesia es perjudicada debido a
que muchos procuran introducir en la iglesia sus características naturales, su "sabor" natural, e incluso sus peculiarida-
des. Cuando aquellos que prefieren permanecer callados se
reúnen, forman un grupo muy silencioso, y los que gustan de
hablar mucho, conforman un grupo muy ruidoso. Si aquellos
que son de temperamento frío se reúnen, conforman un grupo
de personas apáticas; y cuando se reúnen aquellos que son
expresivos, conforman un grupo de personas afectuosas.
Como resultado, se genera una serie de distinciones entre los
hijos de Dios.

Sin embargo, en la iglesia no hay cabida para nuestra
manera de ser natural. Ni en Cristo ni en el nuevo hombre
se da cabida a nuestra idiosincrasia natural. Así pues, no
debemos pensar que los demás están errados porque su
manera de ser es diferente a la nuestra. Ustedes también

tienen que darse cuenta de que vuestra manera de ser es igualmente inaceptable para los demás. Ya sea que usted sea una persona rápida o calmada, fría o afectuosa, intelectual o emotiva, una vez que usted se convierte en un hermano o hermana, tendrá que despojarse de todas esas cosas. Si usted trae estos elementos naturales a la iglesia ellos serán la base de confusión y división. Si usted trae su manera de ser y su temperamento a la vida de iglesia, estará haciendo de usted mismo la norma establecida y el criterio a seguir. Así, quienes se conforman a la norma establecida por usted, serán clasificados como buenos hermanos, pero aquellos que no se conforman a nuestras normas, serán clasificados como cristianos deficientes. Aquellos que congenien bien con nuestra manera de ser serán considerados como individuos correctos, pero aquellos que no congenien con nuestra manera de ser, los consideraremos errados. Cuando esto sucede, nuestra idiosincrasia y temperamento causan perjuicio a la iglesia. Jamás se deben establecer tales distinciones en la iglesia.

La segunda distinción es la distinción entre libres y esclavos, la cual también ha sido eliminada en Cristo. En Cristo, no hay diferencia entre esclavo y libre.

Pablo escribió la primera epístola a los corintios y las epístolas a los gálatas y colosenses en tiempos del Imperio Romano cuando se practicaba la esclavitud. En aquel entonces, los esclavos eran tratados como animales o herramientas, y eran propiedad exclusiva de sus amos. Los hijos de los esclavos nacían esclavos y eran esclavos por toda su vida. Existía una gran distinción entre el libre y el esclavo. Sin embargo, en la iglesia Dios no se da cabida a tal diferencia. En las tres epístolas mencionadas se afirma que no hay esclavo ni libre. En Cristo, esta diferencia ha sido eliminada.

La tercera distinción que se menciona es la que existe entre varón y mujer. En Cristo y en el nuevo hombre, el varón y la mujer ocupan la misma posición y no hay distinción entre ellos. El varón no ocupa una posición privilegiada, tampoco la mujer. Puesto que Cristo es el todo, y en todos, no hay distinción entre varón y mujer. En lo que concierne a los asuntos espirituales, no se hace ninguna diferencia entre los dos. Un hermano es salvo por la vida de Cristo, es decir, por la vida del

Hijo de Dios. Una hermana también es salva por la vida de Cristo, la vida del Hijo de Dios. Tanto el hermano es hijo de Dios como la hermana es hijo de Dios. En Cristo, todos somos hijos de Dios y no hay distinción entre varón y mujer.

La cuarta distinción es la que existe entre bárbaros y escitas. Esta diferencia se hace a raíz de la cultura. Las distintas culturas establecen diferentes normas, pero Pablo nos dice que en Cristo ha sido abolida toda distinción cultural entre bárbaros y escitas.

Por supuesto, nosotros debemos aprender a hacernos judíos a los judíos y a actuar como si estuviésemos sujetos a la ley quienes están sujetos a la ley (1 Co. 9:20-22). Nuestro comportamiento, cuando estamos con personas de otras culturas, debe adaptarse a sus culturas, guardando la unidad en todo lugar. No importa qué tipo de cultura tengan las personas con quienes nos relacionemos, debemos aprender a ser uno con ellas en Cristo.

La última distinción que se menciona es la que existe entre circuncisión e incircuncisión, la cual tiene que ver con marcas de devoción en la carne. Los judíos llevan en sus cuerpos la marca de la circuncisión, lo cual significa que ellos pertenecen a Dios, temen a Dios y rechazan la carne; sin embargo, ellos han hecho excesivo hincapié en la circuncisión. El relato hallado en Hechos 15 nos muestra que algunos judíos intentaron obligar a los gentiles a circuncidarse.

Los cristianos también tienen sus propias "marcas de devoción en la carne". Por ejemplo, el bautismo, la práctica de cubrirse la cabeza, el partimiento del pan, la imposición de las manos, etcétera, pueden sencillamente convertirse en marcas de devoción en la carne. Si bien el bautismo tiene un significado espiritual, puede llegar a convertirse en un mero símbolo de devoción en la carne. La práctica de cubrirse la cabeza por parte de las hermanas está llena de significado espiritual, pero puede llegar a convertirse en una mera marca de devoción en la carne. El partimiento del pan y la imposición de manos poseen profundo significado espiritual, pero también pueden llegar a convertirse en marcas físicas de devoción en la carne. Todas estas prácticas poseen significado espiritual; son asuntos espirituales. Sin embargo, podemos llegar a usar estas prácticas para dividir a los hijos de Dios si empezamos a jactarnos de aquellos símbolos externos que otros no tienen y, como resultado, sembramos discordia y disensión. Al hacer esto, hacemos que tales prácticas desciendan del nivel espiritual que les corresponde y se conviertan en meras marcas físicas en la carne. Cuando esto sucede, somos, en principio, iguales que los judíos que se jactaban de la circuncisión; así pues, nuestro bautismo, nuestra práctica de cubrirnos la cabeza, de partir el pan y de imponer las manos, se habrán convertido en nuestra "circuncisión". Si hacemos distinciones entre los hijos de Dios basándonos en estas cosas, habremos establecido diferencias según la carne. Sin embargo, en Cristo no hay distinción entre circuncisión e incircuncisión. No podemos valernos de ninguna marca física en la carne para hacer diferencia entre los hijos de Dios, pues en Cristo fuimos hechos uno. En Cristo sólo hay una vida única, y todas esas cosas son ajenas a ella. Por supuesto, es bueno poseer la realidad espiritual que corresponde a tales "marcas físicas"; sin embargo, si alguien tiene la realidad espiritual, pero no la marca física, no le podemos excluir. Los hijos de Dios no deben permitir que tales marcas externas afecten y dañen la unidad en el Señor y la unidad en el nuevo hombre.

Todos somos hermanos y hermanas, somos el nuevo hombre en Cristo, miembros del Cuerpo y parte del mismo. En la iglesia no debemos hacer ninguna distinción que es ajena a Cristo. Todos estamos en un nuevo terreno, en el nuevo hombre creado por el Señor y en el Cuerpo edificado por Él. Debemos ver que todos los hijos de Dios son uno. Ni la superioridad ni la inferioridad tienen cabida aquí. Tenemos que eliminar de nuestros corazones todo pensamiento denominacional y sectario. Si hacemos esto, no habrá división alguna en la reunión de la iglesia de Dios ni en la comunión entre los santos. Debemos darle la debida importancia a estos asuntos en las reuniones, y esta es la clase de vida que debemos de manifestar diariamente. Que Dios nos bendiga.

CAPÍTULO TRECE

LOS DIVERSOS TIPOS DE REUNIONES

Lectura bíblica: Hch. 2:14, 40-42; 1 Co. 10:16-17, 21; 11:20, 23-26; 14:26-36; Mt. 18:19-20

En el mensaje anterior abordamos los principios que rigen las reuniones de la iglesia. En este mensaje trataremos acerca de la práctica de las reuniones. Según la Biblia y en términos generales, hay cinco tipos de reuniones: las reuniones en las que se predica el evangelio, la reunión en la que partimos el pan, la reunión para la oración, la reunión en la que los dones son ejercitados y la reunión en la que se predica la Palabra. La Biblia nos muestra que se practicaban estas cinco clases de reuniones en los tiempos de los apóstoles. En nuestros días, para que la iglesia sea fuerte, tiene que tener estas cinco clases de reunión. Además, debemos saber cómo reunirnos de una manera apropiada en cada una de estas reuniones. Si aprendemos esto, podremos beneficiarnos de tales reuniones.

I. LA REUNIÓN DE EVANGELIZACIÓN

En los cuatro Evangelios y en el libro de Hechos, como también al inicio de la historia de la iglesia, las reuniones de evangelización siempre tuvieron gran importancia. Después de que la iglesia se degradó, alrededor del tercer o cuarto siglo, la reunión de evangelización fue gradualmente perdiendo el lugar que ocupaba y fue reemplazada por reuniones de enseñanza. A fin de que una iglesia sea fuerte, las reuniones de evangelización deben recobrar el lugar que les corresponde.

La iglesia existe no solamente con el único propósito de edificarse a sí misma, sino también para que otros puedan conocer a Cristo. En lo que concierne a la edificación de la iglesia, el don del evangelista puede ser relegado al último lugar. Sin embargo, en cuanto la iglesia comience a expandirse, el don del evangelista se convierte en el más importante. El viaje realizado por Felipe a Samaria, tal como es relatado en Hechos 8, es prueba contundente de esto. Dios primero envía evangelistas a fin de que por medio de tales dones, Él gane personas para Sí. Por consiguiente, tenemos que desechar nuestros viejos hábitos, o sea el hábito de reunirnos únicamente para escuchar mensajes y, en lugar de ello, darle mucha importancia a las reuniones de evangelización.

Si un hermano, inmediatamente después de haber creído en el Señor, aprende a participar en la predicación del evangelio, no adoptará el hábito de sentarse en las bancas a escuchar mensajes. Más bien, adoptará también el hábito de predicar el evangelio. En las reuniones de evangelización, todos deberían laborar activamente y ninguno debe permanecer sentado en forma pasiva mostrándose indiferente por la salvación de los demás.

Las reuniones de evangelización son ocasiones en las que toda la iglesia participa. Todos y cada uno de los hermanos y hermanas tienen sus propias responsabilidades, y todos deben orar mucho antes de cada reunión. Aquellos hermanos en quienes la vida divina ha crecido más y que son más prominentes en el desarrollo de sus dones, podrán servir de oráculos para la predicación del evangelio. Los demás santos deberían orar en unanimidad intercediendo por los hermanos que han de dar el mensaje, a fin de que estos puedan impartir poderosamente el evangelio. Puede ser que haya dos o tres hermanos que hablen en una reunión, no debe haber más de tres. Si hay demasiados oradores dejarán a la audiencia confusa.

¿Cuál es la actitud que debe tener un hermano o hermana cuando asiste a una reunión de evangelización?

En primer lugar, todos deben comprender claramente que el mensaje de evangelización no va dirigido a ellos, sino a los incrédulos. Esto tal vez parezca muy obvio, pero muchos hermanos y hermanas que asisten a las reuniones de evangelización se olvidan de que el hermano que está testificando, no les está testificando a ellos, sino a los incrédulos. Uno jamás debe asistir a las reuniones como si fuera un mero espectador y mostrarse indiferente y sin disposición a colaborar. Que el mensaje sea bueno o malo, no debe ser nuestra preocupación. Nuestra meta es salvar a las personas y cooperar con la reunión. En segundo lugar, de ser posible, todos los hermanos y hermanas deberían asistir a esta reunión. No deben pensar que, puesto que ustedes ya son salvos, ya no es necesario que asistan a la reunión de evangelización. Es cierto que ustedes ya son salvos, pero aun así pueden hacer muchas otras cosas en tales reuniones. Ustedes no participan de tales reuniones para escuchar el evangelio, sino para laborar. Ninguno debiera permanecer ocioso en las reuniones. Algunos hermanos y hermanas dicen: "Yo ya comprendo todo lo que tiene que ver con el evangelio. No necesito asistir a tales reuniones". Pero asistir a tales reuniones no tiene nada que ver con el hecho de que usted entienda o no el evangelio. Si ustedes ya han comprendido todo lo que involucra la reunión en la que partimos el pan, ¿por qué continúan asistiendo a la misma? Ustedes tienen que asistir a las reuniones de evangelización porque es necesario que ayuden en tales reuniones. Además, es necesario que asistan a esas reuniones debido a que les corresponde a ustedes contribuir su porción a las mismas.

En tercer lugar, siempre que se celebre una reunión de evangelización, usted tiene que traer consigo algunas personas conocidas. Envíe invitaciones a sus amigos y parientes. Invítelos con varios días de antelación, incluso con una o dos semanas de anticipación. Algunas veces, Dios les dará la gracia de poder invitar diez o veinte personas a tales reuniones. Si usted puede llevar consigo tantas personas a dichas reuniones, pida a otros que le ayuden a atenderlas. Usted puede atender personalmente a tres o cuatro de ellas y puede pedir a otros que atiendan al resto. No deben traer personas a la reunión sin proveerles la debida atención.

No lleguen a las reuniones de evangelización en el último minuto. Todos aquellos que participan de esta reunión, tienen que estar bien preparados de antemano. Asegúrese de informar claramente a aquellos que usted invitó dónde estará usted esperándoles. Quizás usted deba ir a sus casas y acompañarles a la reunión. Siempre debe darse un margen de tiempo para no llegar tarde; evite por todos los medios encontrarse en la situación en que sus invitados aún no han llegado y la reunión ya ha comenzado.

En cuarto lugar, después de haber traído su invitado a la reunión, cuide de él durante la reunión.

A. Debemos sentarnos junto a nuestros invitados

Un incrédulo no sabe dónde sentarse cuando viene a nuestro salón de reuniones. Usted tiene que conducirle a su asiento. Si los ujieres han acordado algo de antemano, usted debe cooperar con ellos. Si usted trae a alguien a la reunión, tiene que sentarse a su lado. Si usted trajo dos personas, siéntese en medio de ellas. Si trajo tres o cuatro, siéntese con uno o dos a cada lado. No trate de atender a más de cuatro personas a la vez, con cuatro personas usted estará muy ocupado. Si usted trae más personas, pida a los otros hermanos o hermanas que les atiendan. Mantenga un máximo de dos invitados sentados a cada uno de sus lados. Dónde nos sentamos es muy importante. En la reunión, tenemos que sentarnos al lado de los invitados.

B. Debemos ayudar a nuestros invitados a encontrar los versículos e himnos y explicarles ciertos términos

Hay muchas cosas que debemos hacer mientras estamos sentados con nuestros invitados. Tenemos que ayudarlos a encontrar los versículos cada vez que se citan las Escrituras durante el mensaje. Si el orador menciona alguna palabra o término que requiere ser explicado, usted deberá explicárselo a su invitado en voz baja. Tienen que suplir lo que el orador omita. Deben hacerlo en voz muy baja pero clara. Cierta vez, un hermano comenzó a predicar el evangelio a una audiencia muy numerosa diciendo: "Todos ustedes conocen el relato de los israelitas que salieron de Egipto". Entonces, otro hermano se le acercó para decirle: "Esta gente no sabe quiénes son los israelitas ni saben nada acerca de Egipto". Esto nos muestra que es mejor que el orador evite utilizar palabras o términos que los incrédulos no pueden comprender. Al mismo tiempo, los hermanos y hermanas que están entre la audiencia deben subsanar cualquier omisión. Si surge alguna situación parecida, ellos deberían inmediatamente explicarles a sus invitados de la manera más sencilla posible que los israelitas son los judíos, que Egipto es un país y que los israelitas fueron esclavos en Egipto pero que, posteriormente, dejaron Egipto. Expliquen estas cosas a sus invitados de la manera más simple posible.

Ustedes también tienen que buscarles a sus amigos los himnos que se van a cantar. Muchos himnos tienen un coro que debe repetirse, ustedes tienen que ayudar a sus invitados a repetir tales líneas.

C. Debemos tomar en cuenta la manera en que responden nuestros invitados y debemos orar por ellos

Tienen que permanecer alertas en presencia del Señor con respecto a la manera en que responden sus invitados. Si usted percibe que, mientras el mensaje es predicado, la reacción de la persona sentada a su lado no es favorable, usted podría orar en secreto diciendo: "Señor, ablanda su corazón". Si usted siente que tiene una actitud de arrogancia, podría orar diciendo: "Señor, quebranta su soberbia". En realidad, el éxito de una reunión de evangelización que la iglesia lleva a cabo, depende de la condición espiritual en que se encuentren todos los hermanos y hermanas. Si todos los hermanos y hermanas asisten a la reunión de evangelización, y si todos participan en la labor, el evangelio se encontrará con un camino muy amplio a través del cual podrá propagarse. Ustedes tienen que estar muy atentos a las reacciones de sus invitados y observar cómo responden al mensaje. Estos son invitados suyos y son ustedes quienes conocen mejor su condición. Ustedes deben observarlos atentamente y tienen que orar por ellos diciendo: "Señor, conmueve su corazón y dale entendimiento. Señor, tócalo. Despójalo de su soberbia para que pueda oírte y recibir Tu palabra". A veces, ustedes quizás sientan que los hermanos en el púlpito debieran decir ciertas cosas y abordar ciertos temas. Entonces, puede orar diciendo: "Señor, haz que nuestro hermano aborde este tema a fin de responder a la necesidad de este hombre". Muchas veces, el hermano que habla desde el púlpito dirá exactamente aquello por lo cual ustedes oraron, como si él hubiese escuchado su petición. Es muy importante que ustedes cuiden de aquellos que están sentados a su lado por medio de orar por ellos.

D. Debemos ayudar a nuestros invitados a recibir al Señor

Una vez que sienten que sus invitados han sido conmovidos por el mensaje, ustedes deben ayudarles a recibir al Señor. Mediante su oración, ustedes deben facilitar que la palabra del Señor entre en sus corazones. Ustedes tienen que hacer que la palabra de Dios llegue a ellos y capture su corazón al orar diciendo: "Señor, haz que él escuche Tu palabra. Señor, que esta palabra cause gran impacto en él. Señor, haz que esta palabra resplandezca en su ser para que pueda ver".

Cuando el orador comienza a "recoger la red", esto es, cuando empieza a hacer un llamado, debemos alentar a nuestros invitados a responder diciéndoles: "Te suplico que no pierdas esta oportunidad. Espero que puedas recibir al Señor". Tenemos que animarles cuando veamos que vacilan aun cuando fueron conmovidos. Puesto que Satanás se está esforzando al máximo por detenerlos, sería equivocado de nuestra parte cohibirnos y no darles el empujón que necesitan. Satanás opera en el corazón del hombre a fin de impedirles que reciban al Señor, mientras que nosotros tratamos de animarles a que reciban al Señor de todo corazón. En las reuniones de evangelización, debemos ayudar a nuestros invitados a recibir la salvación. Si el hermano que está predicando desde el púlpito invita a las personas a que reciban al Señor, tenemos que observar atentamente las reacciones de nuestros invitados. Si han sido conmovidos de alguna manera, tenemos que cumplir nuestra parte y decirles: "Deben creer en el Señor y recibirle ahora mismo. Si no lo hacen, sufrirán en la eternidad". El tono de nuestra voz debe ser serio y solemne. Esto habrá de tener un efecto en ellos.

Por favor, recuerden el siguiente principio: cuando esté procurando que alguien sea salvo, no analicen si esta persona será salva o no. No analicen si tal persona ha sido predestinada por Dios o no. Debemos centrar nuestras mentes y corazones en que ellos reciban la salvación. Tenemos que conducirlos al Señor y no dejarlos ir hasta que sean salvos.

E. Debemos ayudarlos a que nos den sus datos personales

Después de la reunión, ayuden a sus invitados a dejar registrados sus datos personales, si así se les ha pedido. Ayúdenles por si no saben cómo registrarse o no saben escribir. Si alguno le pregunta por qué es necesario que dejen sus nombres, dígales: "Queremos que nos dejen sus nombres a fin de poder ir a visitarlos". Escriban sus direcciones claramente. Registren la zona, la calle y el número de sus domicilios de tal modo que otras personas puedan encontrarlos si desearan visitarlos.

F. Debemos guiarlos en oración

Hasta ahora usted ha estado ayudando a sus invitados, pero su labor no ha concluido todavía, pues aún tiene que guiarlos a orar con usted. Si usted no puede hacer esto personalmente, pídales a los hermanos y hermanas que le ayuden en esta tarea. Jamás sea descuidado. Labore en beneficio de sus invitados hasta que sienta paz de enviarlos a casa.

G. Debemos visitarles, junto con otros santos, hasta que sean salvos

Una vez que sus amigos hayan retornado a casa, ustedes deben visitarles. La primera vez que les visiten, deben ir acompañado de uno o dos hermanos o hermanas. Esto forma parte de su labor. Si es la iglesia la que ha preparado la visita, usted debe acompañar a los hermanos y hermanas que irán a la casa de su amigo para conversar con él. Con ciertas personas, no es suficiente conque escuchen el evangelio una sola vez. Ustedes tienen que invitarlos una segunda, o una tercera vez, hasta que finalmente sean salvos.

Quiera el Señor ayudarnos a tomar el camino del recobro. Deberíamos darle a la reunión de evangelización la debida importancia. En esta reunión, todos los hermanos y hermanas tienen su propia función que cumplir. Todos están llenos de vida y ninguno está ocioso, todos son muy activos. Una vez que tal atmósfera sea prevaleciente, la iglesia experimentará un cambio radical y las reuniones de evangelización se convertirán en reuniones en las que toda la iglesia labora.

Si el número de santos que componen una determinada iglesia local es reducido y la estructura de la reunión es muy sencilla, uno no tiene que ceñirse a todo lo detallado previamente. Pero, en principio, todos los hermanos y hermanas deberían darle mucha importancia a las reuniones de evangelización. Todos somos responsables y todos debemos estar activamente involucrados en el avance del evangelio y, en unanimidad, conducir a las personas a ser salvas.

II. LA REUNIÓN DEL PARTIMIENTO DEL PAN

En 1 Corintios 10 y 11, la Biblia menciona dos cosas con respecto a la reunión en la que partimos el pan. Al hablar del pan en 1 Corintios 11:24, Pablo se refiere al cuerpo físico del Señor al decir: "Y habiendo dado gracias, lo partió, y dijo: Esto es Mi cuerpo que por vosotros es dado; haced esto en memoria de Mí". El cuerpo de Cristo fue entregado por nosotros. Mediante ello, nuestros pecados fueron perdonados y nosotros obtuvimos vida. El pensamiento fundamental de este versículo es que debemos recordar al Señor. En 1 Corintios 10:17 se nos provee una perspectiva distinta. Allí dice: "Siendo uno solo el pan, nosotros, con ser muchos, somos un Cuerpo; pues todos participamos de aquel mismo pan". En el capítulo 11, el pan alude al cuerpo físico del Señor; mientras que en el capítulo 10, el pan hace referencia a nosotros. En otras palabras, el capítulo 11 enfatiza que recordamos al Señor, mientras que el capítulo 10 recalca la comunión que disfrutamos entre los hijos de Dios.

Por tanto, podemos contemplar dos aspectos significativos con respecto a la reunión del partimiento del pan. Uno concierne a los cielos: nosotros recordamos al Señor. Mientras que el otro se centra en el pan que está sobre la mesa, el cual representa para nosotros, los hijos de Dios, la comunión que tenemos los unos con los otros. Todos y cada uno de nosotros tenemos parte en este pan. Todos formamos parte de este único pan. Usted ha recibido al Señor y yo también. Esto nos da derecho a disfrutar de la misma comunión en el Señor. Por tanto, el partimiento del pan quiere decir que nosotros venimos al Señor para tener comunión con Él y que nos reunimos para disfrutar de la comunión con los hijos de Dios.

Toda reunión en la que partimos el pan debe dividirse en dos secciones, porque nuestra salvación se compone de dos partes. En la primera parte de nuestra salvación, nosotros nos percatamos de que éramos pecadores cuyo destino era el juicio y la muerte, pero el Señor tuvo misericordia de nosotros. Él vino a esta tierra y murió por nosotros. El Señor nos salvó y derramó Su sangre a fin de perdonarnos. Nuestros pecados nos fueron perdonados en cuanto aceptamos la sangre del Señor Jesús. En esto consiste la primera parte de nuestra salvación. Pero nuestra salvación no acaba allí. Después de haber sido salvos, el Señor Jesús llega a ser nuestro y nosotros llegamos a ser Suyos. Él nos lleva al Padre y hace de Su Padre también nuestro Padre. En nuestro interior, el Espíritu Santo también nos enseña a clamar: "¡Abba, Padre!" (Ro. 8:14-16). En esto consiste la segunda parte de nuestra salvación. En otras palabras, la primera sección de la salvación tiene que ver con el Señor, mientras que la segunda parte tiene que ver con el Padre. En la primera parte de nuestra salvación, somos perdonados y, en la segunda, somos aceptados por Dios. Cuando somos salvos, entramos en una relación con el Señor; esta es la primera parte de nuestra salvación. En la segunda parte, llegamos a relacionarnos con Dios. Cuando nos acercamos al Señor, lo hacemos desde nuestra posición de pecadores; y es por medio de Él que venimos al Padre. En primer lugar, conocemos al Señor y, después, conocemos al Padre. Es por eso que la Biblia dice: "Todo aquel que niega al Hijo, tampoco tiene al Padre. El que confiesa al Hijo, tiene también al Padre" (1 Jn. 2:23). La salvación está relacionada con el Hijo, con el Señor, y también se relaciona con el Padre, o sea que tiene que ver con Dios. Nadie puede venir al Padre si no es por medio del Hijo. Primero tenemos que acudir al Señor. Tenemos que ir a la cruz para recibir el perdón y para que el Justo ocupe el lugar que le correspondía a los injustos, antes de que el Señor nos pueda llevar al Padre. Por tanto, no es al Padre a quien acudimos para recibir la salvación, sino más bien, acudimos al Hijo para obtener la salvación. Sólo entonces podremos acudir al Padre. En primer lugar, somos perdonados, y después, somos aceptos. Tenemos que comprender esto con toda claridad.

La reunión del partimiento del pan tiene como finalidad recordar al Señor. Puesto que la salvación del Señor se compone de dos partes, la reunión en la que partimos el pan también deberá constar de dos partes. Antes de partir el pan, hacemos memoria del Hijo. Después de haber partido el pan, dirigimos nuestra atención al Padre. El tiempo anterior al partimiento del pan está dedicado al Señor; mientras que el período posterior al partimiento del pan está dedicado a Dios.

Cuando acudimos al Señor, descubrimos que éramos pecadores. Eramos hijos de desobediencia, hijos de ira que merecían el juicio de Dios. No había manera de que pudiéramos salvarnos a nosotros mismos. Pero, debido a que el Señor Jesús derramó Su sangre para redimirnos, ahora podemos acudir al Señor para recibir Su vida. Cuando éramos pecadores, acudimos al Señor. Cuando vimos que nuestros pecados fueron perdonados, también acudimos al Señor. Por tanto, durante la primera parte de la reunión del partimiento del pan, todos nuestros himnos, todas nuestras acciones de gracias y alabanzas, deben estar dirigidos al Señor.

Al acudir al Señor, debemos ofrecer agradecimiento y alabanzas a Él. Estrictamente hablando, no debiéramos hacer otra cosa sino ofrecer agradecimiento y alabanzas. Resulta inapropiado hacer peticiones durante esta reunión. No podemos pedir, por ejemplo, que el Señor derrame Su sangre por nosotros. Esto ya se realizó y no hay necesidad de que pidamos tal cosa. Todo lo que tenemos que hacer es alabar y darle gracias a Él. Ya sea por medio de nuestras oraciones o alabanzas, debemos únicamente dar gracias al Señor y alabarle y nada más. La acción de gracias se centra específicamente en la obra realizada por el Señor, mientras que la alabanza se centra en el Señor mismo. Le damos gracias al Señor por lo que Él realizó, y le alabamos por lo que Él es. Al comienzo abundarán más las acciones de gracias pero, poco a poco, lo alabaremos más. Al mismo tiempo que damos gracias, también le alabamos. Admiramos la obra maravillosa que Él ha realizado en beneficio nuestro y también contemplamos cuán maravilloso Salvador es Él. Después de haber elevado suficiente agradecimiento, debemos comenzar a alabarle. Cuando nuestra alabanza alcance su cumbre, entonces habrá llegado el momento de partir el pan.

La segunda parte comienza después de que hemos partido el pan. El Señor no desea que nos detengamos una vez que hemos acudido a Él. Tenemos que recibir al Señor, pero eso no es todo. Es maravilloso que fuimos recibidos por el Padre en el momento en que nosotros recibimos al Señor. Tenemos que comprender esto claramente. Por medio del evangelio, nosotros recibimos al Señor, no al Padre. La Biblia no nos dice específicamente que recibimos al Padre, sino que siempre nos dice que debemos recibir al Hijo. No obstante, nosotros somos recibidos por el Padre. Debido a que recibimos al Hijo, el Padre puede aceptarnos. Recibir al Hijo es una mitad de nuestra salvación. Cuando el Padre nos recibe, entonces nuestra salvación es completada. El Hijo es Aquel a quien recibimos; en esto consiste la primera mitad de la salvación. Dios el Padre es Aquel que nos recibe; esta es la otra mitad que completa nuestra salvación. Por tanto, después de partir el pan, acudimos al Padre. Hemos recibido al Señor y le conocemos a Él. Ahora, Él nos lleva al Padre. Esta es la segunda sección de nuestra reunión del partimiento del pan. En esta segunda sección de la reunión, debemos acercarnos a Dios y alabarle.

El salmo 22 se compone de dos secciones. La primera sección abarca del versículo 1 al 21 y relata cómo el Señor llevó nuestra vergüenza, padeció dolores y fue desamparado por el Padre. Esta primera sección se refiere a la muerte vicaria del Señor en la cruz. La segunda sección se inicia en el versículo 22 y va hasta el final del salmo. En esta sección se nos describe cómo el Señor guía en medio de la asamblea a Sus muchos "hermanos" en sus alabanzas a Dios. En otras palabras, la primera sección es nuestra conmemoración del Señor; mientras que la segunda sección consiste en que el Señor nos lleva al Padre para que le alabemos.

El día en que el Señor Jesús resucitó, le dijo a María: "Subo a Mi Padre y a vuestro Padre, a mi Dios y a vuestro Dios" (Jn. 20:17). En capítulos anteriores del Evangelio de Juan, el Señor Jesús se había referido al Padre como "Mi Padre" o simplemente "Padre". Pero aquí, Él nos dice: "A Mi Padre y a vuestro Padre". Cuando recibimos la muerte y resurrección del Señor en nuestro ser, Su Padre llega a ser nuestro Padre. Las tres parábolas del capítulo 15 del Evangelio de Lucas nos muestran al buen Pastor y al Padre amoroso. El buen Pastor viene a buscarnos, mientras que nuestro Padre amoroso espera por nosotros en la casa. El buen Pastor deja Su hogar para venir a buscarnos, mientras que el Padre amoroso nos acepta y nos recibe en Su casa. Fuimos hallados por el buen Pastor, ahora iremos al encuentro de nuestro Padre. Por tanto, durante la segunda sección de la reunión, todos los himnos y oraciones deben estar dirigidos al Padre. Nos encontramos con el Hijo en la primera sección de la reunión del partimiento del pan, y durante la segunda sección de dicha reunión, el Señor nos lleva al Padre. El Espíritu Santo es Aquel que dirige la reunión y, en tal reunión, Él siempre nos conduce de esta forma. La dirección del Espíritu Santo no irá en contra del principio que rige nuestra salvación. Debemos aprender a obedecer la dirección del Espíritu Santo. Si se lo permitimos, el Espíritu Santo nos guiará de esta manera.

El segundo capítulo del libro de Hebreos nos muestra que el Señor Jesús lleva muchos hijos a la gloria. Cuando Él estaba en la tierra, Él era el Hijo unigénito de Dios, Él era el Hijo único. Pero Él murió y resucitó. Ahora, le hemos recibido a Él y, en virtud de ello, hemos llegado a ser hijos de Dios. El Señor Jesús es el Hijo primogénito de Dios y nosotros somos los muchos hijos. El versículo 12 dice: "En medio de la iglesia te cantaré himnos de alabanzas". En este sentido, la reunión que se menciona en Hebreos 2, es la reunión en la que el Hijo primogénito de Dios y Sus muchos hermanos juntos cantan alabanzas al Padre. La segunda sección de la reunión del partimiento del pan es precisamente esta clase de reunión, la reunión del Hijo primogénito de Dios junto con los muchos hijos de Dios. Debemos aprender, en esta segunda sección de la reunión, a elevar nuestro espíritu hasta la cúspide. En esta segunda sección de la reunión del partimiento del pan es el mejor momento que existe en la tierra para entonar alabanzas al Padre. Es necesario que aprendamos a elevar nuestros espíritus al máximo durante esta sección de la reunión.

Dios está entronizado "entre las alabanzas de Israel" (Sal. 22:3). Cuanto más alaba la iglesia de Dios, más toca el trono. Cuanto más alaba uno, mejor conoce el trono. Leamos juntos una estrofa de uno de nuestros himnos:

> Padre, a Ti un cántico alzamos
> En comunión;
> En Tu presencia todos te alabamos,
> ¡Qué bendición!
> Estar en Ti, ¡qué gracia sin igual!
> Que con Tu amado Hijo estamos al par.
>
> (*Himnos*, #31)

Este es un buen himno. En él se percibe el sentimiento del Hijo al encabezar a los numerosos hijos en alabanza al Padre. Difícilmente encontraremos otro himno igual.

La reunión de la cual se habla en el segundo capítulo de Hebreos es la mejor de todas las reuniones. Hoy estamos aprendiendo un poquito, pero llegará el día, cuando estemos en el cielo, en donde nos reuniremos para nuestro deleite y satisfacción. Pero, antes de entrar en la gloria, debemos experimentar personalmente el hecho de que nosotros seamos dirigidos por el Hijo primogénito a cantar alabanzas al Padre y a alabarle en medio de la iglesia. Este es el punto culminante que una reunión de la iglesia puede alcanzar. Esto es algo muy glorioso.

III. LA REUNIÓN DE ORACIÓN

La reunión de evangelización y la del partimiento del pan son reuniones muy importantes. Asimismo, la reunión de oración es también una reunión de gran importancia. Cada clase de reunión tiene sus propias características y ocupa su propio lugar. La reunión de oración puede ser considerada tanto una reunión sencilla, como una reunión bastante compleja. Los nuevos creyentes necesitan aprender algunas lecciones al respecto.

A. Debemos orar en unanimidad

El requisito fundamental para que los hermanos y hermanas oren juntos es que gocen de unanimidad. En el capítulo 18 de Mateo, el Señor nos exhorta a ponernos de acuerdo, es decir, a tener unanimidad entre nosotros. La oración mencionada en el primer capítulo de Hechos era también una oración en unanimidad. Por tanto, la primera condición para llevar a cabo una reunión de oración consiste en que, entre nosotros, haya unanimidad. Nadie debe venir a una reunión de oración teniendo una mentalidad divergente. Si queremos tener una reunión de oración, tenemos que hacer nuestras peticiones en unanimidad.

"Si dos de vosotros se ponen de acuerdo en la tierra acerca de cualquier cosa que pidan, les será hecho por Mi Padre que está en los cielos" (Mt. 18:19). Estas palabras son bastante enfáticas. En el griego, la expresión que aquí se tradujo como "se ponen de acuerdo" es *harmoneo,* Supongamos que tres personas tocan tres instrumentos distintos: una toca el piano, otra el acordeón y la tercera toca la flauta. Si ellas tocan juntas, pero una de ellas no está en armonía; entonces, el sonido resultante será muy irritante. El Señor desea que todos nosotros oremos en armonía y no con diferentes tonadas. Si somos capaces de estar en armonía, de ponernos de acuerdo, entonces Dios llevará a cabo todo cuanto pidamos. Lo que atemos en la tierra, será atado en los cielos; y lo que desatemos en la tierra, será desatado en los cielos. El requisito fundamental para ello es que estemos en armonía. Tenemos que aprender a ponernos de acuerdo en la presencia de Dios. No debiéramos orar caprichosamente mientras cada uno de nosotros sigue aferrado a sus propias ideas.

B. Al orar, debemos ser específicos

¿Cómo podemos conseguir que nuestras oraciones armonicen? Probablemente, el problema más grande con el que nos enfrentamos en nuestras reuniones de oración es que traemos muchos asuntos acerca de los cuales queremos orar. Si hay muchos asuntos en una reunión de oración, nos será imposible ponernos de acuerdo. En algunas reuniones se trata de abarcar tantos asuntos que "hay de todo como en una botica". No encontramos tal clase de reunión en la Biblia. Lo que encontramos en la Biblia son hombres que oran por asuntos específicos. Cuando Pedro fue encarcelado, la iglesia oró fervientemente por él (Hch. 12:5). Ellos no oraron por una gran diversidad de asuntos, sino que oraron por un asunto específico. Si tenemos un asunto específico por el cual orar, entonces nos resulta fácil orar en armonía. Es mejor orar por un solo asunto en cada reunión de oración. Tal vez podamos orar específicamente por cierto hermano o hermana, o quizás oremos específicamente por las enfermedades que aquejan a los hermanos y hermanas. En estos casos, es mejor orar ya sea por cierto hermano o hermana que se encuentra enfermo, o en general por todos los hermanos y hermanas que se encuentran enfermos. No debiéramos mencionar otros asuntos además de sus enfermedades. En otras ocasiones, tal vez oremos específicamente por aquellos hermanos y hermanas que se encuentran en necesidades o se encuentran espiritualmente débiles. Si abordamos un solo asunto, resulta más fácil para nosotros tener la unanimidad.

Si todavía queda tiempo, después de que hayamos orado exhaustivamente por determinado asunto, entonces podemos dar a conocer algún otro asunto para orar al respecto. Pero, al comienzo de nuestras oraciones, no debiéramos mencionar más de un solo asunto. Es confuso cuando se quieren abarcar demasiados asuntos a la vez. Los hermanos responsables debieran mencionar un solo asunto, de uno en uno. Pero si sobra más tiempo, después ellos pueden presentar otros asuntos por los cuales orar. Debiéramos orar por un solo asunto. La necesidad más sentida en toda reunión de oración es la de tener un asunto definido y específico por el cual orar.

Según Hechos 1 y 2, lo ocurrido en Pentecostés se debió al poder de la oración. Nunca olviden que la cruz representa la obra efectuada por el Hijo de Dios, mientras que el Pentecostés representa la obra efectuada por los hijos de Dios. ¿Cómo se pudo realizar tal obra grandiosa? Fue por medio de la oración en unanimidad. Aprendamos a enfocar nuestras oraciones en torno a asuntos específicos y a no abarcar demasiados asuntos a la vez.

Si deseamos ser específicos en nuestras oraciones, todos los que asisten a la reunión de oración deberán venir habiéndose preparado para ella. Debiéramos esforzarnos al máximo por informar anticipadamente a los hermanos y hermanas acerca de ciertas cargas por las cuales queremos orar. Debemos hacer posible que ellos participen de tales cargas antes de venir a la reunión de oración. Primero debemos poseer cierto sentir y cierta carga, y entonces podremos reunirnos a orar.

C. Al orar, debemos ser sinceros

Otro requisito básico es que seamos sinceros al orar. Me temo que muchas de las palabras que se dicen en la reunión de oración, son dichas en vano. Son muchos los que le dan más importancia a la belleza de sus expresiones, mientras que no les importa mucho si Dios les escucha o no. Pareciera que, para tales personas, no consideran importante si Dios les escucha o no. En una reunión de oración, la mayoría de las veces, tales oraciones resultan tanto vanas como artificiales.

La oración genuina brota del deseo nacido de nuestro corazón; fluye de nuestro ser interior. Tal oración no está hecha de palabras frívolas y bonitas. Únicamente las palabras sinceras que brotan desde lo profundo de nuestro corazón pueden ser consideradas como una oración genuina. La meta de nuestras oraciones debe ser que Dios las responda y no que ellas complazcan a los hermanos y hermanas.

Si no somos sinceros en nuestras oraciones, no podemos esperar que la iglesia sea fuerte. A fin de que la iglesia sea fuerte, la reunión de oración tiene que ser fuerte. A fin de que una reunión de oración sea prevaleciente, todas las oraciones que se hagan tienen que ser genuinas; ninguna de ellas puede ser una oración artificial. Si no somos sinceros en nuestra oración, no podemos esperar que Dios nos conceda algo.

La oración no es un sermón ni un discurso. Orar es pedirle algo al Señor. En una reunión de oración, no es necesario decir mucho en presencia de Dios, como si Él no supiera nada y tuviese que ser informado de todos los detalles. No debemos presentarle un informe ni predicarle un mensaje. Oramos porque tenemos alguna necesidad y porque somos débiles. Deseamos recibir suministro y poder espirituales por medio de la oración. La cantidad de oraciones que ofrecemos con sinceridad dependerá de cuánta necesidad sintamos. Si no sentimos necesidad alguna, nuestras oraciones serán vanas.

Una razón fundamental por la cual ciertas oraciones resultan vanas es porque la persona que las ofrece está demasiada consciente de las otras personas en la reunión de oración. En cuanto prestamos atención a los demás, es fácil que abunde la vana palabrería en nuestras oraciones. Por un lado, las oraciones que ofrecemos en la reunión de oración se hacen en beneficio de toda la reunión, pero por otro, debemos orar como si estuviéramos solos delante de Dios; tenemos que orar de manera sincera y en conformidad con nuestras necesidades. Cuanto más urgente sea nuestra necesidad, más genuina será nuestra oración. En cierta ocasión, el Señor Jesús usó el siguiente ejemplo a manera de ilustración. A la casa de un hombre le vino a visitar un conocido suyo y este hombre no tenía pan; así que tuvo que acudir a su amigo en busca de pan. Se trataba de una necesidad urgente: simplemente no tenía pan. Después de suplicarle insistentemente, consiguió que éste cediera y proveyera para su necesidad. Entonces, el Señor Jesús dijo: "Porque todo aquel que pide, recibe; y el que busca, halla; y al que llama, se le abrirá" (Lc. 11:10). Si la necesidad que tenemos es urgente y pedimos apropiadamente, nos será concedido lo que hayamos pedido.

D. Nuestras oraciones deben ser breves

Las oraciones que ofrecemos deben ser sinceras y breves. Casi todas las oraciones que se mencionan en la Biblia son breves. La oración que el Señor nos enseñó, en Mateo 6, es muy concisa. Si bien la oración mencionada en Juan 17, que fue elevada por el Señor antes de partir de este mundo, es una oración bastante larga, sigue siendo mucho más breve que las oraciones de ciertos hijos de Dios en nuestros días. La oración mencionada en Hechos 4 era la oración hecha por toda la iglesia y dicha oración también fue bastante breve. La oración mencionada en Efesios 1 es una oración muy importante y, sin embargo, es muy breve. No se requiere ni cinco minutos para concluir tal oración.

Muchas de las oraciones que se ofrecen en la reunión de oración resultan vanas e ilusorias debido a que son demasiado largas. Quizás apenas dos o tres frases de dicha oración sean genuinas, mientras que el resto son frases redundantes.

Sólo dos o tres frases son dirigidas a Dios, y el resto son para los hermanos y hermanas. Tales oraciones hacen que la reunión de oración parezca interminable. Los nuevos creyentes deben ignorar las largas oraciones de aquellos que llevan mucho tiempo entre nosotros; más bien deben aprender a elevar oraciones breves. No todos los hermanos y hermanas pueden hacer oraciones largas. Si continuamos haciendo oraciones largas, la iglesia será perjudicada. En cierta ocasión, el hermano D. L. Moody reaccionó muy sabiamente ante una oración demasiado larga que estaba siendo ofrecida por cierta hermana en el curso de una reunión de oración. Mientras tal oración iba consumiendo la paciencia de toda la congregación, Moody se puso de pie y dijo: "Mientras nuestra hermana ora, cantemos el himno número tal y tal". Una oración demasiado larga debilita la reunión de oración. Suponga que usted oró cinco minutos más de lo debido y, luego, otra persona hace lo mismo. Cuantas más personas eleven oraciones largas, más pesada e interminable será la reunión. Cierta vez, Charles Spurgeon dijo que no había nada más inapropiado que pedir perdón a Dios por nuestras deficiencias en medio de una oración demasiado larga. También Mackintosh fue muy explícito cuando dijo: "No debemos esforzarnos por torturar a los hijos de Dios con largas oraciones". Hay muchos que azotan a los demás; no con un látigo, sino con sus largas oraciones. Cuanto más oran, más incómodos se sienten los demás. Debemos aprender a elevar oraciones breves y sinceras cada vez que nos reunimos.

E. No ofrezcamos oraciones que sobrepasen nuestras oraciones personales

Otro de los principios que nos deben regir durante nuestras reuniones de oración consiste en no ofrecer oraciones que sobrepasen nuestras oraciones personales. Este principio es muy valioso. La manera en que oramos en la reunión de oración debe ser igual a la manera en que oramos en privado. Por supuesto, la oración que hacemos en una reunión es ligeramente distinta y no debiera ser exactamente igual a las oraciones que hacemos cuando estamos solos. Pero, en principio, no debemos permitir que nuestras oraciones en público sobrepasen nuestras oraciones en privado. Es decir, la manera en que oramos en la reunión debe ser semejante a la manera en que oramos en privado. No oren de cierta forma en privado y de otro modo en la reunión. De hecho, nos es difícil ofrecer oraciones artificiales en privado, pero muchas de las oraciones ofrecidas en una reunión de oración son oraciones artificiales. Si al asistir a una reunión de oración ustedes usan constantemente palabras que no usan en vuestras oraciones en privado, tales oraciones están destinadas a convertirse en oraciones artificiales.

En lo que concierne al cumplimiento de nuestras peticiones, las oraciones hechas en la reunión de oración son siempre más eficaces que las oraciones hechas en privado, debido a que Dios responde con mayor prontitud a las oraciones de la iglesia que a las oraciones privadas. Sin embargo, en nuestros días, recibimos más respuestas a las oraciones hechas en privado que a las oraciones hechas por la iglesia debido a que en la reunión de oración se ofrecen muchas oraciones falsas y vanas. En realidad, debiéramos tener más respuestas a las oraciones hechas corporativamente que a las oraciones hechas individualmente; debieran haber no sólo más respuestas, sino mucho más respuestas. Si al reunirse los hijos de Dios todos elevaran oraciones que sean sencillas, específicas y genuinas, y lo hacen en armonía; entonces, recibirán más respuestas a sus oraciones.

IV. LA REUNIÓN PARA EL EJERCICIO DE LOS DONES

En cada iglesia local encontramos dones diferentes. Dios ha concedido a ciertas localidades el don de profecía y el don de palabras de revelación y enseñanza. A veces, Él añade lenguas e interpretación de las mismas. A algunas localidades, Dios solamente les da los dones de maestros y no los dones milagrosos. Y a otras localidades, Dios da tanto los dones milagrosos como la enseñanza de la Palabra. No podemos dictarle a Dios lo que debe hacer en cada iglesia. Sin embargo, el principio que rige nuestras reuniones siempre deberá ser el mismo, a saber: que Dios desea que todos Sus hijos ejerciten sus dones en las reuniones. No podemos ejercer una función determinada si no poseemos el don correspondiente a dicha función; únicamente podremos ejercer nuestras funciones según los dones que se nos han concedido. Por este motivo, una localidad no puede insistir en hacer una reunión en la que los dones sean ejercitados, ni puede imitar a otras iglesias que sí los tengan. Tal reunión únicamente podrá ejercer su función según los dones que los hermanos de tal localidad posean. Esta es la reunión a la que se hace referencia en 1 Corintios 14. Deberíamos ceñirnos a las Escrituras al conducir esta clase de reunión dedicada al ejercicio de los diversos dones. Las hermanas deben callar (v. 34) y los hermanos deben ser restringidos (vs. 32-33). Si se profetiza, que solamente lo hagan dos o tres. Algunos pueden plantear ciertas preguntas y procurar, así, la edificación mutua así como ser iluminados por el Señor. En tales reuniones, no se debe hablar en lenguas a menos que haya la correspondiente interpretación. Las lenguas son para la edificación del individuo delante de Dios. Si al hablar en lenguas se le da la interpretación de las mismas, ello equivale a profetizar. Si solamente se habla en lenguas sin la correspondiente interpretación, la mente quedará sin fruto y la iglesia no será edificada. Es por esto que Pablo dijo: "Si no hay intérprete, calle en la iglesia" (v. 28). Él no prohibió hablar en lenguas, pero prohibió que cualquiera hablase en lenguas si ello no iba acompañado de la correspondiente interpretación. Sencillamente, en esta clase de reunión, si uno tiene salmo, tiene enseñanza, tiene revelación, tiene lengua, tiene interpretación; *hágase todo para edificación*.

Delante de Dios, debemos asegurarnos de recordarles a todos los hermanos que poseen el don de servir en el ministerio de la Palabra, que no se comporten pasivamente en esta reunión. Los hermanos que han recibido el don para colaborar en el ministerio de la Palabra, con frecuencia se convierten en espectadores en esta clase de reunión. Ellos se vuelven pasivos y dejan que sean los demás los que hablen. Esto es erróneo. No todos tienen la capacidad para hablar en tales reuniones. Solamente aquellos que poseen el don correspondiente pueden levantarse a hablar. No estamos de acuerdo con la práctica de que sólo una sola persona se levante a hablar, pero tampoco estamos de acuerdo conque cualquiera se levante a hablar. Así como es incorrecto dejar que una sola persona hable también es incorrecto dejar que cualquiera hable. Únicamente cuando los hermanos que poseen tal don se levanten para hablar, es cuando recibirán los demás hermanos y hermanas el debido suministro; no todos pueden hacer lo mismo. Solamente aquellos a quienes les es dada palabra pueden hablar. Aquellos a quienes no les ha sido dada palabra, deben callar. Lamentablemente, los hermanos que han recibido el don de ministrar la palabra, con frecuencia tienen la actitud equivocada con respecto a tales reuniones. Ellos creen que cualquier hermano o hermana puede levantarse a hablar en la reunión y, por ello, se mantienen sentados. En realidad, esta reunión es para que todo aquel *que ha recibido un don y posee el ministerio,* se levante y hable a la congregación. ¿Cómo podríamos pretender disfrutar de una buena reunión si aquellos que se supone deben ser las bocas no hablan y, en lugar de ello, esperan que las manos, las piernas y los oídos sean los que hablen? Para tales reuniones, todos los hermanos que han recibido el don respectivo, deben acudir al Señor en busca de que les sea dado algo que decir a la congregación. Una vez les sea dada palabra, ellos deben proclamarla.

Tales reuniones ciertamente implican una serie de dificultades para los nuevos creyentes; pues ellos no saben si poseen ciertos dones o no. Son ajenos al ministerio de la Palabra, ya que acaban de creer en el Señor y es muy poco lo que pueden hacer. ¿Cómo podrán ellos participar en esta reunión? Espero que los que tienen más madurez entre nosotros no les ordenen callar. Debemos darles la oportunidad para que hablen. Debemos decirles: "No sabemos si eres o no un don. Es decir, no sabemos si Dios te ha concedido el ministerio de la Palabra. Por tanto, al comienzo, te ruego que seas sencillo mientras vas aprendiendo a hablar la Palabra". Deben darles la oportunidad de hablar, pero no en exceso. Si no les permitimos hablar, estaremos enterrando sus dones. Pero si les damos demasiadas oportunidades, podríamos perjudicar la reunión. Debemos dejar que ellos hablen a la congregación, pero debemos recomendarles que sean breves y simples. Si han recibido el don para hablar, dígales: "Tal vez puedas hablar un poco más la próxima vez". A otros, tal vez usted necesitará decirles: "Hablaste demasiado; por favor, trata de ser más breve la próxima vez". A aquellos que han recibido tal don, debemos animarles a avanzar; mientras que a los que no han recibido tal don, en cierta manera debemos restringirles. De este modo, la reunión será prevaleciente sin necesidad de hacer callar a ningún hermano. Los nuevos creyentes deben aprender a ser humildes. Deben levantarse para hablar más seguido cuando se les aliente a hacerlo y deben hablar con menos frecuencia si se les ha aconsejado así. Deben aceptar la dirección de los hermanos que tienen más madurez.

Los hermanos responsables de la iglesia no sólo deben perfeccionar a los más avanzados, sino que constantemente deben estar buscando descubrir nuevos dones. ¿Cómo descubrimos nuevos dones? Los dones se manifiestan en la reunión por medio del ejercicio de los mismos. En esta clase de reunión, deben estar muy atentos para detectar quiénes manifiestan la marca de la operación del Señor en ellos. Tienen que discernir la condición espiritual en la que se encuentra dicha persona. Aliéntelos si necesitan aliento y restrínjalos si necesitan ser restringidos. Como consecuencia de ello, los nuevos creyentes no solamente serán ayudados, sino que ellos mismos también podrán ayudar a otros por medio de tales reuniones. Entonces, usted estará conduciendo la reunión por el camino más apropiado.

V. LA REUNIÓN DEDICADA A PREDICAR LA PALABRA

El quinto tipo de reunión quizás no sea tan crucial como las otras reuniones, pero es igualmente muy usada por Dios para impartir Su palabra a los santos. Si un apóstol visita nuestra localidad, o si en nuestra localidad residen apóstoles, maestros, profetas o ministros de la palabra, deberíamos celebrar reuniones en las que se imparte la palabra. No estamos diciendo que esta clase de reunión no tenga importancia, sino que estamos afirmando que esta clase de reunión es la más sencilla de todas. Una reunión en la que las personas se reúnen para escuchar la predicación de la Palabra es la más sencilla de las reuniones; no obstante, al igual que con las otras reuniones, hay mucho que aprender al respecto. Por ejemplo, no debemos llegar tarde a tales reuniones y causar así que otros tengan que esperarnos. Obedezcan a los ujieres y siéntense donde se les indique; no elijan su propio asiento. Si usted tiene limitaciones físicas o audiovisuales, hágalo saber a los ujieres para que ellos lo ubiquen en el lugar más apropiado. Traigan consigo sus propias Biblias e himnarios.

En cuanto al aspecto espiritual, debemos asistir a tales reuniones con un corazón abierto. Aquellos que abrigan algún prejuicio no necesitan asistir a tal reunión porque la palabra impartida no les servirá de nada. Si una persona cierra su corazón a Dios, no puede pretender recibir gracia alguna de parte de Él. Todos aquellos que atienden a la predicación de la Palabra deben darle la debida importancia a este asunto, ya que la mitad de la responsabilidad en cuanto al mensaje que se imparte le corresponde al orador, mientras que la otra mitad les corresponde a los oyentes. Es imposible que un orador pueda impartir un mensaje a aquellos cuyo corazón está cerrado o a aquellos que deliberadamente rechazan tal mensaje.

Nuestro espíritu, así como nuestro corazón, necesita estar abierto. Es importante que nuestro espíritu esté abierto en tales reuniones. Cuando un verdadero ministro de la Palabra está predicando, su espíritu está abierto. Pero si percibe otros espíritus abiertos entre la audiencia, su espíritu será fortalecido al liberarse. Si el espíritu de esta reunión es agobiante, indiferente o hermético, el espíritu del orador será como la paloma que salió del arca de Noé, la cual voló por los alrededores solamente para retornar más tarde al arca. Así pues, en la reunión debe prevalecer un espíritu abierto y, además, es necesario que el espíritu del ministro sea liberado. Cuanto más impere un espíritu abierto entre los que se reúnen, más liberado será el espíritu del profeta. Pero, si la audiencia manifiesta un espíritu cerrado, el espíritu del profeta no podrá ser liberado. Debemos aprender a ser dóciles y abrir nuestro espíritu. Dejemos que el Espíritu Santo sea liberado. No debiéramos enfrascarnos en opiniones de indiferencia y obstinación. Debemos contribuir al espíritu de la reunión en lugar de ser su impedimento. Nuestros espíritus deben permitir la liberación del espíritu del orador, en lugar de impedírselo. Si todos los hermanos y hermanas aprendieran esta lección, nuestras reuniones serían más y más prevalecientes cada vez.

Estos son los principios bíblicos a los cuales se deben conformar los distintos tipos de reuniones. Tenemos que aprender cómo comportarnos en cada una de estas cinco clases de reuniones. No debemos ser descuidados. ¡Qué Dios tenga misericordia de nosotros!

Capítulo catorce

EL DÍA DEL SEÑOR

Lectura bíblica: Ap. 1:10; Sal. 118:22-24; Hch. 20:7; 1 Co. 16:1-2

I. EL DÍA DEL SEÑOR ES DISTINTO DEL DÍA DE REPOSO

Dios completó la creación en seis días y descansó de toda Su labor en el séptimo día. Dos mil quinientos años después, Él promulgó los Diez Mandamientos (Éx. 20:1-17). En el cuarto mandamiento le dice al hombre que debe recordar el día de reposo. En otras palabras, este mandamiento le recuerda al hombre la obra que Dios hizo. Esta clase de conmemoración es para recordarle al hombre que Dios dedicó seis días para restaurar la tierra y que después, Dios descansó en el séptimo día. Al principio, el séptimo día era el día del reposo para Dios, pero dos mil quinientos años después, Dios promulgó que el séptimo día fuese para el hombre el día de reposo y le ordenó al hombre descansar ese día.

Todo lo que está en el Antiguo Testamento es sombra de las cosas venideras (He. 10:1). Al igual que todos los demás tipos que hallamos en el Antiguo Testamento, el día de reposo que Dios promulgó para el hombre encierra su propio significado espiritual. Dios creó al hombre en el sexto día y descansó en el séptimo día. El hombre no comenzó a trabajar inmediatamente después que fue creado, sino que primero entró en el reposo de Dios. Dios trabajó seis días y descansó un día. Pero, cuando vino el hombre no hubieron seis días seguidos por un día, sino que hubo un día seguido por seis. El hombre primero descansó y después trabajó. Este es el principio fundamental del evangelio. Así pues, el día de reposo es un tipo del evangelio. La salvación viene primero y después el trabajo. Primero obtenemos la vida y después andamos. El reposo viene antes del trabajo y de nuestro andar cristiano. Esto es el evangelio. Dios nos muestra que Él ya preparó el reposo que corresponde a nuestra redención. Después que hemos entrado en tal reposo, laboramos. Gracias a Dios, nosotros trabajamos porque hemos descansado primero.

El significado que encierra el día de reposo es que el hombre cesa toda su labor y participa del reposo de Dios, es decir, entra en el reposo de Dios; esto quiere decir que el hombre no realiza su propia labor sino que acepta como suya la obra de Dios. Por tanto, constituye un gran pecado quebrantar el día de reposo. Si usted trabaja cuando Dios le ha pedido que no trabaje, entonces ha rechazado el reposo de Dios.

Al quebrantar el día de reposo, cometemos el mismo error que Moisés cometió al golpear la roca con su vara. Dios le había ordenado a Moisés: "...hablad a la peña a vista de ellos; y ella dará su agua" (Nm. 20:8). Dios no le pidió a Moisés que golpeara la roca con la vara. La roca no debía ser golpeada nuevamente, pues ya había sido golpeada una vez (Éx. 17:1-6). La obra ya había sido realizada, y Moisés no debía haber intentado hacerla de nuevo. Hacer algo nuevamente implicaba desechar la labor que ya se había llevado a cabo. Moisés debía haber obedecido la palabra de Dios y debía haber ordenado a la roca que diera agua. El hecho de que él golpeara la roca una segunda vez, significaba que negaba la labor realizada por Dios la primera vez. Moisés desobedeció la orden que Dios le había dado y, como resultado de ello, no pudo entrar en la tierra de Canaán (Nm. 20:7-12).

A los ojos de los hombres, quebrantar el día de reposo no parece ser un asunto muy grave. Pero según la verdad divina, dicho asunto reviste gran importancia. El hombre debe primero disfrutar del reposo provisto por Dios y después laborar. El hombre debe primero recibir el evangelio para después tener cierta conducta, cierto andar. El hombre debe realizar la obra de Dios únicamente después de haber disfrutado del reposo de Dios. Si el hombre quebranta el día de reposo, estará violando un principio establecido por Dios. Es por esto que el día de reposo ocupa un lugar tan importante en el Antiguo Testamento. En el Antiguo Testamento se nos narra de una persona que recolectó leña en el día de reposo. Cuando se descubrió lo que dicha persona había hecho, toda la congregación se levantó para sacarla del campamento y apedrearla. Esto fue porque tal persona había quebrantado el día de reposo establecido por Dios (Nm. 15:32-36). Un hombre que no descansa es uno que piensa que puede laborar y actuar por su propia cuenta; él cree que no necesita de la obra de Dios. Sin embargo, Dios está satisfecho con Su propia labor. El hombre que observa el día de reposo manifiesta con ello que él también está satisfecho con la obra de Dios. Guardar el sábado significa que el hombre participa del reposo de Dios, halla descanso en el reposo de Dios y acepta la obra realizada por Dios. Es por ello que en el Antiguo Testamento Dios ordenó que no se hiciera trabajo alguno durante el día de reposo. Esto es lo que nos muestra el Antiguo Testamento.

Sin embargo, *en el Nuevo Testamento la situación es muy diferente.* Fue en un día de reposo cuando el Señor Jesús entró en la sinagoga y leyó las Escrituras (Lc. 4:16); otro día de reposo fue a la sinagoga y enseñó a las personas (Mr. 1:21). Fue también en un día de reposo que los apóstoles se reunieron en la sinagoga para discutir las Escrituras (Hch. 17:1-3; 18:4). Esto nos muestra que en el día de reposo no solamente había un *descanso pasivo,* sino que también había una *labor muy activa.* Al principio, este día era un día de descanso físico, pero en el Nuevo Testamento vemos que ese día se convirtió en un día de búsqueda espiritual. Esto constituye *un progreso* en comparación con el Antiguo Testamento.

Si leemos la Biblia minuciosamente, veremos que la revelación divina en la Biblia es una revelación progresiva. En el mensaje titulado "La lectura de la Biblia", que es el noveno mensaje de esta serie, dijimos que al leer la Biblia debemos identificar cuáles son los hechos, porque ellos traen consigo cierta luz. Una vez que los hechos cambian, la luz que tales hechos arrojan será diferente. Justamente esto es lo que sucede en el caso del día de reposo. Al principio, las Escrituras afirmaban: "Y bendijo Dios al día séptimo" (Gn. 2:3), pero las Escrituras llaman al día en que el Señor Jesús resucitó de los muertos "el primer día de la semana" (Mt. 28:1). Las Escrituras no dicen que el Señor Jesús haya resucitado en el séptimo día de la semana, sino en el primer día de la semana. Los cuatro Evangelios coinciden en afirmar que el Señor Jesús resucitó en el primer día de la semana. Por lo menos cinco de las apariciones del Señor Jesús posteriores a Su resurrección ocurrieron en el primer día de la semana (Jn. 20:1, 11-19; Mt. 28:1-9; Lc. 24:1, 13-15, 34, 36). Según el libro de Hechos, el derramamiento del Espíritu Santo ocurrió en el día de Pentecostés, el cual es el día siguiente al día de reposo (Lv. 23:15-16), o sea, el primer día de la semana. El primer día de la semana es el día del Señor. Posteriormente, hablaremos más en detalle al respecto. Por supuesto, esto no quiere decir que Dios desea reemplazar el día de reposo con el día del Señor. Pero la Biblia muestra claramente que Dios ahora desea que prestemos atención al primer día de la semana.

Ya dijimos que el día de reposo es un tipo del evangelio. El tipo debe desaparecer cuando llegue la realidad del evangelio. El evangelio es el principio subyacente al día de reposo, de la misma manera que la cruz es el principio subyacente a todos los sacrificios que se presentaban. En el Antiguo Testamento, tanto el buey como el cordero que se ofrecían en sacrificio, constituyen un tipo del Cordero de Dios: el Señor Jesús. Ahora que el Señor Jesús ha venido el buey y el cordero han dejado de ser necesarios. Hoy en día, si un hombre todavía presenta un buey o un cordero en calidad de sacrificio para Dios, está ignorando la cruz. ¿Cómo podría alguien ofrecer un buey o un cordero en sacrificio, cuando el Señor ya se ha convertido en la ofrenda? De la misma manera, el evangelio ya ha venido. Ahora el hombre puede descansar en Dios por medio del evangelio. Dios plenamente ha consumado Su labor mediante la redención efectuada por Su Hijo en la cruz. Por tanto, en primer lugar, Él no nos ordena que laboremos, sino que descansemos. Debemos descansar en la obra realizada por Su Hijo. Nosotros no acudimos a Dios para realizar labor alguna, sino para descansar. El evangelio nos conduce a descansar en Dios. Podemos servir únicamente después de haber descansado. Inmediatamente después de recibir el evangelio, descansamos y, espontáneamente, el día de reposo es anulado para los creyentes de la misma manera que fue anulado el sacrificio de bueyes y corderos. El sábado ha terminado para nosotros de la misma manera que el sacrificio de bueyes y corderos es una práctica que ha llegado a su fin. Así pues, el día de reposo es un tipo que aparece en el Antiguo Testamento y que ya ha sido cumplido en el Nuevo Testamento.

II. LOS FUNDAMENTOS PARA EL DÍA DEL SEÑOR

En el Antiguo Testamento, Dios eligió el último de los siete días, el séptimo día, para que fuera el día de reposo. En el Nuevo Testamento, el principio de elegir uno de los siete días todavía es aplicado. Sin embargo, el séptimo día que se observaba en el Antiguo Testamento ya no se observa. El Nuevo Testamento tiene su propio día. No es que el día de reposo se haya convertido en el día del Señor, sino que en el Antiguo Testamento Dios eligió el séptimo día de la semana, y en el Nuevo Testamento Él eligió *el primer día* de la semana. Dios no llamó el séptimo día de la semana el primer día. No, Él eligió otro día. Este día es completamente distinto al día de reposo en el Antiguo Testamento.

Salmos 118:22-24 es un pasaje crucial en la Palabra que dice: "La piedra que desecharon los edificadores / Ha venido a ser cabeza del ángulo. / De parte de Jehová es esto, / Y es cosa maravillosa a nuestros ojos. / Este es el día que hizo Jehová; / Regocijémonos y alegrémonos en él". Aquí leemos la frase: "La piedra que desecharon los edificadores". El que edifica es quien decide si una piedra ha de resultarle útil o no. Si el edificador dice que cierta piedra no puede ser usada, ésta será desechada. Pero, he aquí algo maravilloso: Dios ha hecho del Señor, quien era "la piedra que desecharon los edificadores", *la cabeza del ángulo,* es decir, el fundamento. Así pues, Dios ha puesto sobre Él la tarea más importante. "De parte de Jehová es esto, / Y es cosa maravillosa a nuestros ojos". Esto es verdaderamente maravilloso. Pero el versículo 24 nos dice algo todavía más maravilloso: "Éste es el día que hizo Jehová; / Nos regocijémonos y alegrémonos en él". Esto quiere decir que el día que hizo Jehová es el mismo día en que aquella piedra, que los edificadores habían rechazado, llegó a ser cabeza del ángulo. Si bien los edificadores rechazaron la piedra, Jehová hizo algo maravilloso aquel día. Él hizo que la piedra se convirtiera en cabeza del ángulo. Este, pues, es el día que hizo Jehová.

Debemos saber cuál es el día que Jehová hizo. ¿Cuándo fue que la piedra que desecharon los edificadores llegó a ser cabeza del ángulo? ¿Qué día fue ese? Hechos 4:10-11 dice: "Sea notorio a todos vosotros, y a todo el pueblo de Israel, que en el nombre de Jesucristo el nazareno, a quien vosotros crucificasteis y a quien Dios resucitó de los muertos, en Su nombre está en vuestra presencia sano este hombre. Este Jesús es la piedra menospreciada por vosotros los edificadores, la cual ha venido a ser cabeza de ángulo". El versículo 10 dice: "A quien vosotros crucificasteis y a quien Dios resucitó de los muertos". Y el versículo 11 dice: "la piedra menospreciada por vosotros los edificadores, la cual ha venido a ser cabeza del ángulo". En otras palabras, la piedra vino a ser cabeza del ángulo en el mismo momento en que resucitó el Señor Jesús. Los edificadores desecharon tal piedra cuando el Señor Jesús fue crucificado en la cruz, mientras que Él fue hecho cabeza del ángulo cuando fue levantado por Dios de entre los muertos. Por tanto, "el día que Jehová hizo" es el día de la resurrección del Señor Jesús. Aquel que fue desechado por los hombres, ha sido levantado por Dios. Esta resurrección es "de parte de Jehová". El día de la resurrección del Señor Jesús es el día que hizo Jehová. Es cosa maravillosa a nuestros ojos porque este día no fue hecho por el hombre sino por Jehová. ¿Cuál es el día que Jehová hizo? Es el día en que el Señor Jesús resucitó.

Aquí vemos que nuestro "día del Señor" es completamente distinto al día de reposo correspondiente al Antiguo Testamento. En el día de reposo del Antiguo Testamento, uno no podía hacer esto o aquello; por tanto, tal ordenanza tenía un sentido negativo. Si alguno quebrantaba el día de reposo, se le daba muerte. Este era un castigo bastante severo. Pero nosotros no estamos bajo tal estigma en nuestros días. Dios profetizó que Él habría de elegir otro día en la era del Nuevo Testamento. Dios no nos dijo lo que podíamos o no podíamos hacer en tal día, más bien, nos indicó lo que deberíamos hacer. Dios desea que nos gocemos y alegremos en el día que Él hizo. Por tanto, la característica particular del día del Señor es que solamente se nos exhorta en un sentido afirmativo; este día no trae consigo mandamientos negativos.

Nos gustaría examinar este día un poco más. Dios agrupa los días no sólo en meses o en años, sino también en semanas. Así, siete días corridos constituyen una unidad, la cual termina el séptimo día. Anteriormente habíamos dicho que el día de reposo era un tipo, y que éste pertenecía a la vieja creación. La nueva creación comenzó cuando el Señor resucitó. La vieja creación terminó en el séptimo de los siete días. Obviamente, esto completa una semana. El comienzo de la nueva creación ocurrió en el primero de los siete días, lo cual, clara y sencillamente, significa un nuevo comienzo. La primera semana era completamente vieja, mientras que la segunda semana es completamente nueva. Existe, pues, una separación clara y definitiva entre la vieja creación y la nueva creación. La semana no se divide en dos partes, una para la vieja y otra para la nueva. Sino que una semana pertenece completamente a la vieja creación, mientras que la siguiente semana pertenece completamente a la nueva creación. No tenemos una semana parcial, sino una semana completa. El Señor Jesús resucitó el primer día de la semana, y toda esa semana pertenece completamente a la nueva creación. La iglesia que está en esta tierra comenzó a existir el día de Pentecostés, que también fue un primer día de la semana. Esto encierra el significado de ser absolutamente nuevo. Si el Señor Jesús no hubiese resucitado el primer día de la semana, sino el séptimo o cualquier otro día, entonces habría habido una nueva creación para una parte de la semana y una vieja creación para la otra parte de la semana, no se habría hecho una división muy clara. La resurrección del Señor ocurrió el primer día de la semana, lo que constituye el comienzo de una nueva semana. Así, una semana pertenece a la vieja creación, mientras que la otra semana pertenece a la nueva creación. Las cosas de la vieja creación cesaron el último día de la semana, el séptimo día. La nueva creación comenzó el primer día de otra semana, con lo cual la nueva creación fue separada claramente de la vieja creación.

Dios deliberadamente escoge uno de los siete días y le da un nombre especial. En Apocalipsis 1:10, se le llama "el día del Señor". Algunos dicen que "el día del Señor" se refiere al día de la venida del Señor del cual se habla en otros pasajes de la Biblia refiriéndose a ellos como "el día del Señor" o "día de Jehová". Pero esto es incorrecto. En el idioma del texto original, estas son dos cosas completamente diferentes. Aquí "el día del Señor" se refiere al primer día de la semana, mientras que en otros pasajes (1 Ts. 5:2; 2 Ts. 2:2; 2 P. 3:10) "el día del Señor" se refiere al día de la venida del Señor. Se está hablando de dos cosas completamente distintas. Los escritos de los primeros padres de la iglesia nos dan amplia prueba de que "el día del Señor" [en Apocalipsis 1:10] se refiere al primer día de la semana. Este es también el día en que la iglesia se reúne. Hay quienes dicen que durante los siglos segundo y tercero, los cristianos se reunían en el sábado y únicamente cambiaron al día del Señor en el cuarto siglo. Esto no concuerda con los hechos. Hay muchos ejemplos citados en los escritos de los primeros padres, los cuales demuestran que las reuniones siempre se celebraban en el primer día de la semana. Esto se cumplió desde el tiempo de los discípulos de Juan hasta el siglo cuarto. (Sírvase consultar el apéndice al final de este capítulo).

III. QUÉ DEBEMOS HACER EN EL DÍA DEL SEÑOR

La Biblia recalca tres cosas que debemos hacer en el primer día de la semana:

En primer lugar, Salmo 118:24 habla de la actitud que todos los hijos de Dios deben tener hacia el primer día de la semana. La actitud apropiada consiste en regocijarse y alegrarse. Nuestro Señor ha resucitado de entre los muertos. Este es el día que Jehová hizo y tenemos que regocijarnos y alegrarnos. Tenemos que mantener esta actitud. Este día es el día en el cual nuestro Señor resucitó, no hay otro día que se le pueda comparar. El Señor se les apareció a los discípulos y se reunió con ellos el primer día de la semana. El derramamiento del Espíritu Santo en el día de Pentecostés también ocurrió el primer día de la semana. El hecho que los edificadores hayan desechado tal piedra y que ésta haya llegado a ser cabeza del ángulo, se refiere a la crucifixión del Señor y a la resurrección del Señor respectivamente. El rechazo por parte de los judíos constituye el rechazo de los edificadores, y la resurrección del Señor equivale a que Él llegó a ser cabeza del ángulo. Este es el día que Jehová ha hecho, y nosotros debemos regocijarnos y alegrarnos en tal día. Esta debiera ser nuestra reacción espontánea.

En segundo lugar, Hechos 20:7 dice: "El primer día de la semana, estando nosotros reunidos para partir el pan...". Según el texto original, aquí *el primer día de la semana* no se refiere al primer día de una determinada semana, sino al primer día de *todas las semanas,* en el cual los discípulos se reunían para partir el pan. En aquel entonces, todas las iglesias solían reunirse espontáneamente para partir el pan a fin de recordar al Señor el primer día de cada semana. ¿Hay otro día mejor que el primer día de la semana? El primer día de la semana es el día en el cual nuestro Señor se levantó de entre los muertos. El primer día de la semana es también el día en que nos reunimos con nuestro Señor. Así que, algo que debemos hacer el primer día de la semana es recordar al Señor. Este es el día que el Señor ha elegido. Lo primero que debemos hacer en el primer día de la semana es acudir al Señor. El día del Señor es el primer día de la semana. El lunes es el segundo día de la semana. Debemos reunirnos con el Señor en el primer día de la semana.

En la Biblia, partir el pan encierra dos significados: hacer memoria del Señor y proclamar que tenemos comunión con todos los hijos de Dios. En primer lugar, partir el pan constituye nuestra proclamación de que tenemos comunión con Dios, con el Señor, y en segundo lugar, constituye la proclamación de nuestra comunión con el Cuerpo, es decir, con la iglesia, pues, el pan representa tanto al Señor como a la iglesia. El día del Señor es el mejor día para que nosotros tengamos comunión con el Señor, y es también el mejor día para tener comunión con todos los hijos de Dios. Aunque en la tierra el tiempo y el espacio limitan nuestra comunión con todos los hijos de Dios y nos impiden estrechar las manos de todos ellos; no obstante, en todos "los días del Señor" todos los hijos de Dios ponen sus manos en este pan, independientemente de dónde se encuentren. Todos los hijos de Dios tocan este pan y, al hacerlo, comulgan con todos los hijos de Dios. No solamente nos reunimos con el Señor, sino también con todos nuestros hermanos y hermanas. En la reunión disfrutamos de comunión no solamente con los hermanos que parten el pan junto con nosotros, sino también con todos aquellos que ese mismo día están tocando este pan. En ese día, miles y millones de creyentes en todo el mundo están tocando este pan. "Siendo uno solo el pan, nosotros, con ser muchos, somos un Cuerpo; pues todos participamos de aquel mismo pan" (1 Co. 10:17). Partimos el pan juntos y tenemos comunión en dicho pan.

Como nuevos creyentes ustedes tienen que aprender a quitar toda barrera que se interponga entre ustedes y los demás hijos de Dios. Ustedes deben aprender a amar y a perdonar desde el comienzo de su vida cristiana. No pueden tocar este pan si no han aprendido a amar y a perdonar. No deben odiar a ninguno de los hijos de Dios. No deben haber barreras entre ustedes y ellos; ningún hijo de Dios debe ser excluido. Aparte de aquellos que sean segregados debido a problemas de conducta (5:11) o problemas que atañen a la verdad (2 Jn. 7-11), ningún hijo de Dios debe ser excluido. Todos los hijos de Dios que sean normales necesitan disfrutar de la comunión los unos con los otros. Al hacer memoria del Señor y al tocarle, tocamos a todos aquellos que le pertenecen a Él. El Señor nos ama tanto que se dio a Sí mismo por nosotros. ¿Cómo podríamos dejar de recordarle a Él; y cómo podríamos dejar de amar a los que Él ama? Tampoco podríamos dejar de perdonar a quienes Él perdonó, ni dejar de recordar a quienes Él recuerda. No hay mejor día que el primero de la semana puesto que este es el día que el Señor ha hecho. Este es el día de la resurrección de nuestro Señor. En este día no hay nada más espontáneo que recordar a todos aquellos que, junto con nosotros, han sido hechos una nueva creación.

En tercer lugar, 1 Corintios 16:1-2 dice: "En cuanto a la colecta para los santos, haced vosotros también de la manera que ordené a las iglesias de Galacia. Cada primer día de la semana cada uno de vosotros ponga aparte algo, según haya prosperado, guardándolo, para que no se hagan las colectas cuando yo llegue". Estos versículos nos muestran lo tercero que debemos hacer en el primer día de la semana. Pablo dirigió tanto a las iglesias de Galacia como a la iglesia en Corinto a hacer lo mismo. Esto nos muestra claramente que el primer día de la semana era un día muy especial en los tiempos de los apóstoles. Se partía el pan para recordar al Señor, y se hacía la colecta para los santos en este primer día de la semana. El primer día de la semana, todos debían ofrecer al Señor según sus ingresos. Esta es una práctica muy saludable. Por un lado, partimos el pan y, por el otro, presentamos nuestra ofrenda. Por un lado, recordamos cómo el Señor se dio a Sí mismo por nosotros y, por el otro, nosotros también tenemos que ofrendar al Señor en este día. Cuanto más recibe una persona de parte del Señor, más deberá dar. Una ofrenda de agradecimiento en la forma de una ofrenda material debería ser incluida en las acciones de gracias y alabanzas que elevamos hacia Él (He. 13:16). Esto es agradable a Dios. Ofrecer bienes materiales al Señor en Su día es algo que debemos comenzar a practicar desde el momento mismo en que creemos en el Señor.

Al depositar nuestro dinero en la urna de las ofrendas, no debiéramos hacerlo de una manera mecánica e irreflexiva. Primero, debemos contar nuestro dinero, prepararlo y envolverlo con la debida devoción mientras todavía estamos en casa. Después, al ir a la reunión, debemos depositar nuestra ofrenda en la urna de las ofrendas. Pablo nos mostró que las ofrendas materiales deben ser ofrecidas de una manera concienzuda y regular. El primer día de cada semana, debemos separar una cantidad de dinero proporcional a nuestros ingresos y decirle al Señor: "Señor, Tú me has dado en abundancia. Señor, te traigo lo que he ganado y te lo ofrezco a Ti". Ustedes tienen que fijar por anticipado la cantidad. Si tienen mucho, deben ofrecer más; si tienen poco, pueden ofrecer menos. El partimiento del pan es un asunto muy serio; asimismo, ofrendar bienes materiales es un asunto que reviste mucha seriedad.

Deliberadamente el Señor separó un día de la semana y le dio por nombre "el día del Señor". Esperamos que en este día los hermanos y hermanas disfruten de la gracia del Señor en abundancia y le sirvan con propiedad. El día del Señor de nuestros días es diferente al día de reposo del Antiguo Testamento. El día de reposo recalcaba lo que no debíamos hacer.

Los judíos se airaban contra el Señor Jesús porque Él sanaba a los enfermos y echaba fuera demonios en el día de sábado. Sin embargo, el día del Señor no es para que nuestro cuerpo repose, ni para que nos detengamos de nuestras labores. El día del Señor y el día de reposo son esencialmente dos cosas muy distintas. El concepto de si debemos trabajar o no en el día del Señor simplemente no existe para nosotros. Todo cuanto hagamos los otros días, también podemos hacerlo en el día del Señor. Y todo lo que no hagamos los otros días, tampoco debiéramos hacerlo en el día del Señor. La Biblia no nos dice si podemos caminar, salir de compras, hacer esto o aquello en el día del Señor. La Biblia tampoco nos dice si debemos guardar el día del Señor de la misma manera en que los hombres guardan el día de reposo. Lo que la Biblia nos dice es que debemos regocijarnos y alegrarnos en el día del Señor, nos dice que debemos acercarnos al Señor con un corazón sencillo a fin de recibir Su gracia a fin de recordarle, servirle y consagrarnos a Él. Tenemos que designar el día del Señor como un día especial en nuestra vida cotidiana. Debemos apartar para el Señor por lo menos el primer día de la semana. Este día no es nuestro día, sino que es el día *del Señor*. Este tiempo no nos pertenece a nosotros, sino al Señor. Si laboramos es para el Señor, y si descansamos, también es para el Señor. Sea que hagamos o no hagamos esto o aquello, nosotros somos para el Señor. Este día no se asemeja en nada al día de reposo. Este es el día que nos consagramos al Señor. Esto es lo que significa el día del Señor.

Juan lo expresó muy bien al decir: "Yo estaba en el espíritu en el día del Señor" (Ap. 1:10). Esperamos que muchos de nosotros podamos decir: "Estaba en el espíritu en el día del Señor". Esperamos que el día del Señor sea un día en el que la iglesia esté en el espíritu y en el que seamos bendecidos. Esperamos que, desde un comienzo, los nuevos hermanos y hermanas le den la debida importancia al día del Señor. Consagren el primer día de la semana al Señor y díganle: "Este es Tu día". Si hacemos esto desde nuestra juventud, podremos afirmar al cabo de setenta años, que por lo menos diez años de nuestras vidas habrán sido entregados completamente al Señor. Esto constituye una gran bendición para la iglesia.

"¡Oh Señor! Te consagro todo este día a Ti. Vengo a partir el pan lleno de gozo y alegría al recordarte a Ti. Traigo delante de Ti todo cuanto poseo y te lo consagro todo a Ti". Si hacemos esto, veremos que las bendiciones de Dios se derramarán abundantemente sobre la iglesia.

APÉNDICE:
ALGUNOS MANUSCRITOS ANTIGUOS DE LA IGLESIA SOBRE EL DÍA DEL SEÑOR

En el libro *The Teaching of the Twelve Apostles* [La enseñanza de los doce apóstoles] (uno de los primeros libros de la iglesia, que no era de la Biblia, escrito aproximadamente entre el año 75 d. de C. y el año 90 d. de C., es decir, el mismo período en el que se escribió el libro de Apocalipsis) dice: "Pero cada día del Señor deben reunirse, partir el pan y dar gracias después de haber confesado sus transgresiones, a fin de que vuestro sacrificio sea puro" (Alexander Roberts y James Donaldson, editores. *The Ante-Nicene Fathers* [Los padres antes de Nicea]. Grand Rapids: Wm. B. Eerdmans Publishing Company, 1979, tomo VII, pág. 381). Esto nos indica con claridad que en el primer siglo los creyentes se reunían en el día del Señor.

El apóstol Juan tenía un discípulo llamado Ignacio, quien nació el año 30 d. de C. y murió como mártir el año 107 d. de C. El año 100 d. de C., Ignacio escribió una epístola a los Magnesios, y en el capítulo noveno de su epístola, él afirmó claramente: "Aquellos que fueron educados bajo el antiguo orden [refiriéndose a quienes procedían del judaísmo] ahora poseen una nueva esperanza y ya no guardan el día de reposo, sino que guardan el día del Señor, día en el que, además, nuestra vida se elevó nuevamente en virtud del Señor y Su muerte..." (*ibíd.,* tomo I, pág. 62). Esto nos muestra claramente que la iglesia primitiva no guardaba el día de reposo sino que, en lugar de ello, observaba el día del Señor.

Bernabé (no el Bernabé mencionado en la Biblia) escribió una epístola alrededor del año 120 d. de C. En el capítulo 15 consta la siguiente frase: "Por tanto, además guardamos el octavo día con regocijo, el día en que Jesús se levantó de los muertos" (*ibíd.,* tomo I, pág. 147).

Otro padre de la iglesia muy conocido era Justino Mártir. Él nació el año 100 d. de C. y murió como mártir el año 165 d. de C. En el año 138 d. de C., él escribió un libro titulado *La primera apología*. En ese libro él dijo: "Y en el día que llaman *día del Sol* (domingo), todos los que viven en las ciudades o en el campo reúnanse en un solo lugar, en donde se leen las memorias o escritos de los apóstoles según el tiempo disponible; después de lo cual, cuando el lector haya concluido, el que preside instruya verbalmente y exhorte a la imitación de estas cosas buenas. Entonces, todos nos levantamos juntos y oramos, y como dijimos antes, cuando terminamos de orar, se sirve pan, vino y agua; y el que preside ofrece asimismo oraciones y acciones de gracias, según su capacidad, y la gente asiente, diciendo: ¡Amén!, con lo cual se hace la distribución a todos los presentes, quienes participan de aquello sobre lo cual se dio gracias; y a los que están ausentes, se les envía una porción por intermedio de los diáconos. Y aquellos que son pudientes y así lo desean, ofrendan lo que les parece apropiado; entonces, lo recolectado es encargado al que preside, quien socorre a los huérfanos y a las viudas y a quienes, por enfermedad u otras causas, padecen necesidad, así como a los presos y peregrinos y, en general, a quienes necesitan ayuda. Pero es el *día del Sol* en el que todos nosotros celebramos nuestra asamblea general, debido a que se trata del primer día de la semana, día en el cual Dios, habiendo hecho cambios en la oscuridad y la materia, hizo el mundo; este es el día en el que Jesucristo nuestro Salvador se levantó de entre los muertos. Puesto que Él fue crucificado el día anterior, el *día de Saturno* (sábado), y en el día posterior al de Saturno, que viene a ser el *día del Sol,* habiendo aparecido a los apóstoles y discípulos, Él les enseñó estas cosas, las cuales presentamos también a vosotros para vuestra consideración" (*ibíd.*, tomo I, pág. 186). En otro pasaje él escribió: "Somos circuncidados de todo engaño e iniquidad por medio de Aquel que se levantó de los muertos en el primer día siguiente al día de reposo sabático, [a saber, por medio de] nuestro Señor Jesucristo. Porque el primer día posterior al día de reposo, a pesar de ser el primero de todos los días, es llamado el día octavo, conforme al número de días que conforman el ciclo. Aun así, este día sigue siendo el primero" (*ibíd.*, tomo I, pág. 215).

En el año 170 d. de C., hubo un padre de la iglesia en Sardis que se llamaba Mileto. En sus escritos se encuentra la siguiente afirmación: "Hoy pasamos el día de la resurrección del Señor. Este día leímos muchas epístolas" (de fuente desconocida).

Clemente fue un famoso padre de la iglesia, quien vivió en la ciudad de Alejandría alrededor del año 194 d. de C. Él dijo: "Hoy, el séptimo día, se ha convertido en un día de trabajo, con lo cual se ha hecho también un día común de trabajo". En seguida, añadió: "Debemos guardar el día del Señor" (*ibíd.*, tomo II, pág. 545).

En el año 200 d. de C., el padre de la iglesia llamado Tertuliano dijo: "En el día del Señor estuvimos particularmente gozosos. Nosotros observamos este día que es el día de la resurrección del Señor. No tenemos impedimentos ni preocupaciones". En aquel tiempo, algunos ya habían criticado a quienes guardaban el día del Señor, pues pensaban que adoraban al sol. A lo cual Tertuliano responde: "Nosotros nos regocijamos en el día del Señor. Nosotros no adoramos al sol. Somos muy diferentes de aquellos que holgazanean y celebran banquetes el día sábado" (*ibíd.*, tomo III, pág. 123).

Otra persona famosa entre los padres de la iglesia era Orígenes, quien era un teólogo reconocido en Alejandría. Él dijo: "Guardar el día del Señor es la marca distintiva de un cristiano cabal" (*ibíd.*, tomo IV, pág. 647).

Algunos han dicho que los creyentes antiguos guardaban el día de reposo y que, recién en el cuarto siglo, Constantino modificó tal costumbre para empezar a observar el primer día de la semana. Esto no concuerda con los hechos. Constantino no alteró esta costumbre, sino que él simplemente la reconoció, pues la iglesia ya había estado observando el día del Señor por muchísimo tiempo. Antes del año 313 d. de C., los cristianos fueron perseguidos. Después del año 313 d. de C., Constantino regía sobre Roma y promulgó un edicto en Milán a fin de detener por completo la persecución de los cristianos. En el año 321 d. de C., Constantino promulgó un segundo edicto en el cual manifestó lo siguiente: "En el día del Señor, tanto las autoridades como el común de las gentes, y aquellos que viven en la ciudad, deben descansar y toda labor deberá cesar" (Philip Schaff y Henry Wace, editores, *The Nicene and Post-Nicene Fathers* [Los padres de la iglesia a partir del concilio de Nicea]. Grand Rapids: Wm. B. Eerdmans Publishing Company, 1979, tomo I, págs. 644-645). Constantino no mencionó el día de reposo en ningún pasaje de este edicto. Él únicamente reconoció el primer día de la semana como el día de la iglesia.

Basándonos en las fuentes arriba citadas, podemos observar que el día del Señor comenzó a ser observado desde el tiempo de los apóstoles y los padres de la iglesia. Esta ha sido la práctica de la iglesia a lo largo de los siglos.

CAPÍTULO QUINCE

CÓMO CANTAR HIMNOS

Lectura bíblica: Sal. 104:33; Ef. 5:19; Mt. 26:30; Hch. 16:25

Inmediatamente después que una persona cree en el Señor, debe aprender a cantar himnos. Un cristiano tendrá dificultades al asistir a una reunión, si no sabe cómo cantar himnos. Con frecuencia, uno no sabe cómo orar en una reunión, pero es mucho más frecuente que en tales ocasiones uno no sepa cantar himnos. Tenemos que aprender a cantar himnos. No estamos hablando de aspirar a ser músicos, sino de familiarizarnos con los himnos. Este es un asunto importante.

LOS SENTIMIENTOS SUBYACENTES A LOS HIMNOS

En la Biblia encontramos profecías, relatos, doctrinas, enseñanzas y mandamientos, pero en ella también hay cánticos. Los cánticos son las expresiones de los sentimientos más nobles y tiernos que hay en el hombre. Los sentimientos que manifiesta el hombre en sus oraciones delante de Dios no pueden compararse con los sentimientos que él manifiesta a través de sus cánticos ante Dios; jamás llegan a ser tan delicados y tan llenos de ternura como estos últimos. Dios quiere que poseamos sentimientos delicados, sentimientos que manifiesten gran ternura. Es por ello que Él nos dio tantas clases de cánticos en la Biblia. No solamente encontramos cánticos en los libros de Salmos, Cantar de los cantares y Lamentaciones, sino también en los relatos históricos y textos que contienen mandamientos (Éx. 15:1-18; Dt. 32:1-43). Incluso en las epístolas de Pablo encontramos que ciertos himnos se intercalan entre sus enseñanzas (Ro. 11:33-36; 1 Ti. 3:16; etc.). Todos estos ejemplos nos muestran que Dios desea que

Su pueblo manifieste sentimientos delicados y de mucha ternura.

Los sentimientos de nuestro Señor son finos y rebosan de ternura. Nuestros sentimientos además de ser delicados pueden también ser toscos. No hay duda de que la ira y el enojo son sentimientos bastante burdos y ásperos. Algunas personas, si bien no están llenas de ira, tampoco poseen sentimientos delicados. Dios desea que nosotros seamos pacientes, compasivos, misericordiosos y comprensivos, pues ellos constituyen sentimientos delicados y nobles. Dios desea que cantemos en medio de nuestras pruebas, y que alabemos y bendigamos Su nombre en medio de nuestro dolor, pues todo esto es una manifestación de sentimientos nobles. Si una persona ama a otra, manifiesta un sentimiento de ternura; y si perdona o muestra compasión, esto es también un sentimiento lleno de ternura.

Dios desea conducir a Sus hijos hacia una conducta en la que manifiesten sentimientos que sean más delicados, sentimientos de mucha ternura, sentimientos que se asemejen más a un cántico. Cuanto más aprendamos de Dios, más manifestaremos sentimientos delicados y que están llenos de ternura, y que se asemejan a los de un cántico. Aquellos que han aprendido muy poco de Dios son personas ásperas y burdas. Si un cristiano entra ruidosamente a una reunión sin demostrar ninguna consideración por los demás, no está manifestando la templanza propia de un cristiano. Incluso cuando cante, su voz no sonará como si estuviese cantando una canción. Si una persona, al entrar a una reunión, lo hace atropellando a los demás a diestra y siniestra, y empujando las sillas, ciertamente no estará comportándose como una persona de cánticos. Tenemos que darnos cuenta que, desde el día que fuimos salvos, Dios nos ha estado adiestrando a diario para que manifestemos sentimientos delicados, y sentimientos que rebosen de ternura. Si hemos de ser buenos cristianos, nuestros sentimientos deben ser finos y deben manifestar ternura. Los sentimientos más profundos que fluyen del corazón del hombre son aquellos que se manifiestan en canciones. Los sentimientos burdos no son deseables. Tales sentimientos no tienen nada que ver con los himnos, simplemente no son propios de un cristiano.

II. LOS REQUISITOS QUE LOS HIMNOS DEBEN CUMPLIR

Todo himno que satisfaga el estándar cristiano tiene que cumplir con tres requisitos básicos. Si un himno no cumple con alguno de estos requisitos, entonces no es un buen himno.

En primer lugar, un himno tiene que estar basado en la verdad. Son muchos los himnos que cumplen con los otros dos requisitos; sin embargo, ellos contienen errores en cuanto a la verdad bíblica. Así pues, si nosotros pidiéramos a los hijos de Dios que cantasen tales himnos, los estaríamos conduciendo al error. Estaríamos poniendo en sus manos errores cuando ellos se presenten delante del Señor y estaríamos conduciéndolos a sentimientos impropios. Cuando los hijos de Dios cantan himnos, sus sentimientos son dirigidos a Dios mismo. Por ello, si estos himnos contienen doctrinas equivocadas, los que los canten serán engañados en sus sentimientos y no alcanzarán a percibir realidad alguna. Dios no nos responde en función de los sentimientos poéticos que se manifiestan en los himnos, sino en conformidad con la verdad que dichos himnos contienen. Acudimos a Dios basados únicamente en la verdad y, si no es así, erraremos y no percibiremos ninguna realidad espiritual.

Por ejemplo, hay un himno de evangelización que afirma que la sangre del Señor Jesús limpia nuestro corazón. Pero en el Nuevo Testamento nunca se habla de que la sangre del Señor Jesús lave nuestro corazón. La sangre del Señor no lava nuestro corazón, y la Biblia nunca menciona algo así. Hebreos 9:14 dice que la sangre del Señor Jesús purifica nuestra conciencia; la conciencia forma parte del corazón, pero no es el corazón mismo. La sangre del Señor nos lava de nuestros pecados. Debido a que fuimos lavados de nuestros pecados, nuestra conciencia ya no nos acusa delante de Dios. Por tanto, la sangre sólo lava nuestra conciencia y no el corazón. Nuestro corazón no puede ser lavado por la sangre. El corazón del hombre es más engañoso que todas las cosas (Jer. 17:9). No importa cuánto tratemos de lavar nuestro corazón, éste jamás podrá ser limpiado. La enseñanza bíblica con respecto a nuestro corazón es que Dios quita nuestro corazón de piedra y lo reemplaza con un corazón de carne (Ez. 36:26). Él nos da un nuevo corazón; Él no lava nuestro viejo corazón. Cuando una persona cree en el Señor, Dios le da un nuevo corazón. Dios no lava su corazón viejo, sino que purga las ofensas que estaban en su conciencia. Dios no lava su corazón. Si acudimos al Señor y le alabamos, diciéndole: "La sangre de Jesús lava mi corazón", nuestra alabanza no se ajusta a la verdad. Este asunto es bastante serio. Si hay errores en la doctrina que presenta un himno, tal himno conducirá a las personas a sentimientos equivocados.

Muchos himnos no hacen la debida distinción entre las diferentes dispensaciones. No sabemos si tal himno debía ser cantado por Abraham o por Moisés. No sabemos si debiera ser cantado por los judíos o por los cristianos. No sabemos si corresponde al Antiguo Testamento o al Nuevo Testamento. Cuando cantamos tal clase de himno, somos conducidos a sentirnos como ángeles que no tienen nada que ver con la obra de redención, como si no hubiera pecado en nosotros y, por tanto, no necesitamos de la sangre. Si un himno no es claro respecto de sus enseñanzas en cuanto a las diversas dispensaciones y si no refleja la era de la gracia, tal himno inducirá a los hijos de Dios al error.

Son muchos los himnos que expresan sólo esperanza, mas no manifiestan certeza alguna. Manifiestan la esperanza de llegar a ser salvos, un anhelo por ser salvos y la búsqueda de salvación; pero no manifiestan ningún tipo de certidumbre cristiana. Tenemos que recordar que todo cristiano debe acudir a Dios en plena certidumbre de fe. Nos acercamos a Dios en plena certidumbre de fe. Si un himno le comunica a un creyente que él se encuentra en el atrio externo, al cantarlo tal persona llegará a pensar que ella no pertenece al pueblo de Dios y que simplemente aspira a ser uno de ellos. Son muchos los himnos que dan a la gente la impresión de que la gracia de Dios está muy lejos de ellos y que todavía necesitan buscarla. Tales himnos hacen que el creyente asuma una postura equivocada. Esta no es la postura propia de un cristiano. La posición que un cristiano tiene le permite tener plena certeza de su salvación y confianza de que él es salvo. No se debe cantar ningún himno que no le dé al cristiano tal seguridad.

Otro error muy común hallado en un gran número de himnos es la noción de que el hombre apenas muere, entra inmediatamente en la gloria. Son muchos los himnos que hablan sobre entrar en la gloria en el momento de morir, como si por medio de la muerte uno entrara en la gloria. Pero la Biblia no dice que el hombre entra en la gloria al morir. Entrar en la gloria es algo muy distinto de la muerte. Después de morir, no entramos en la gloria. Después de morir, esperamos por la resurrección. El Señor entró en gloria únicamente después de haber resucitado. Esta es la clara enseñanza de la Biblia (1 Co. 15:43; 2 Co. 5:2-3). Cualquier himno que le dé a los hijos de Dios la impresión de que el hombre entra en la gloria al morir, simplemente no debiera ser cantado. Tal himno habla de algo que no existe. Por tanto, un buen himno tiene que ser correcto en las doctrinas en que se basa. Si denota carencias en cuanto a su integridad o pureza doctrinal, fácilmente ello inducirá a los cristianos al error.

En segundo lugar, las doctrinas correctas no constituyen un himno por sí mismas. Es necesario que un himno sea poético en su forma y estructura. La verdad por sí misma no es suficiente. Una vez que hemos establecido la verdad, todavía es necesario que el himno sea poético en cuanto a su forma y estructura. Únicamente cuando hay poesía en un himno, éste será verdaderamente un himno. Cantar no es lo mismo que predicar. No podemos cantar un mensaje. Había un himno que empezaba diciendo: "El Dios verdadero creó los cielos, la tierra y al hombre". Tal vez esto se preste para ser predicado, mas no para ser cantado. Esto es mera doctrina y no constituye un himno. Todos los cánticos contenidos en el libro de Salmos constituyen piezas poéticas, son poesía. Todo salmo es sublime y rebosa de ternura en su forma y expresión, al mismo tiempo que, como poesía, expresa los pensamientos de Dios. El mero hecho de que cada una de sus líneas se ajuste a cierta métrica no hace de dicha composición un himno, pues, además de ello, tanto su estructura como su forma tienen que ser poéticas.

En tercer lugar, además de estar basado en la verdad bíblica, y poseer estructura y forma poéticas, un himno deberá ser capaz de conmovernos espiritualmente. Para ello, tiene que hacernos percibir cierta realidad espiritual.

Por ejemplo, el salmo 51 es un salmo en el que David manifiesta arrepentimiento. Al leerlo, encontramos que el arrepentimiento de David es doctrinalmente correcto, que sus palabras fueron cuidadosamente elegidas y que posee una estructura compleja. Pero sobre todo, percibimos que tales palabras encierran algo más; percibimos que dicho salmo encierra cierta realidad espiritual, cierto sentir espiritual. Podemos llamar a esto *la carga* del himno. David se arrepintió y tal sentimiento de arrepentimiento impregna todo el salmo 51. Al leer el libro de Salmos, muchas veces encontramos algo que nos conmueve, y esto es, que todos los sentimientos expresados en estos salmos son genuinos. Cuando el salmista se regocija, entonces salta y grita de gozo. Cuando está triste, llora. Estos salmos no son palabras huecas carentes de realidad; sino más bien, tales palabras encierran realidad espiritual.

Por tanto, un himno no solamente tiene que ser correcto en cuanto a la verdad, y poseer forma y estructura poéticas; sino que además, deberá estar imbuido de una patente realidad espiritual. En otras palabras, si un himno es triste, deberá hacernos llorar, y si está lleno de gozo, deberá hacer que nos regocijemos. Cuando habla de algo, deberá hacernos sentir aquello a lo cual se refiere. No podemos cantar un himno de arrepentimiento sin que esto genere el eco correspondiente en nuestro corazón; no podemos reírnos mientras lo cantamos. No podemos decir que estamos cantando alabanzas a Dios y, aun así, carecer de gozo y regocijo. No podemos cantar un himno de consagración y, sin embargo, no tener ningún sentimiento de consagración. No podemos afirmar que cierto himno nos llama a postrarnos delante de Dios y a estar quebrantados en Su presencia y, sin embargo, seguir sintiéndonos muy a gusto con nosotros mismos e incluso orgullosos de nosotros mismos. Si un himno no nos comunica el sentimiento correcto que corresponde a un determinado asunto, entonces no es un buen himno. El sentimiento que inspira un himno debe ser un sentimiento genuino y deberá hacernos percibir cierta realidad espiritual.

Un himno tiene que ser fiel a la verdad y poético en forma. Al mismo tiempo, tiene que dirigir la atención del cantante a la realidad espiritual que encierra sus palabras, es decir, tiene que hacerle palpar lo que el himno dice. De otro modo, no cumple con la norma exigida para los himnos. Estos tres requisitos tienen que ser satisfechos para que un himno pueda ser considerado un buen himno.

II. ALGUNOS EJEMPLOS DE HIMNOS

Ahora consideraremos algunos himnos como ejemplo de lo que queremos decir:

Primer ejemplo: *Himnos,* #66

1 Miles de voces van proclamando
   A una voz, "¡Cordero de Dios!".
Miles de santos van respondiendo
   Dándole eco a su clamor.

2 Resuena el cielo, "¡Gloria al Cordero!";
   Todos le rinden esta canción;
Con voz potente participando
   En Su eternal adoración.

3 Esta alabanza como el incienso
   Asciende al trono del Padre Dios;
Todos se inclinan a Jesucristo,
   Todas sus mentes una son.

4 Por su consejo el Padre reclama:
   "Dadle al Hijo el mismo honor";
Toda la gloria de Dios el Padre
   Expresa el Hijo en Su esplendor.

5 Huestes del cielo frente al Cordero,
   Por el Espíritu del Señor
Son coronados con luz y gozo
   Para alabar al gran "YO SOY".

6 Descansa hoy sin ningún estorbo
   La jubilosa nueva creación,
Tan bendecida en Jesucristo
   Por Su completa salvación.

7 Desborda el cielo con alabanzas
Por la creciente eterna canción;
"¡Amén!" resuena por todo el orbe;
"¡Amén!" responde la creación.

Rara vez encontramos un himno tan magnífico como éste. Este himno fue escrito por J. N. Darby. En un principio, este himno tenía trece estrofas. Pero en 1881, el señor Darby depuró este himno con la ayuda del señor Wigram y eliminó varias estrofas. Ahora quedan solamente siete estrofas.

A primera vista puede parecer que este himno está dirigido a los hombres, pero en realidad, va dirigido a Dios. Al cantarlo, pareciera que nos elevamos a la escena universal descrita en Apocalipsis 4 y 5, es decir, a la escena que ocurrió después de la ascensión del Señor. En este himno podemos captar Gólgota, la resurrección y la ascensión. Los cielos están llenos de gloria y, al pronunciarse el nombre de Jesús, diez mil voces inician su alabanza al mismo tiempo que diez mil personas doblan sus rodillas para adorar. Resuenan en los cielos, en la tierra y debajo de la tierra las alabanzas en todas direcciones. El universo entero canta alabanzas a Él. Semejante grandeza y majestad, ¡no puede ser igualada por ninguna otra canción! Otra persona con menor capacidad no habría podido componer un himno semejante.

"Miles de voces van proclamando". ¡Estas miríadas de voces no se sabe de donde surgen! Es como si un creyente común y corriente, un pequeño gusano, un hombrecillo, exclamase a voz en cuello: "¡Escuchad! ¡Hay miles de voces que al unísono proclaman: 'Cordero de Dios'; escuchen. ¡Miles de santos responden, haciendo eco a tal clamor!". Una vez que el Cordero de Dios es exaltado, surge la respuesta universal. Por un lado, surge la alabanza, y por el otro, en respuesta a dicha alabanza, surge un clamor multitudinario. Ahora, miríadas de voces proclaman: "El Cordero que fue inmolado es digno de recibir el poder, las riquezas, la sabiduría, la fortaleza, la honra, la gloria y la bendición" (Ap. 5:12). Antes de que cese esta exclamación, miles y miles de voces se unen a ella para dar una respuesta conjunta: "Y a toda criatura que está en el cielo, y sobre la tierra, y debajo de la tierra, y en el mar, y a todas las cosas que en ellos hay, oí decir: 'Al que está sentado en el trono, y al Cordero, sea la bendición, la honra, la gloria y el imperio, por los siglos de los siglos'" (v. 13). ¿Cuál es el resultado? "Miles de santos van respondiendo / Dándole eco a su clamor". Este clamor estalla con magnificencia inigualable. Cualquiera que sea conmovido por esta estrofa estará consciente inmediatamente de su propia pequeñez. La primera estrofa lo eleva a uno a una escena grandiosa y majestuosa en la que diez mil voces se elevan, y miles y miles de santos responden haciendo eco. Este clamor se extiende majestuosa e interminablemente para exaltar al Cordero de Dios en unanimidad. Así, desde su inicio, este himno nos deja asombrados de lo grandiosa que es la alabanza universal.

Cada estrofa sigue atentamente a la que le precede. "Resuena el cielo, ¡Gloria al Cordero!". Escuchamos el clamor en todas direcciones. "¡Gloria al Cordero!". De todo lugar surge: "¡Gloria al Cordero!". Se escucha "¡Gloria al Cordero!" aquí y allá y en todo lugar. Estas voces provienen de todas las direcciones. "Resuena el cielo, ¡Gloria al Cordero!", / Todos le rinden esta canción". Aquí, "el cielo" hace referencia a toda la esfera celestial; en ella, todo resuena para elevar tales alabanzas. "Todos le rinden esta canción; / Con voz potente participando", es decir, toda lengua confiesa. Espontáneamente, esto evoca Filipenses 2:11: "Y toda lengua confiese públicamente que Jesucristo es el Señor". Puesto que "toda lengua confiesa", esta voz es potente y penetrante. Semejante cántico sin fin se extiende por el universo entero. El universo entero rebosa con esta "eternal adoración".

No solamente hay voces que resuenan, sino también incienso que asciende. Este es incienso de agradecimiento: "Asciende al trono del Padre Dios". No solamente las voces claman, sino que, además, los corazones henchidos de agradecimiento se elevan hacia Dios. No solamente de nuestros labios surge un clamor hacia el Cordero sino que nuestros corazones también se elevan a Dios. Es como si el plan de Dios y la redención efectuada por el Señor llegasen a constituir una entidad única e indisoluble. Alabamos al Cordero y también damos gracias a Dios el Padre. Semejante gratitud expresada por medio de la alabanza y acción de gracias asciende a Dios como incienso.

Tal alabanza no acaba aquí. Nuestras bocas claman y exclamaciones de adoración surgen de nuestros labios; pero eso no es todo, porque toda rodilla debe doblarse, todos debemos inclinarnos en adoración al Señor. Toda rodilla se doblará y todos adoraremos al Señor. Primero es "toda lengua" y después es "toda rodilla". Espontáneamente toda rodilla se doblará ante Jesús. Por un lado, damos gracias al Padre, por otro, nos postramos delante del Señor. La siguiente frase es muy poética: "Todas sus mentes una son". Fíjense que no estamos dando un sermón. Aquellos que no posean sentimientos suficientemente sensibles, no podrán percibir nada de lo que se está trasmitiendo en esta frase. Pero cuando una persona puede alcanzar la etapa en la que es capaz de ver a Aquel a quien están dirigidas las alabanzas que surgen de todos los labios, así como la adoración de todos los que doblan sus rodillas, entonces espontáneamente proclamará que en los cielos: "¡Verdaderamente, todas sus mentes una son!". Aquí, el uso de las palabras *todas* y *una,* tiene efectos muy poéticos.

Una vez que el escritor de este himno alude al Padre y al Hijo, saca a colación la doctrina con respecto al Hijo y al Padre. Ahora, todo nos es revelado. "Toda la gloria de Dios el Padre / Expresa el Hijo en Su esplendor". La gloria es interna, mientras que el esplendor es externo. El Padre posee la gloria, y esta gloria del Padre se convierte en el resplandor del Hijo. El resplandor del Hijo es la expresión de la gloria del Padre. El Padre está vinculado a la gloria, mientras que el Hijo está vinculado a la manifestación de dicha gloria. La manifestación, la expresión, no está relacionada directamente con el Padre, sino con el Hijo. "Por Su consejo el Padre reclama". Aquí, "Su consejo" es algo interno y éste reclama: "Dadle al Hijo el mismo honor". Esta no es una acción del Padre, sino Su consejo; no se trata de la labor del Padre sino del plan concebido por Él. Él desea revelar a los hombres que el Hijo posee el mismo honor. La tercera estrofa se vuelve del Padre al Hijo. La cuarta estrofa se vuelve del Hijo al Padre y luego se vuelve nuevamente del Padre al Hijo; esta estrofa comienza haciendo referencia al Hijo y concluye haciendo referencia al Hijo nuevamente. En la tercera estrofa el escritor hace referencia al Hijo y en la cuarta estrofa se refiere al Hijo nuevamente. Aquí podemos ver la doctrina con respecto al Padre y al Hijo.

Cualquiera que toca al Padre y al Hijo no puede detenerse en el Padre y el Hijo únicamente. Por ende, el escritor continúa diciendo: "Por el Espíritu del Señor…". El Espíritu interviene. Una vez que el Espíritu entra en escena, nos volvemos del Hijo y del Padre para fijar nuestra atención en el Espíritu. Este Espíritu es el Espíritu que todo lo penetra, todo lo llena y todo lo abarca. El universo está lleno del Espíritu Santo.

"Huestes del cielo" le alaban. "Huestes" es una expresión poética. Los ángeles celestiales, las criaturas celestiales y un sinnúmero de seres celestiales le alaban. "Para alabar al gran YO SOY". El gran "YO SOY" es Jehová (cfr. Éx. 3:14; 6:2). Ciertamente este himno es un himno de alabanza, ¡un gran himno de alabanza!

Ahora, tenemos que dirigir nuestra atención a lo que nos rodea: "Descansa hoy sin ningún estorbo / La jubilosa nueva creación". La escena que nos rodea rebosa de gozo, descanso, paz y sosiego. Todos están llenos de gozo, descanso, paz y sosiego. Esto se debe a que toda la creación está "tan bendecida en Jesucristo / Por Su completa salvación". Ahora, todo problema ha cesado.

Quizás inadvertidamente, nos hayamos detenido por algún tiempo; así que, nuevamente: "Desborda el cielo con alabanzas". ¿Pueden oírlas? "Desborda el cielo con alabanzas / Por la creciente eterna canción". El clamor de alabanza resuena nuevamente de todas direcciones. Todavía se sigue escuchando más "¡Amén!" resuena por todo el orbe. El universo entero se llena de alabanza y gritos de "¡Amén!". Desde todos los confines surge el "¡Amén!". ¿Por qué? Porque la creación toda responde: "¡Amén!". Este último "amén" es poético en extremo. No es el amén que uno dice al finalizar una canción, sino que se trata de un amén que surge al "responder con gozo".

Este himno nos presenta un universo redimido; esta es la escena que se nos muestra en los capítulos 4 y 5 de Apocalipsis y en el segundo capítulo del libro de Filipenses. Esta es la alabanza en la eternidad.

Segundo ejemplo: *Hymns*, #578
[Traducción textual]

1 De voluntad débil y fuerzas endebles,
Habiendo perdido casi toda esperanza;
Sólo puedo confiar en Tu operación
Que me conduce y guía a proseguir.

2 A pesar de todo mi esfuerzo, fracaso encontré;
Igual que antes, fallé y erré.
Sólo confío en Tu paciencia
Para aferrarme a Tu palabra y guardarla.

3 Siempre que mi corazón se enaltece,
Estoy a punto de caer;
Ya no me atrevo a actuar ni a pensar,
Pues te necesito para poco o mucho hacer.

4 Tú eres mi Salvador, fortaleza y persistencia.
Oh Señor, busco Tu rostro hoy;
Aunque soy el más débil entre los débiles,
Mi fortaleza no es sino Tu gracia.

Éste es un himno excelente que dirigimos a Dios.

"De voluntad débil y fuerzas endebles". En nuestro interior, nuestra fuerza de voluntad se ha hecho débil, mientras que externamente, nuestras fuerzas son endebles. Interiormente, anhelamos tener la suficiente fuerza de voluntad, pero somos débiles. Externamente, deseamos hacer algo, pero estamos demasiado débiles para hacerlo. Así pues, no podemos decidir ni queremos correr. Por ello, "habiendo perdido casi toda esperanza", ¿qué le queda a uno por hacer? Únicamente nos queda confiar en Su operación. Al comienzo, el escritor habla consigo mismo, pero ahora se vuelve a Dios. Él acude a Dios y pone Sus ojos en quien lo "conduce y guía a proseguir". Esto quiere decir que aparte de la dirección que el Señor le provee gentilmente a cada paso, el escritor no abriga ninguna otra esperanza. Esta es la posición en la que se encuentra.

Después, comienza la segunda estrofa: "A pesar de todo mi esfuerzo, fracaso encontré". Esto no es predicar, esto es poesía. "Igual que antes, fallé y erré". ¿Qué le queda por hacer? "Sólo confío en Tu paciencia". Él confía en la paciencia manifiesta del Señor, ¿para hacer qué? "Para aferrarme a Tu palabra y guardarla". No le queda ninguna otra esperanza; toda su esperanza estriba en el poder del Señor. Es Su poder el que le sostiene y le guarda en obediencia. Así pues, él se encuentra completamente desvalido y se ve claramente a sí mismo.

En la tercera estrofa, contemplamos la ascensión gradual de un hombre de Dios. "Siempre que mi corazón se enaltece". Con esto quiere decir que siempre que se siente ligeramente orgulloso y satisfecho consigo mismo (sólo ligeramente); "Estoy a punto de caer". Él ya ha tenido demasiadas experiencias así. ¿Qué debe hacer ahora? "Ya no me atrevo a actuar ni a pensar". No se atreve a hacer nada, ni siquiera se atreve a pensar. "Pues te necesito para poco o mucho hacer", con esto, el autor quiere decir que necesita al Señor para todas las cosas y en todo lugar. He aquí una persona cuyos sentimientos han sido refinados cabalmente por el fuego; tales sentimientos ya no son burdos delante de Dios. Ahora, cada palabra es poesía y destila sentimiento. Cada palabra toca a Dios y solamente a Dios.

Sin embargo, una persona que se conoce a sí misma no habrá de permanecer inmersa en su propia persona. A la postre, tendrá que orar a Dios. "Tú eres mi Salvador, fortaleza y persistencia. / Oh, Señor, busco Tu rostro hoy". No tengo otra opción, ni otra esperanza; no tengo nada más. Solamente puedo venir a buscarte. Esta frase, "Aunque soy el más débil entre los débiles", hace referencia nuevamente a lo expresado en la primera estrofa. No concluye abruptamente. Puesto que soy de voluntad débil y fuerzas endebles, no puedo decidir ni tampoco quiero correr; soy el más débil entre los débiles. ¿Qué haré? "Mi fortaleza no es sino Tu gracia". La gracia del Señor es todo lo que él necesita y es Su gracia la que le permite proseguir.

Si nuestros sentimientos han sido probados y han sido refinados, entonces todas las veces que al acercarnos a Dios, percibamos la realidad de un himno como este, cuyos sentimientos han sido divinamente refinados y sometidos a prueba por Dios mismo, inevitablemente seremos conmovidos por él.

Tercer ejemplo: *Hymns,* #377
[Traducción textual]

1 Si éste mi camino
     Lleva a la cruz,
   Y si Tu sendero
     Trae pérdida y dolor,
   Sea mi recompensa
     A diario, a cada hora,
   Diáfana comunión
     Contigo, bendito Señor.

2 Si mengua el gozo terrenal,
     Da, Señor, lo celestial.
   Si herido el corazón,
     En espíritu te alabe;
   Y si dulces lazos terrenales
     Ordenas deshacer;
   Que el lazo que nos une
     Sea más estrecho y dulce hoy.

3 Si la senda es solitaria,
     Ilumínala al sonreír;
   Sé mi compañero
     En este breve lapso terrenal.
   Viva en abnegación, Señor,
     Y que por Tu gracia
   Sea límpido canal
     Para Tu vida fluir.

Éste es también un magnífico himno. La poesía impregna las expresiones y palabras en él halladas, las cuales manifiestan unos sentimientos muy profundos. Todo cuanto compone este himno indica una esfera muy elevada; todos sus elementos son sobresalientes y reflejan madurez. Rara vez un himno sobre la comunión con el Señor llega a ser tan sublime. No hay rastro alguno de artificialidad o exageración. Se trata de una verdadera expresión de amor que siente una persona hacia el Señor. Es la sumisión perfecta nacida de la consagración perfecta. Es la voz de sumisión que surge del corazón de una persona que no ofrece resistencia alguna al Señor.

"Si éste mi camino / Lleva a la cruz, / Y si Tu sendero / Trae pérdida y dolor, / Sea mi recompensa / A diario, a cada hora, / Diáfana comunión / Contigo, bendito Señor". Esto no es sino completa consagración y sujeción al Señor.

La segunda estrofa es la mejor de todo el himno. En ella, el sentimiento trasciende todavía más. "Si mengua el gozo terrenal" —considera la escritora— "Da, Señor, lo celestial". En su oración, ella no le pide a Dios que la libre de sus circunstancias ni que altere las mismas, sino que ella pueda disfrutar de comunión más íntima con Él. "Si herido el corazón, / En espíritu te alabe". He aquí una persona que sabe distinguir entre su espíritu y su corazón. Puede que tenga el corazón hecho pedazos, pero en su espíritu ella es capaz de alabar. Quizás su corazón esté herido, pero su espíritu se conserva fresco delante de Dios. Ella conoce la diferencia que hay entre el corazón y el espíritu. Así pues, tal persona no suplica por disfrute para el corazón, sino por recompensa del espíritu. Ella ya ha comenzado la ascensión, pero ascenderá más aún en la siguiente línea. En la primera línea de esta estrofa había dicho: "Si mengua el gozo terrenal", pero ahora en la quinta línea dice: "Y si dulces lazos terrenales / Ordenas deshacer". Fíjense que estas dos líneas tienen en común la palabra "terrenal". Esto es poesía. "Y si dulces lazos terrenales / Ordenas deshacer; / Que el lazo que nos une / Sea más estrecho y dulce hoy". Ella no busca transigir ni escapar; simplemente pide una comunión superior. Esta persona va de los "dulces lazos terrenales" de la quinta línea a "el lazo que nos une". Esto es precioso. El sentimiento es noble y delicado, las palabras son las apropiadas y la estructura del himno es maravillosa. ¡Esto es hermoso!

Puesto que el clímax del himno es alcanzado en la segunda estrofa, la tercera estrofa se convierte en una oración: "Si la senda es solitaria, / Ilumínala al sonreír". "Ilumínala al sonreír", esto es muy poético y espiritual. "Viva en abnegación, Señor, / Y que por Tu gracia / Sea límpido canal / Para Tu vida fluir". Esto implica que la escritora no pide otra cosa sino llegar a ser un vaso que se ha despojado de todo y que es santo, a fin de hacer la voluntad de Dios. Este es un final impresionante en una oración que hace la persona consagrada mientras está experimentando sufrimientos. Si leemos este himno con detenimiento, nos percataremos de que se trata de un himno verdaderamente noble y sublime. Tenemos que acudir a Dios para poder aprender tales himnos y captar el espíritu de los mismos.

IV. LA CLASIFICACIÓN DE LOS HIMNOS

Podemos clasificar los himnos en cuatro categorías: (1) los que proclaman el evangelio; (2) los que contienen expresiones de alabanza; (3) los que hablan de la experiencia de Cristo como vida; y (4) los que tratan sobre la vida de iglesia.

La primera categoría está conformada por los himnos que tocan la trompeta del evangelio. Estos himnos deben ser usados en la predicación del evangelio. Incluidos en esta categoría se encuentran los himnos que hacen referencia al sentimiento de culpa que siente el pecador, la posición en la que se encuentra el pecador, el amor de Dios, Su justicia, la redención efectuada en la cruz, el arrepentimiento, la fe en Dios y otros temas semejantes.

Estos himnos deberán ser cantados por nosotros juntamente con nuestros invitados. Pero aquí hay un problema. Los himnos han sido escritos por personas salvas. Nosotros como creyentes hemos desarrollado ciertos sentimientos que no están presentes en nuestros amigos a quienes queremos predicar el evangelio. Por ello, no es tan fácil pedirles que canten himnos que no los conmueven. Sin embargo, si Dios bendice estos himnos, estos apelarán a las necesidades que se esconden en todo pecador y, entonces, ellos verán la condición en la que se encuentran, así como la salvación de Dios. A veces, un pecador no sabe cómo orar o cómo acudir a Dios, pero los himnos le ayudarán a acercarse a Dios y a orar. Así, las palabras del himno llegarán a ser las suyas propias. A veces, un himno puede ser más eficaz que un mensaje. De cualquier forma, la bendición de Dios es imprescindible.

Los himnos que proclaman el evangelio están incluidos en el himnario que usan los hijos de Dios, pero cuando predicamos el evangelio, deberíamos repartir copias de los himnos que vamos a cantar o escribirlos en un lugar que sea visible para todos los invitados, pues así podremos instarlos a cantar junto con nosotros. No siempre será fácil para ellos encontrar un himno en nuestro himnario.

La segunda categoría la conforman los himnos de alabanza. El mismo día que fuimos salvos recibimos el gozo celestial y, por ende, nuestras acciones de gracias y nuestras alabanzas ascendieron a los cielos. A medida que avanzamos en nuestra senda espiritual y a medida que aumenta nuestro conocimiento del amor de Dios, Su justicia, Su gracia y Su gloria, nuestros corazones y labios rebosarán de alabanzas incesantes. En esta categoría, están incluidas todas las alabanzas que dirigimos a nuestro Señor y Dios.

La tercera categoría la conforman los himnos que hablan de la experiencia de Cristo como vida. La redención efectuada por Dios tiene como meta que nosotros vivamos la vida de Cristo. Dios no nos pide que imitemos a Cristo; Dios anhela que el propio Cristo resucitado sea expresado en nuestra vida diaria. Cuando Cristo estaba en la tierra, Él se expresaba mediante el cuerpo que recibió de María. Después de Su resurrección y ascensión, la iglesia es Su Cuerpo y ahora Él desea expresarse por medio de la iglesia.

Cuando éramos pecadores, necesitábamos la salvación y la justificación. Ahora que somos creyentes, buscamos conocer y experimentar la vida de Cristo, y procuramos expresar en nuestra vida diaria la vida de este Cristo. "Y ya no vivo yo, mas vive Cristo en mí" (Gá. 2:20). Él vivió en la tierra para beneficio nuestro. Él se enfrentó a nuestros pecados, nuestras tentaciones y nuestra carne. Ahora, Él ha llegado a ser nuestra vida, nuestra santidad, nuestro amor y nuestro gozo. Él es quien realiza tal obra y no nosotros. Esta es la meta de la obra del Espíritu Santo en esta era. En esta categoría de himnos están incluidos conjuntamente todos aquellos que hacen referencia a nuestra búsqueda inicial del conocimiento de la vida divina en nuestro ser y todo aquello que manifiesta la plena expresión de esta vida en términos de nuestra fe, comunión, satisfacción, guerra espiritual y servicio al Señor. En suma, esta categoría incluye todo cuanto se refiere a procurar esta vida y experimentarla.

La cuarta categoría está conformada por los himnos que se refieren a la vida de iglesia. En ella se incluye todo cuanto se relacione a nuestro andar cristiano, nuestras experiencias diarias, nuestro entorno, nuestro trabajo y, en general, todo aquello en lo cual se ocupa un cristiano. En esta categoría están incluidos los himnos que atañen a nuestras reuniones, el matrimonio, nuestras fiestas de amor, la familia, los niños, nuestra salud, etc.

V. CÓMO USAR LOS HIMNOS

Al elegir qué himno debemos cantar, tenemos que tomar en cuenta lo siguiente:

A. A quién está dirigido el himno

Los himnos pueden estar dirigidos a tres distintas clases de personas. En otras palabras, pueden ser cantados a uno o más de los siguientes grupos:

1. Himnos dirigidos a Dios

La mayoría de himnos están dirigidos a Dios. El objeto de tal poesía es Dios mismo. La mayoría de los salmos del libro de Salmos es poesía dirigida a Dios. El salmo 51 es un salmo muy conocido que consiste en una oración dirigida a Dios. Todo himno de alabanza, agradecimiento y oración es cantado a Dios.

2. Himnos dirigidos a los hombres

Otros salmos están dirigidos a los hombres. El salmo 37 y el 133 son ejemplos de ello. Esta clase de himnos les predica el evangelio a los hombres o los alienta a ir a Dios. Todos los himnos que proclaman el evangelio, así como los himnos de exhortación, son cantados a los hombres.

Colosenses 3:16 dice: "Enseñándoos y exhortándoos unos a otros con salmos e himnos y cánticos espirituales, cantando con gracia en vuestros corazones a Dios". Aquí vemos que los salmos y los himnos sirven también para enseñar y amonestar. Esto está orientado a los hombres en general, pero al mismo tiempo implica cantar "con gracia en vuestros corazones a Dios", lo cual es dirigirse a Dios. Por tanto, incluso los himnos que están dirigidos a los hombres son para Dios.

En la iglesia, no se debieran cantar demasiados himnos

dirigidos a los hombres. En el libro de Salmos, esta clase de cántico representa un pequeño porcentaje del libro. Podemos tener himnos dirigidos a los hombres, pero no es apropiado tener demasiados himnos de esta clase. Cuando cantamos demasiados himnos de esta clase, perdemos de vista el principal propósito que tienen los himnos, el cual es dirigir los hombres hacia Dios.

3. Himnos dirigidos a uno mismo

Hay, además, una tercera clase de himnos en la Biblia: aquellos que nos cantamos a nosotros mismos. Muchos pasajes en el libro de Salmos incluyen la frase: "¡Oh, alma mía!". Todos estos himnos están dirigidos a uno mismo. Los salmos 103 y 121 son buenos ejemplos de tales himnos. Esta clase de himnos representa la comunión que una persona tiene con su propia alma. Se trata del concilio que uno sostiene con su propio corazón, así como de la conversación que se tiene con uno mismo. Todo aquel que conoce a Dios sabe lo que significa tener comunión con su propio corazón. Cuando una persona goza de comunión con Dios, espontáneamente aprende a tener comunión con su propio corazón. En tales ocasiones, uno se canta a sí mismo, se grita a sí mismo, se dirige a sí mismo y se recuerda a sí mismo. Generalmente, tales himnos concluyen haciendo que nos tornemos a Dios. Quizás una persona haya comenzado por tener comunión con su propio corazón, pero invariablemente acaba teniendo comunión con Dios.

Cada una de estas tres clases de himnos pueden ser usados a su manera. Los himnos que hablan de nuestra salvación, comunión, acción de gracias y alabanza, son cantados a Dios. Cuando la iglesia se reúne, deberíamos elegir himnos que están dirigidos a Dios; nuestros corazones deben estar dirigidos a Dios. Cuando nos involucramos en la obra, o cuando nos dirigimos a los santos o a los pecadores, los himnos pueden ser usados como parte de la predicación, y entonces cantamos a los hombres. Cuando estamos solos podemos cantar himnos de comunión con nosotros mismos. En las reuniones de la iglesia (la del partimiento del pan, la de oración y las reuniones de comunión), debemos aprender a cantarle a Dios; y algunas veces podemos dirigir nuestros cánticos a nosotros mismos. En las reuniones de la obra (las reuniones del evangelio y en las que se dan mensajes), podemos valernos de himnos que están dirigidos a los hombres, así como de himnos dirigidos a Dios. Cuando estamos solos o existe alguna necesidad individual, podemos valernos de los himnos que están dirigidos a uno mismo.

B. Las diversas maneras en que podemos cantar los himnos

La Biblia, que sepamos, menciona tres maneras en que podemos cantar los himnos: cantamos como congregación, cantamos en mutualidad y cantamos solos.

En el Antiguo Testamento encontramos varias ocasiones en las que los levitas cantaban solos. El resto del tiempo, era toda la congregación la que cantaba. El libro de Salmos fue escrito para ser cantado por la congregación. Al leer el Nuevo Testamento, encontramos que también se puede cantar himnos en público. La última noche en la que el Señor y los discípulos estuvieron juntos, Mateo 26:30 nos dice: "Y cuando hubieron cantado un himno, salieron al monte de los Olivos". Esto nos muestra que ellos juntos cantaron el himno. Por tanto, el cantar como congregación se menciona tanto en el Antiguo Testamento como en el Nuevo Testamento.

Una vez que surgió la iglesia, además de cantar como congregación, los creyentes se cantaban mutuamente los unos a los otros y también cantaban solos. Tanto Colosenses 3:16 como Efesios 5:19 hacen referencia a que los creyentes se cantan mutuamente. Al cantarnos los unos a los otros, después que un hermano canta, otro hermano le responde cantando. El primer hermano vuelve a cantar y el otro hermano le responde nuevamente. O quizás un grupo de hermanos cante y otro grupo les responda cantando. El primer grupo de hermanos vuelve a cantar y el otro grupo de hermanos vuelve a responder. En la iglesia primitiva, esta manera de cantarse los unos a los otros era casi tan común como la práctica de cantar como congregación, se trataba de hermanos que cantaban a otros hermanos. Sin embargo, al formarse en la iglesia el sistema de clérigos y laicos, en lugar de cantarse los unos a los otros, se adoptó la práctica de hacer que los clérigos y los laicos cantaran, lo que ahora se conoce como antífona. Posteriormente, esto se convirtió en lo que se conoce como lectura antifonal, o lectura de respuesta mutua.

Creemos que el Señor sigue recobrando entre nosotros la manera apropiada de cantar himnos. En la Biblia se menciona la práctica de cantar himnos los unos a los otros. Por tanto, debemos cantarnos los unos a los otros. Quizás podamos cantar un himno alternándonos los hermanos y hermanas en cada estrofa, o alternando entre una persona y el resto de la congregación, o entre diferentes grupos. Los que están sentados en las primeras filas de asientos pueden cantar a los que están sentados en las filas de atrás y viceversa, o los sentados en el lado izquierdo alternan con aquellos sentados en el lado derecho del salón. Todas estas constituyen maneras muy buenas en las que podemos cantar.

También se menciona en la Biblia el caso de solistas. 1 Corintios 14:26 dice: "Cada uno de vosotros tiene salmo, tiene enseñanza, tiene revelación, tiene lengua, tiene interpretación". La frase "cada uno de vosotros tiene salmo" se refiere a cantar como solista. Durante la reunión, quizás un hermano reciba alguna revelación, tal vez otro hermano reciba una enseñanza e incluso otro hermano puede ser que reciba un salmo. Aquí el salmo es cantado por un individuo. Un hermano siente que tiene un salmo, una alabanza, que rebosa en él y quiere cantarlo en voz alta. No está haciendo algo por sí mismo, ni está haciendo algo que los demás no deseen hacer. En realidad, está cantando en nombre de toda la iglesia. Esta clase de canto individual, puede o no puede estar basado en algo escrito; puede o no puede ceñirse a alguna tonada conocida. Muchas veces, podemos cantar "canciones espirituales", las canciones de las que habla la Biblia (Col. 3:16; 1 Co. 14:15). Mientras uno canta tales cánticos, el Espíritu Santo espontáneamente suministra la música y la melodía. Esta persona ha sido inspirada por el Espíritu Santo a cantar. Cuando alguien canta como solista, deberá cantarlo con todo su ser, y la audiencia debe aprender a recibir el suministro que procede del espíritu del cantante. La audiencia no debe prestarle mucha atención a la melodía, sino que debe esforzarse más bien por recibir el suministro que proviene del espíritu del cantante. Este cántico individual, ya sea con una melodía conocida o con una melodía improvisada, debe ser cantado bajo la especial inspiración del Espíritu Santo; no se asemeja en nada a aquellos solistas a quienes les encanta exhibir su carne. Aquellos que carecen del suministro en el espíritu no deben cantar solos.

C. Adiestramiento práctico

Primero, tenemos que familiarizarnos nosotros mismos con el índice de nuestro himnario. Tenemos que recordar claramente cómo están clasificados los himnos. Si ustedes comprenden el principio que rige dicha clasificación y saben de memoria de que trata cada categoría, así como para qué es útil y, además, saben a cuál de estas categorías pertenece cada himno, de inmediato encontrarán el himno que desean cuando lo necesiten.

Busquen el himno que más se ajuste a vuestra condición y apréndanselo. Comprendan cada una de sus palabras y la función que cumplen los signos de puntuación, luego analicen cómo el pensamiento del escritor va desplegándose desde el principio hasta el final del himno. Vuestro corazón tiene que estar abierto. Ustedes deben ser personas de mucha sensibilidad, vuestra voluntad debe ser flexible y dócil, y deberán tener una mente lúcida.

Después de esto, todavía necesitan aprender a cantar. Así podrán aprender de dos a tres himnos cada semana. Al comienzo, si usted no puede cantar, puede tararear unas cuantas tonadas cada mañana, o puede inventar melodías sencillas para tararear el himno. Al hacer esto, usted percibirá el espíritu del himno y desarrollará sus sentidos espirituales. Sin embargo, todavía tiene que aprender a cantar el himno conforme a las notas apropiadas. Después que usted haya aprendido a cantarlo con la melodía que le corresponde a dicho himno, podrá cantarlo de la manera en que el Espíritu le guíe; ya sea como congregación, los unos a los otros o individualmente.

Los himnos cultivan los sentimientos espirituales más nobles y sensibles que puedan anidar en un cristiano. Espero que, en presencia de Dios, todos nosotros podamos aprender algo al respecto. Si podemos acercarnos a Dios con delicadeza y ternura, podremos desarrollar una comunión más íntima con Dios. Damos gracias al Señor que en la eternidad todos nuestros sentimientos serán nobles y rebosarán de ternura. Sabemos que hay más alabanzas en los cielos que oraciones en la tierra. Las oraciones un día cesarán, pero nuestras alabanzas llenarán el universo; entonces, en aquel día, todos nuestros sentimientos serán nobles y manifestarán mucha ternura. Aquel será el más dulce y el más alegre de todos los días.

CAPÍTULO DIECISÉIS

LA ALABANZA

Lectura bíblica: Sal. 22:3; 50:23; 106:12, 47; 146:2; He. 13:15

La alabanza constituye la labor más sublime que los hijos de Dios puedan llevar a cabo. Se puede decir que la expresión más sublime de la vida espiritual de un santo es su alabanza a Dios. El trono de Dios ocupa la posición más alta en el universo; sin embargo, Él está "sentado en el trono / Entre las alabanzas de Israel" (Sal. 22:3). El nombre de Dios, e incluso Dios mismo, es exaltado por medio de la alabanza.

David expresó en un salmo que él oraba a Dios tres veces al día (55:17). Pero en otro salmo, él dijo que alababa a Dios siete veces al día (119:164). Fue por inspiración del Espíritu Santo que David reconoció la importancia de la alabanza. Él oraba tres veces al día, pero alababa siete veces al día. Además, él designó a algunos levitas para que tocaran salterios y arpas a fin de exaltar, agradecer y alabar a Jehová delante del arca del pacto (1 Cr. 16:4-6). Cuando Salomón concluyó con la edificación del templo de Jehová, los sacerdotes llevaron el arca del pacto al interior del Lugar Santísimo. Al salir los sacerdotes del Lugar Santo, los levitas situados junto al altar tocaban trompetas y cantaban, acompañados de címbalos, salterios y arpas. Todos juntos entonaban cantos de alabanza a Jehová. Fue en ese preciso momento que la gloria de Jehová llenó Su casa (2 Cr. 5:12-14). Tanto David como Salomón fueron personas que conmovieron el corazón de Jehová al ofrecerle sacrificios de alabanza que fueron de Su agrado. Jehová está sentado en el trono entre las alabanzas de Israel. Nosotros debemos alabar al Señor toda nuestra vida. Debemos entonar cantos de alabanza a nuestro Dios.

I. EL SACRIFICIO DE ALABANZA

La Biblia presta mucha atención a la alabanza. El tema de la alabanza se menciona con frecuencia en las Escrituras. Salmos, en particular, es un libro en el que abundan las alabanzas. De hecho, en el Antiguo Testamento, el libro de Salmos es un libro de alabanza. Así pues, muchas alabanzas son citas tomadas del libro de Salmos.

Sin embargo, el libro de Salmos contiene no sólo capítulos dedicados a la alabanza, sino también capítulos que hacen referencia a diversos sufrimientos. Dios desea mostrar a Su pueblo que aquellos que le alaban son los mismos que fueron guiados a través de diversas tribulaciones y cuyos sentimientos fueron lastimados. Estos salmos nos muestran hombres que fueron guiados por Dios a través de las sombras de la oscuridad; hombres que fueron despreciados, difamados y perseguidos. "Todas Tus ondas y Tus olas / Pasan sobre mí" (42:7). No obstante, fue en tal clase de personas en quienes el Señor pudo perfeccionar la alabanza. Las expresiones de alabanza no siempre proceden de aquellos que no tienen problemas, sino que proceden mucho más de aquellos que reciben disciplina y son probados. En los salmos podemos detectar tanto los sentimientos más lastimeros como las alabanzas más sublimes. Dios echa mano de muchas penurias, dificultades e injurias, a fin de crear alabanzas en Su pueblo. El Señor hace que, a través de las circunstancias difíciles, ellos aprendan a ser personas que alaban en Su presencia.

La alabanza más entusiasta no siempre procede de las personas que están más contentas. Con frecuencia, tales alabanzas surgen de personas que atraviesan por las circunstancias más difíciles. Este tipo de alabanza es sumamente agradable al Señor y recibe Su bendición. Dios no desea que los hombres le alaben sólo cuando se encuentren en la cima contemplando Canaán, la tierra prometida; más bien, Dios anhela que Su pueblo le componga salmos y le alabe, aun cuando anden "en valle de sombra de muerte" (23:4). En esto consiste la auténtica alabanza.

Esto nos muestra la naturaleza que Dios le atribuye a la alabanza. La alabanza es, por naturaleza, una ofrenda, un sacrificio. En otras palabras, la alabanza proviene del dolor y de los sufrimientos. Hebreos 13:15 dice: "Así que, ofrezcamos siempre a Dios, por medio de El, sacrificio de alabanza, es decir, fruto de labios que confiesan Su nombre". ¿En qué consiste un sacrificio? Un sacrificio es una ofrenda, y una ofrenda implica muerte y pérdida. El que presente una ofrenda debe sufrir alguna pérdida. Toda ofrenda, o sacrificio, deberá ser entregada. Tal entrega implica sufrir pérdida. El buey o el cordero que usted ofreció, le pertenecían; pero cuando usted los entregó, cuando los elevó en calidad de ofrenda, los sacrificó. El hecho de ofrecer algo no indica que habrá ganancia; más bien, significa que se sufrirá una pérdida. Cuando una persona ofrece su alabanza, ella pierde algo; ella está ofreciendo un sacrificio a Dios. En otras palabras, Dios inflige heridas; Él quebranta y hiere a la persona, pero, a su vez, dicha persona se vuelve a Él ofreciéndole alabanzas. La alabanza ofrecida a Dios a costa de algún sufrimiento constituye una ofrenda. Dios desea que el hombre le alabe de esta manera; Él desea ser entronizado por esta clase de alabanza. ¿Cómo obtendrá Dios Su alabanza? Dios desea que Sus hijos le alaben en medio de sus sufrimientos. No debiéramos alabar a Dios sólo cuando hemos recibido algún beneficio. Si bien la alabanza que se ofrece por haber recibido un beneficio sigue siendo una alabanza, no puede considerarse una ofrenda. Una ofrenda, en principio, está basada en el sufrimiento de alguna pérdida. Así pues, el elemento de pérdida está implícito en toda ofrenda. Dios desea que le alabemos en medio de tales pérdidas. Esto constituye una verdadera ofrenda.

No sólo debemos ofrecer oraciones a Dios, sino que es menester que aprendamos a alabarle. Es necesario que desde el inicio de nuestra vida cristiana entendamos cuál es el significado de la alabanza. Debemos alabar a Dios incesantemente. David recibió gracia de Dios para alabarle siete veces al día. Alabar a Dios cada día es un buen ejercicio, una muy buena lección y una excelente práctica espiritual. Debemos aprender a alabarle al levantarnos de madrugada, al enfrentar algún problema, al estar en una reunión o al estar a solas. Debemos alabar a Dios al menos siete veces al día; no dejemos que David nos supere al respecto. Si no aprendemos a alabar a

Dios cada día, difícilmente participaremos del sacrificio de alabanza al cual se refiere Hebreos 13.

A medida que desarrollemos el hábito de la alabanza, tendremos días en los que nos será imposible reunir las fuerzas necesarias para alabar. Puede que hoy, ayer y anteayer hayamos alabado a Dios siete veces al día, y que le hayamos alabado con la misma constancia la semana pasada o el mes anterior. Pero llega el día en que simplemente nos es imposible proferir alguna alabanza. Son días en los que a uno lo agobia el dolor, la oscuridad total o los problemas más graves. En tales días, uno es víctima de malentendidos y calumnias, y se encuentra tan agobiado que, incluso derrama lágrimas de auto compasión. ¿Cómo es posible que en tales días podamos alabar a Dios? Es imposible alabarlo debido a que uno se siente herido, dolido y atribulado. Uno siente que la respuesta más obvia no consiste en alabar, sino en lamentarse. Se siente que lo más normal sería murmurar en lugar de dar gracias, y no hay deseos de alabar ni se piensa en hacerlo. Al tomar en cuenta las circunstancias y el estado en que uno se encuentra, pensamos que alabar no es lo más apropiado. En ese preciso instante deberíamos recordar que el trono de Jehová permanece inmutable, que Su nombre no ha cambiado y que Su gloria no ha mermado. Uno debe alabarlo simplemente por el hecho de que Él es digno de ser alabado. Uno debe bendecirlo por la sencilla razón de que Él merece toda bendición. Aunque uno esté agobiado por las dificultades, Él sigue siendo digno de alabanza; entonces, a pesar de estar angustiados, somos llevados a alabarlo. En ese momento, nuestra alabanza viene a ser un sacrificio de alabanza. Esta alabanza equivale a sacrificar nuestro becerro gordo. Equivale a poner lo que más amamos, nuestro Isaac, en el altar. Así, al alabar con lágrimas en los ojos, elevamos a Dios lo que constituye un sacrificio de alabanza. ¿En qué consiste una ofrenda? Una ofrenda implica heridas, muerte, pérdida y sacrificio. En presencia de Dios, uno ha sido herido y sacrificado. Delante de Dios, uno ha sufrido pérdida y ha muerto. Sin embargo, uno reconoce que el trono de Dios permanece firme en los cielos y no puede ser conmovido; entonces, uno no puede dejar de alabar a Dios. En esto consiste el sacrificio de alabanza. Dios desea que Sus hijos le alaben en todo orden de cosas y en medio de cualquier circunstancia.

II. ALABANZA Y VICTORIA

Hemos visto que nuestra alabanza representa un sacrificio, pero implica mucho más. Debemos ver que la alabanza es la manera de superar los ataques espirituales. Son muchos los que saben que Satanás teme a las oraciones que hacen los hijos de Dios; Satanás huye cuando los hijos de Dios doblan sus rodillas para orar. Por esta causa él los ataca con frecuencia para impedirles que oren. Si bien esto sucede con frecuencia, quisiéramos hacer notar otro hecho: los ataques más serios de Satanás no están orientados a detener las oraciones; sus ataques más feroces están dirigidos a impedir las alabanzas. No queremos decir que Satanás no se esfuerce por impedir las oraciones, pues sabemos que en cuanto un cristiano comienza a orar, es atacado por Satanás. A muchos nos resulta fácil entablar una conversación con otras personas pero, en cuanto comenzamos a orar, Satanás interviene ocasionando impedimentos a la oración. Él es quien nos hace sentir que es difícil orar. Si bien esto es cierto, Satanás no solamente procura impedir las oraciones de los hijos de Dios, sino también sus alabanzas. Su meta suprema consiste en impedir que Dios sea alabado. La oración es una batalla, pero la alabanza es una victoria. La oración representa guerra espiritual, pero la alabanza constituye victoria espiritual. Siempre que alabamos, Satanás huye; por eso, él detesta nuestras alabanzas. Él hará uso de todos sus recursos a fin de impedir que alabemos a Dios. Los hijos de Dios son insensatos si cesan de alabar a Dios cuando enfrentan adversidades y se sienten oprimidos. Pero a medida que conocen mejor a Dios, descubrirán que aún una celda en Filipos puede ser un lugar para entonar cánticos (Hch. 16:25). Pablo y Silas alababan a Dios desde su celda. Sus alabanzas causaron que se abrieran todas las puertas de la cárcel en la cual se encontraban.

Hechos menciona dos instancias en que las puertas de la cárcel fueron abiertas. En una ocasión fueron abiertas a Pedro y en otra a Pablo. En el caso de Pedro, la iglesia oraba fervientemente por él, cuando un ángel le abrió las puertas de la prisión en que estaba y lo liberó (12:3-12). En el caso de Pablo, él y Silas estaban cantando himnos de alabanza a Dios cuando todas las puertas se abrieron y las cadenas fueron rotas. En ese día, el carcelero creyó en el Señor, y toda su casa fue salva en medio de gran júbilo (16:19-34). Pablo y Silas ofrecieron sacrificio de alabanza cuando estaban en la cárcel. Sus heridas aún no habían sido curadas, su dolor no había sido mitigado, sus pies seguían sujetos al cepo y estaban confinados a un calabozo del Imperio Romano. ¿Qué motivo había para sentirse gozosos? ¿Qué razón había para sentirse inspirados a cantar? Sin embargo, en ese calabozo se encontraban dos personas de espíritus transcendentes, que lo habían superado todo. Ellos entendían que Dios aún estaba sentado en los cielos y permanecía inmutable. Si bien era posible que ellos mismos cambiaran, que su entorno mudara, que sus sentimientos fluctuaran y que sus cuerpos sintieran dolor, aun así Dios permanecía sentado en el trono. Él seguía siendo digno de recibir alabanza. Nuestros hermanos, Pablo y Silas, estaban orando, cantando y alabando a Dios. Esta clase de alabanza, que se produce como resultado del dolor y la aflicción, constituye un sacrificio de alabanza. Tal alabanza constituye una victoria.

Al orar, todavía estamos inmersos en nuestra situación. Pero al alabar, nos remontamos por encima de nuestras circunstancias. Mientras uno ora y ruega, todavía sigue atado a sus problemas; no logra librarse de ellos. Inclusive, cuanto más súplicas elevamos, más maniatados y oprimidos nos sentimos. Pero si Dios nos lleva a remontarnos por encima de la cárcel, las cadenas, las dolorosas heridas del cuerpo, los sufrimientos y la pena, entonces ofreceremos alabanzas a Su nombre. Pablo y Silas estaban entonando himnos; ellos cantaban alabanzas a Dios. Dios los llevó a un punto en que la cárcel, la pena y el dolor dejaron de ser un problema para ellos. Así que, ellos podían alabar a Dios. Al alabarle así, las puertas de la prisión se abrieron, las cadenas se soltaron y aun el carcelero fue salvo.

En muchas ocasiones, la alabanza es eficaz cuando la oración no ha dado resultado. Este es un principio fundamental. Si usted no puede orar, ¿por qué no alabar? Después de todo, el Señor ha puesto en nuestras manos este otro recurso a fin de darnos la victoria y permitir que nos gloriemos triunfalmente. Cuando le falten fuerzas para orar y su espíritu se sienta muy oprimido, lastimado o decaído, alabe a Dios. Si no puede orar, trate de alabar. Siempre pensamos que se debe orar cuando la carga es abrumadora, y que debemos alabar cuando ella ha sido quitada de nuestros hombros. Sin embargo, le ruego que tome en cuenta que a veces la carga es tan pesada que uno es incapaz de orar. Es en ese momento que usted debe alabar. No es que alabemos a Dios porque no tengamos ninguna carga sobre nuestros hombros; más bien, le alabamos debido a que las cargas nos abruman sobremanera. Si se enfrenta a situaciones y problemas extraordinarios, se encuentra perplejo y siente que se desmorona, tan solo recuerde una cosa: "¿Por qué no alabar?". He aquí una brillante oportunidad, si ofrece una alabanza en ese momento, el Espíritu de Dios habrá de operar en usted, abrirá todas las puertas y romperá todas las cadenas.

Debemos aprender a cultivar este espíritu elevado, un espíritu que vence cualquier ataque. Puede ser que la oración no siempre nos conduzca al trono, pero con seguridad la alabanza nos llevará ante el trono en todo momento. Es posible que por medio de la oración no siempre logremos vencer, pero la alabanza nunca falla. Los hijos de Dios deben abrir sus bocas para alabar al Señor, no sólo cuando se encuentren libres de problemas, aflicciones, sufrimientos y dificultades, sino aún más cuando se vean en tales problemas y aflicciones. Cuando alguien que se encuentra en tales situaciones yergue su cabeza para decir: "Señor, te alabo", puede que sus ojos estén llenos de lagrimas, pero su boca rebosará de alabanzas. Es posible que su corazón esté angustiado; no obstante, su espíritu seguirá alabando. Su espíritu se remontará tan alto como se eleve su alabanza; él mismo ascenderá junto con sus alabanzas. Aquellos que murmuran son insensatos. Cuanto más murmuran, más quedan sepultados bajo sus propias murmuraciones. Mientras más se quejan, más se hunden en sus propias lamentaciones. Cuanto más se dejan vencer por sus problemas, más desalentados se encuentran. Muchos parecen ser un poco más osados y oran cuando se ven en problemas. Se esfuerzan y luchan por superar sus problemas. A pesar de sentirse agobiados por sus circunstancias y aflicciones, no están dispuestos a ser sepultados por ellas y tratan de escapar por medio de la oración; y con frecuencia logran su liberación. Pero también sucede que a veces sus oraciones no hacen ningún efecto. Nada parece ser capaz de libertarlos, hasta que empiezan a alabar. Deben elevar en calidad de ofrenda el sacrificio de alabanza. Es decir, deben considerar la alabanza como un sacrificio que se eleva a Dios. Si se colocan en una posición tan ventajosa como esa, de inmediato superarán cualquier dificultad y no habrá problema que pueda abrumarlos. A veces, usted sentirá que algo lo oprime; sin embargo, tan pronto empiece a alabar, saldrá de su depresión.

Leamos 2 Crónicas 20:20-22: "Se levantaron por la mañana y salieron al desierto de Tecoa. Y mientras ellos salían, Josafat, estando en pie, dijo: Oídme, Judá y moradores de Jerusalén. Creed en Jehová vuestro Dios, y estaréis seguros; creed a Sus profetas, y seréis prosperados. Y habiendo consultado con el pueblo, puso a algunos que cantasen a Jehová y que alabasen, en vestiduras santas, mientras salía delante del ejército, y que dijesen: Dad gracias a Jehová, porque Su benignidad es para siempre. Y cuando comenzaron a entonar cantos y alabanzas, Jehová puso emboscadas contra los hijos de Amón, de Moab y del monte de Seir, que venían contra Judá, y fueron derribados". Esta es la descripción de una batalla. En la época en que gobernaba Josafat, la nación de Judá estaba a punto de ser extinguida; se encontraba en un estado de debilidad y caos. Los moabitas, los amonitas y los del monte de Seir se habían propuesto invadir el territorio de Judá. La nación de Judá estaba sobrecogida por una desesperación total; su derrota era inminente. Josafat era un rey que había sido reavivado por Dios y le temía. Por supuesto, ninguno de los reyes de Judá había sido perfecto; sin embargo, Josafat era una persona que buscaba a Dios. Él exhortó a la nación de Judá a confiar en Dios. ¿Qué fue lo que hizo? Él designó cantores para que entonaran alabanzas a Jehová. También, les pidió que alabasen en vestiduras santas y que salieran delante del ejército, diciendo: "Dad gracias a Jehová, porque Su benignidad es para siempre". Por favor, ponga atención a las palabras "*y cuando comenzaron*", que aparecen a continuación en el versículo 22, las cuales son muy preciosas. "Y cuando comenzaron a entonar cantos y alabanzas, Jehová puso emboscadas contra los hijos de Amón, de Moab y del monte de Seir". *Y cuando comenzaron* quiere decir *en ese preciso momento*. Cuando todos cantaban alabanzas a Jehová, Él respondió derribando a los amonitas, moabitas y a los del monte de Seir. No hay nada que haga mover tan rápidamente la mano del Señor como la alabanza. La oración no es la manera más rápida de hacer que la mano del Señor se mueva, sino la alabanza. Les ruego que no me malinterpreten y lleguen a pensar que no debemos orar. Debemos orar todos los días; sin embargo, hay muchas cosas que sólo podemos vencer por medio de la alabanza.

Aquí vemos que la victoria espiritual no depende de la batalla que libremos, sino de la alabanza que elevemos a Dios. Debemos aprender a vencer a Satanás por medio de nuestras alabanzas. No sólo vencemos a Satanás por medio de la oración, sino también por medio de la alabanza. Muchas personas han tomado conciencia tanto de la ferocidad de Satanás como de sus propias flaquezas, de modo que resuelven luchar y orar. No obstante, aquí nos encontramos con un principio muy singular, a saber: la victoria espiritual no la determina la oración, sino la alabanza. Con frecuencia, los hijos de Dios caen en la tentación de llegar a pensar que sus problemas son muy complicados y que, por tanto, deben encontrar la manera de resolverlos. Así pues, concentran todos sus esfuerzos en buscar la manera de superar tales problemas. Sin embargo, cuanto más se empeñan en tal búsqueda, les resulta más difícil vencer. Al hacer esto, nos rebajamos al nivel de Satanás. En tales casos, ambos intervienen en la batalla; desde un extremo lucha Satanás, y nosotros nos encontramos en el extremo opuesto. Es difícil lograr alguna victoria si estamos en tal posición. Pero 2 Crónicas 20 nos muestra una escena muy diferente. En un extremo estaba el ejército, y en el otro estaban aquellos que entonaban himnos, los cuales, o tenían mucha fe en Dios o estaban locos. Gracias a Dios, nosotros no somos un pueblo desquiciado; somos personas que tienen fe en Dios.

Son muchos los hijos de Dios que padecen tribulaciones; ellos son probados con frecuencia. Cuando tales tribulaciones llegan a ser muy severas y el combate arrecia, tales cristianos se encuentran en una posición parecida a la de Josafat, pues no se vislumbra solución alguna para sus problemas. Una de las fuerzas combatientes es muy potente, y la otra demasiado endeble; no existe comparación entre ambas. Están atrapados en un torbellino, pues sus problemas son tan serios que superan todas sus capacidades. En esos momentos, es muy fácil que ellos se concentren en sus problemas y fijen su mirada en sus propias dificultades. Cuanto más tribulaciones padece una persona, más probabilidades tiene de dejarse agobiar por sus problemas, lo cual se convierte en un período de prueba muy intenso. Tal persona es sometida a la prueba más severa cuando se fija en ella misma o en sus circunstancias; cuanto más pruebas una persona padece, más propensa es a mirarse a sí misma o sus circunstancias. En cambio, aquellos que conocen a Dios experimentan que, cuanto más pruebas padecen, más confían en Dios. Cuanto más pruebas estas personas padecen, más aprenden a alabar. Así que, no debemos mirarnos a nosotros mismos, sino que debemos aprender a fijar nuestros ojos en el Señor. Debemos erguir nuestras cabezas y decirle al Señor: "¡Tú estás por sobre todas las cosas; alabado seas!". Las alabanzas más entusiastas, que provienen del corazón y que fluyen de aquellos cuyos sentimientos han sido heridos, constituyen los sacrificios de alabanza agradables y aceptables para Dios. Una vez que nuestro sacrificio de alabanza asciende a Dios, el enemigo, Satanás, es vencido por medio de la alabanza. El sacrificio de alabanza tiene mucha eficacia delante de Dios. Permita que sus alabanzas más sublimes broten para Dios, y con toda certeza será capaz de resistir y vencer al enemigo. Al alabar, ¡encontrará que el camino a la victoria se abre delante de usted!

Los nuevos creyentes no debieran pensar que necesitan muchos años para aprender a alabar. Al contrario, debieran saber que pueden empezar a alabar inmediatamente. Cada vez que enfrenten algún problema, deben orar pidiendo la misericordia necesaria para detener sus propias manipulaciones y complots, así como deben aprender la lección en cuanto a la alabanza. Se pueden ganar muchas batallas por medio de la alabanza, y muchas se pierden debido a que nuestras alabanzas están ausentes. Si uno cree en Dios, al enfrentar sus problemas podrá decirle: "¡Yo alabo Tu nombre. Tú estás por encima de todas las cosas. Tú eres más fuerte que todo. Tu benignidad es para siempre!". Una persona que alaba a Dios supera todas las cosas, vence constantemente en todo orden de cosas por medio de su alabanza. Este es un principio y constituye, además, un hecho.

III. LA FE QUE GENERA LA ALABANZA

Salmos 106:12 es una palabra muy preciosa: "Entonces creyeron a Sus palabras / Y cantaron Su alabanza". Tal era la condición de los hijos de Israel cuando estuvieron en el desierto. Ellos creyeron y cantaron; o sea, ellos creían, así que alababan. La alabanza contiene un ingrediente fundamental: la fe. No se puede alabar únicamente de labios para afuera; no se puede decir a la ligera: "¡Gracias Señor! ¡Te alabo Señor!". Uno tiene que tener fe; sólo podremos alabar después que hayamos creído. Si uno enfrenta algún problema o se siente afligido, ora; y a medida que ora, siente que la fe brota en su corazón. Es en ese momento que uno empieza a alabar. Esta es la manera viviente, pero no debe ser realizada con ligereza. Uno debe orar cuando le sobrevenga algún problema, pero tan pronto reciba un poco de fe, tan pronto empiece a creer en Dios y en Su grandeza, en Su poder, en Su compasión, en Su gloria y en la manifestación de Su gloria, debe comenzar a alabar. Si la fe se ha despertado en uno, pero uno no manifiesta enseguida la alabanza, pronto verá que su fe se desvanece. Decimos esto basados en nuestra propia experiencia. En cuanto la fe brote en nuestro ser, debemos alabar a Dios. Si no lo hacemos, después de cierto tiempo, nuestra fe se desvanecerá. Quizás ahora tengamos fe, pero después de cierto tiempo, es posible que tal fe se desvanezca. Por consiguiente, tenemos que aprender a alabar. Tenemos que aprender a expresar nuestra alabanza. Tenemos que abrir nuestras bocas y alabar. No basta con tener pensamientos de loor, sino que tenemos que expresar nuestras alabanzas de manera concreta y audible. Uno debe alabar a Dios en medio de todos sus problemas y en la faz de Satanás, diciendo: "¡Oh Señor! ¡Alabado seas!". Hágalo hasta que surja cierto sentir allí donde antes no existía sentimiento alguno, y hágalo hasta que tal sentimiento, que empieza muy débilmente, se haga más intenso y definido. Hágalo hasta que su fe, que al comienzo era muy pequeña, sea plenamente perfeccionada.

Una vez que usted contemple plenamente la gloria de Dios, usted podrá creer. Una vez que la gloria de Dios impregne su espíritu, usted podrá alabarle. Debe llegar a comprender que Dios está por encima de todas las cosas y que Él es digno de ser alabado. Cuando usted alaba, Satanás huye. Hay ocasiones en las que tenemos que orar, pero cuando nuestra oración nos lleve al punto en que obtenemos fe y certeza, sabemos que el Señor ha respondido a nuestra oración y que nos corresponde alabarle: "¡Señor! ¡Te doy gracias! ¡Te alabo! ¡Este asunto ya ha sido resuelto!". No espere a que el asunto haya sido efectivamente resuelto para comenzar a alabar. Debemos alabar tan pronto hayamos creído. No esperemos a que el enemigo se marche para empezar a cantar. ¡Debemos cantar para ahuyentarlo! Debemos aprender a alabar por fe; cuando alabamos por fe, el enemigo será derrotado y echado lejos. Tenemos que creer antes de poder alabar. Primero, creemos y alabamos, y después experimentamos la victoria.

IV. LA OBEDIENCIA CONDUCE A LA ALABANZA

Nuestros problemas pueden clasificarse básicamente en dos categorías. La primera corresponde a los problemas provocados por nuestro entorno y por los asuntos que nos ocupan. En dicha categoría recae el problema que confrontaba Josafat. La alabanza constituye la manera de vencer esta clase de circunstancias problemáticas. La segunda categoría la conforman aquellas cosas que nos afectan de una manera personal. Es probable que, por ejemplo, nos hayamos ofendido por causa de ciertas palabras hirientes. Tal vez algunas personas nos ofendan o nos vituperen, nos maltraten o nos contradigan, nos aborrezcan sin razón alguna o nos difamen sin motivo alguno. Quizás tales acciones nos parezcan intolerables y nos sea imposible olvidarlas. Estos problemas están relacionados con nuestra victoria en un plano personal. Tal vez un hermano nos diga algo inapropiado o una hermana nos trate mal y, quizás, nos resulte imposible superar tales cosas. Entonces, todo nuestro ser lucha, se queja y gime por justicia. Probablemente nos sea difícil perdonar y no podamos superar los sentimientos que nos embargan. Quizás se haya cometido alguna injusticia en contra de nosotros, o tal vez se nos haya calumniado u hostilizado, pero el caso es que nosotros no podemos olvidarnos de ello. En tales ocasiones, la oración no sirve de mucho. Uno desea luchar y arremeter en contra de ello, pero está maniatado; mientras más trata de deshacerse de tal carga, más oprimido se siente. Así, uno descubre lo difícil que es vencer tales sentimientos. En tales momentos, les ruego tengan en cuenta que el agravio o injusticia del cual son víctimas es demasiado grande y, por ende, no es el momento para orar, sino para alabar. Uno debe inclinar su cabeza y decirle al Señor: "Señor, gracias. Tú nunca te equivocas. Recibo de Tus manos todas estas cosas. Deseo darte las gracias. ¡Alabado seas!". Cuando uno hace esto, todos sus problemas desaparecen. La victoria no tiene nada que ver con luchar en contra de la carne, ni tiene relación alguna con el que intentemos, por nuestros esfuerzos naturales, perdonar a otros o disculparlos. La victoria se obtiene cuando uno inclina su cabeza y alaba al Señor diciendo: "Alabado seas por Tus caminos. Lo que Tú dispones siempre es bueno. Lo que Tú haces es perfecto". Cuando alabe a Dios así, su espíritu se remontará por encima de sus problemas; superará aun sus heridas más profundas. Si uno se siente injuriado, ofendido, es porque no alaba lo suficiente. Si usted es capaz de alabar al Señor, las heridas infligidas se volverán alabanzas; su espíritu se remontará a las alturas y le dirá a Dios: "Te doy gracias y te alabo. Tú nunca te equivocas en ninguno de Tus caminos". Esta es la senda que debemos tomar ante el Señor. Deje atrás todo lo demás. Esto es glorioso; esto es un verdadero sacrificio.

La vida cristiana se eleva mediante las alabanzas. Alabar consiste en sobrepasar todo a fin de tener contacto con el Señor. Este fue el camino que el Señor Jesús tomó cuando anduvo en la tierra. Nosotros debemos tomar la misma senda.

No debemos murmurar en contra de los cielos si somos probados, sino, más bien, remontarnos por encima de las pruebas.
Una vez alabamos al Señor, nos remontamos por encima de
las tribulaciones. Si otros buscan abatirnos, con mayor razón
debemos responder resueltamente diciéndole al Señor: "¡Te
doy gracias y te alabo!". Aprendamos a aceptar todas las
cosas. Aprendamos a conocer que Él es Dios. Aprendamos a
conocer cuál es la obra de Sus manos. No hay nada que lleve
al hombre a crecer y a madurar en la vida divina como el ofrecer sacrificios de alabanza. Debemos aprender no sólo a aceptar la disciplina del Espíritu Santo, sino también a alabar a
Dios por ella. Es necesario que no sólo aceptemos la disciplina
del Señor, sino que incluso nos gloriemos en ella. No solamente debemos aprender a aceptar ser corregidos por el
Señor, sino también a aceptar dicha corrección gustosa y jubi-
losamente. Si lo hacemos, se nos abrirá una puerta amplia y
gloriosa.

V. LA ALABANZA ES ANTERIOR
AL CONOCIMIENTO

Finalmente, en Salmos 50:23 Dios nos dice: "El que ofrece
sacrificio de acción de gracias me glorifica" (heb.). Aquí la
expresión *acción de gracias* puede también traducirse como
alabanza. El Señor está esperando que le elevemos nuestras
alabanzas. Ninguna otra acción glorifica tanto a nuestro Dios
como la alabanza. Llegará el día en que todas las oraciones,
profecías y obras cesarán, pero en ese día, nuestras alabanzas
serán mucho más abundantes que hoy. La alabanza perdu-
rará por la eternidad; nunca cesará. Cuando lleguemos a los
cielos y arribemos a nuestra morada final, nuestras alabanzas se elevarán aún más alto. Hoy tenemos la oportunidad de
aprender la lección suprema; podemos aprender a alabar a
Dios hoy mismo.

Ahora vemos por espejo, obscuramente (1 Co. 13:12).
Si bien podemos vislumbrar ciertas cosas, aún no podemos
comprender lo que ellas representan. Apenas sentimos el
dolor que nos causa tanto nuestras heridas internas como las
tribulaciones externas que enfrentamos y experimentamos,
pero no entendemos el significado que encierran tales cosas;

por consiguiente, no alabamos. Tengo la certeza de que las alabanzas abundarán en los cielos puesto que allí se tendrá pleno conocimiento de estas cosas. Mientras más completo sea nuestro conocimiento, más perfecta será la alabanza. Todo estará claro cuando estemos frente al Señor en aquel día. Las cosas que hoy no entendemos claramente, en ese día las comprenderemos. En ese día, veremos cuán excelente es la voluntad del Señor en cuanto a todos los aspectos de la disciplina del Espíritu para con nosotros. De no haber sido por la disciplina del Espíritu, ¡habríamos descendido a niveles inimaginables! Si el Espíritu Santo no hubiese impedido ciertas acciones nuestras, no podemos imaginar siquiera lo lastimosa que hubiese sido nuestra caída. Muchas cosas, miles, incluso millones de ellas, que hoy no entendemos, nos serán aclaradas en aquel día. Cuando en ese entonces lo veamos todo claramente, inclinaremos nuestra cabeza y le alabaremos diciendo: "Señor, Tú nunca te equivocas". Cada aspecto de la disciplina del Espíritu Santo representa la obra que Dios lleva a cabo en nosotros. Si en tal ocasión no nos hubiéramos enfermado, ¿qué nos habría sucedido? De no haber fracasado en aquel momento, ¿qué hubiera sido de nosotros? Puede que lo acontecido haya sido un problema para nosotros; sin embargo, al enfrentar tales problemas nos evitamos peores complicaciones. Tuvimos que enfrentarnos a lo que constituyó una desgracia para nosotros, pero debido a esa situación, mayores infortunios fueron evitados. En ese día conoceremos cuál fue la razón de que el Señor permitiera que esas cosas nos sucedieran. Hoy día, el Señor nos guía en todo momento, paso a paso. En ese día inclinaremos nuestra cabeza y diremos: "Señor, qué insensato fui por no haberte alabado aquel día. Fui un tonto porque no te di las gracias aquel día". Cuando nuestros ojos sean abiertos y veamos claramente en ese día, cuán avergonzados estaremos al recordar nuestras murmuraciones. Es por eso que hoy debemos aprender a decir: "Señor, no logro comprender lo que Tú haces, mas sé que no puedes equivocarte". Tenemos que aprender a creer y a alabar. Si lo hacemos, en ese día diremos: "¡Señor! Te agradezco por Tu gracia que me salvó de quejas y murmuraciones innecesarias. ¡Señor! Te agradezco por la gracia que me guardó de murmurar en aquellos días". En muchos asuntos, cuando los conozcamos más a fondo, más grandiosas serán nuestras alabanzas. En nosotros existe el deseo de alabar al Señor debido a que Él es bueno (Sal. 25:8; 100:5). Debemos decir siempre: "El Señor es bueno". Hoy debemos aprender a creer que el Señor es bueno y que Él nunca se equivoca, aunque no siempre podamos entender lo que está haciendo. Si creemos, le alabaremos. Nuestras alabanzas son Su gloria; al alabarle, le glorificamos. Dios es digno de toda la gloria. Que Dios obtenga de Sus hijos alabanzas en abundancia.

Capítulo diecisiete

EL PARTIMIENTO DEL PAN

Lectura bíblica: Mt. 26:26-28; 1 Co. 10:16-22; 11:23-32

I. LA INSTITUCIÓN DE LA CENA DEL SEÑOR

En la iglesia tenemos una cena a la cual todos los hijos de Dios deben asistir. Esta cena fue instituida por el Señor Jesús la última noche en que estuvo en la tierra, en la víspera de Su crucifixión. Así pues, esta cena fue la última de la cual el Señor participó en Su última noche en la tierra. Aunque Él comió después de Su resurrección, tal acto no era ordinario, sino algo opcional.

¿Cómo fue la última cena? Esta cena tiene su historia. Los judíos celebraban una fiesta llamada la Pascua, con la cual recordaban su liberación de la esclavitud en Egipto. ¿Cómo los había salvado Dios? Dios ordenó a los hijos de Israel que tomaran un cordero por familia, según la familia de sus padres, y que lo inmolaran al caer la noche del día catorce del primer mes. Después, tenían que untar con sangre los dos postes y el dintel de la puerta de sus casas. Aquella noche, ellos comieron la carne del cordero, acompañándola con pan sin levadura y hierbas amargas. Después del éxodo de Egipto, Dios les ordenó que guardaran esta fiesta cada año a manera de conmemoración (Éx. 12:1-28). Por tanto, para los judíos, la Pascua fue instituida como recordatorio de su liberación.

La última noche antes de que el Señor Jesús partiera de este mundo era también la noche de la Pascua. Después de que el Señor comió del cordero pascual con los discípulos, Él instituyó Su propia cena. El Señor estaba tratando de mostrarnos que debíamos participar en Su cena de la misma manera en que los judíos participaban del banquete pascual.

Ahora, comparemos estas dos fiestas. Los israelitas fueron salvos y liberados de Egipto, y ellos guardaban la Pascua. Los hijos de Dios hoy en día son salvos y liberados de los pecados de este mundo, y participan en la cena del Señor. Los israelitas tenían su propio cordero. Nosotros también tenemos nuestro Cordero: el propio Señor Jesús, el Cordero de Dios. Hemos sido liberados de los pecados de este mundo, del poder de Satanás, y ahora estamos completamente del lado de Dios. Por tanto, participamos de la cena del Señor de la misma manera en que los israelitas participaron del cordero pascual.

Después de haber celebrado la Pascua, "tomó Jesús pan y bendijo, y lo partió, y dio a los discípulos, y dijo: Tomad, comed; esto es Mi cuerpo. Y tomando la copa, y habiendo dado gracias, les dio, diciendo: Bebed de ella todos; porque esto es Mi sangre del pacto, que por muchos es derramada para perdón de pecados" (Mt. 26:26-28). Esta es la cena que el Señor instituyó.

¿Qué significado encierra una cena? La hora de la cena es un tiempo en el que toda la familia se reúne para comer en paz, después de un día de labores. No es una comida en la que tenemos que comer con prisa, como podrían serlo el desayuno o el almuerzo. Se trata, más bien, de tener una cena apacible y en completo descanso. Esta debiera ser la clase de atmósfera que impere entre los hijos de Dios cuando participan de la cena del Señor. Ellos no debieran apurarse. Sus mentes no debieran estar distraídas, pensando en esto o aquello; antes bien, ellos debieran disfrutar reposo en la casa de Dios.

El Señor usó pan sin levadura, en lugar de pan leudado, debido a que Él instituyó Su cena durante la Pascua (Éx. 12:15). El "fruto de la vid" es mencionado en Mateo 26, Marcos 14 y Lucas 22. Al celebrar la reunión del partimiento del pan, podemos usar vino de uvas o jugo de uvas, siempre y cuando se trate del "fruto de la vid".

II. EL SIGNIFICADO DE LA CENA DEL SEÑOR

A. Hacemos memoria del Señor

¿Por qué el Señor desea que celebremos Su cena? El Señor dijo: "Haced esto … en memoria de Mí" (1 Co. 11:25). Por tanto, el primer significado de la cena es recordar al Señor. El Señor sabe que nos olvidaremos de Él. Si bien la gracia recibida es inmensa y la redención que recibimos es maravillosa, nuestra experiencia nos dice que es fácil para el hombre olvidarse del Señor. Si nos descuidamos un poco, los que recién han sido salvos podrían olvidarse incluso de la salvación del Señor, por lo cual del Señor deliberadamente nos encargó: "Haced esto ... en memoria de Mí".

El Señor desea que hagamos memoria de Él, no solamente porque somos propensos a olvidarnos de Él, sino, además, porque el Señor necesita que *nosotros* hagamos tal conmemoración. El Señor no quiere que nos olvidemos de Él. Él es mucho más grandioso que nosotros, y jamás podríamos sondear toda Su grandeza. Así pues, nosotros no le hacemos ningún beneficio a Él al recordarlo. Antes bien, para nuestro propio beneficio, Él dijo: "Haced esto ... en memoria de Mí". El Señor ha sido condescendiente y apeló a nosotros para que lo recordásemos. Él primero fue condescendiente para llegar a ser nuestro Salvador. Además, condescendió a fin de ganar nuestros corazones y así obtener que hagamos memoria de Él. El Señor no desea que *nosotros* nos olvidemos de Él. Él desea que semana tras semana, continuamente, vivamos delante de Él y le recordemos. Él nos pide esto a fin de que obtengamos Sus bendiciones espirituales. El Señor desea que le recordemos; esta es la petición que Él nos hace en amor. Si nosotros no hacemos memoria de Él continuamente ni tenemos siempre presente la redención que Él efectuó por nosotros, fácilmente nos enredaremos en los pecados del mundo. De ser así, fácilmente surgirán disputas entre los hijos de Dios. Nuestra pérdida sería, en realidad, inmensa. Por eso, el Señor desea que le recordemos. Somos bendecidos cuando hacemos memoria de Él. Esta es una manera de recibir Su bendición. Recibimos la gracia del Señor por medio de hacer memoria de Él.

Una gran bendición que recibimos como consecuencia de recordar al Señor, es que nos escapamos de la influencia y dominio que ejercen los pecados del mundo. Una vez por semana se nos recuerda de cómo recibimos al Señor y cómo Él murió por nosotros. Al hacer esto, somos separados de los pecados del mundo. Esta es una de las bendiciones que recibimos al partir el pan en memoria del Señor.

Otro de los motivos espirituales para partir el pan en memoria del Señor es para prevenir que los hijos de Dios disputen entre sí y causen divisiones. Cuando me recuerdo a mí mismo de que soy salvo, y otro hermano también se recuerda a sí mismo de que él ha sido salvo, ¿cómo podríamos dejar de amarnos los unos a los otros? Si mientras estoy reflexionando que el Señor Jesús me ha perdonado a mí de mis numerosos pecados, veo participar de la cena del Señor a una hermana quien también ha sido igualmente redimida por la sangre, ¿cómo no podría perdonarla? ¿Cómo podría yo hacer constar sus faltas y causar división en base a ello? Durante los dos mil años de historia de la iglesia, muchas disputas surgidas entre hijos de Dios fueron resueltas cuando ellos se reunieron para participar de la mesa del Señor. En la mesa del Señor, toda animadversión y odio desaparecen. Cuando recordamos al Señor, también nos acordamos de cómo fuimos salvos y perdonados. El Señor ha perdonado nuestra deuda de diez mil talentos. ¿Cómo podríamos entonces apresar a nuestro compañero y asirlo del cuello, cuando nos debe apenas cien denarios? (Mt. 18:21-35). Cuando un hermano hace memoria del Señor, su corazón es ensanchado al grado que puede recibir a todos los hijos de Dios. Este hermano verá que todos los redimidos por el Señor son amados por Él y, espontáneamente, él querrá amarlos también. Si estamos en el Señor, no tendremos envidia, odio, resentimiento, ni dejaremos de perdonar. Sería irracional acordarnos de cómo el Señor nos perdonó de nuestros muchos pecados y seguir peleando con los hermanos y hermanas. No es posible hacer memoria del Señor si somos pendencieros, envidiosos, iracundos y rencorosos. Por tanto, siempre que nos reunimos para recordar al Señor, el Señor nos recuerda de Su amor y de Su obra en la cruz. Él nos recuerda que todos los que Él salvó, son amados por Él. El Señor nos ama, y se dio a Sí mismo por nosotros. Él se dio a sí mismo por nosotros y por todos los que le pertenecen. Él ama a quienes le pertenecen, y nosotros espontáneamente amamos a todos Sus hijos, porque no podemos odiar a los que Él ama.

"Haced esto ... en memoria de Mí". Jamás podremos hacer

memoria de las personas que no conocemos. Tampoco podremos recordar aquellas cosas que no hemos experimentado. Aquí el Señor desea que hagamos memoria de Él, lo cual significa que ya le conocimos en Gólgota y que ya recibimos Su gracia. Estamos aquí recordando lo que Él ha conseguido. Miramos retrospectivamente para hacer memoria del Señor de la misma manera que los judíos recuerdan la Pascua.

¿Por qué hay tantas personas perezosas y sin fruto? Es debido a que se han olvidado de que ya fueron purificadas de sus antiguos pecados (2 P. 1:8-9). Este es el motivo por el cual el Señor desea que le recordemos y le amemos. Él quiere que lo recordemos todo el tiempo. Debemos recordar que la copa representa el nuevo pacto promulgado por medio de Su sangre, la cual fluyó en beneficio nuestro. También debemos recordar que el pan es Su cuerpo que fue dado por nosotros. Esto es lo primero que debemos recalcar al partir el pan.

B. Anunciamos la muerte del Señor

La cena del Señor encierra también otro significado. 1 Corintios 11:26 dice: "Pues, todas las veces que comáis este pan, y bebáis esta copa, la muerte del Señor anunciáis hasta que Él venga". Al comer el pan y beber la copa, anunciamos la muerte del Señor. La palabra que en este versículo se tradujo "anunciáis" también puede traducirse: "proclamáis". Esto significa proclamar la muerte del Señor ante los demás. Al encomendarnos la celebración de Su cena, el Señor no solamente nos pide que le recordemos, sino también que proclamemos Su muerte.

¿Por qué el pan y la copa anuncian la muerte del Señor? En un principio, la sangre se halla en la carne, pero cuando la sangre está separada de la carne, eso quiere decir que ha habido muerte. Cuando vemos el vino en la copa, vemos la sangre, y cuando vemos el pan sobre la mesa, vemos la carne. La sangre del Señor está en un lado y Su carne en el otro. Así pues, la sangre ha sido separada de la carne. Así anunciamos la muerte del Señor. En esta reunión no hay necesidad de que digamos a los demás: "Nuestro Señor murió por nosotros". Los asistentes saben que ha habido muerte al ver que la sangre está separada de la carne.

¿Qué es el pan? Es trigo hecho polvo. ¿Qué contiene la copa? Las uvas que han sido exprimidas. Al ver el pan, éste nos recuerda el trigo molido, y al ver la copa, ella nos recuerda las uvas que fueron exprimidas. Es obvio que todo esto nos recuerda la muerte. Un grano de trigo es únicamente un grano, y no puede llegar a convertirse en pan si no ha sido molido primero. Asimismo, un racimo de uvas no puede llegar a ser vino a menos que haya sido exprimido. Si un grano de trigo procura salvarse a sí mismo, no habrá pan. Del mismo modo, si un racimo de uvas trata de salvarse, no habrá vino. Aquí el Señor habló por medio de Pablo: "Pues, todas las veces que comáis este pan, y bebáis esta copa, la muerte del Señor anunciáis hasta que Él venga". Nosotros comemos los granos que han sido molidos y bebemos las uvas que fueron exprimidas. Hacemos esto a fin de anunciar la muerte del Señor.

Tal vez sus padres, sus hijos u otros familiares suyos no conozcan al Señor. Si usted los lleva a la reunión y ellos ven el pan, le preguntarán: "¿Qué es eso? ¿Qué significado encierra partir el pan así? ¿Y qué significa la copa?". Usted responderá: "La copa representa la sangre y el pan representa la carne. La sangre está separada de la carne, ¿qué representa este hecho para ustedes?". Entonces ellos responderán: "Esto quiere decir que ha habido muerte". La sangre está en un lado, y la carne en el otro. La sangre y la carne están separadas, lo cual implica muerte. Podemos demostrar delante de todos los hombres que aquí se exhibe la muerte del Señor. Cuando estamos en el salón de reunión, deberíamos predicar el evangelio no sólo con nuestros labios o con nuestros dones, sino también mediante la cena del Señor. Esta es una manera de predicar el evangelio. Constituiría un gran evento a escala universal si los hombres comprendieran que participar de la cena del Señor no es un ritual. Más bien, debemos comprender que al participar de la cena del Señor estamos anunciando Su muerte. Jesús nazareno, el Hijo de Dios, murió. Este hecho de inmenso significado es exhibido ante nosotros.

A ojos de los hombres, el Señor Jesús ya no está en la tierra, pero los símbolos de la cruz, esto es, el pan y la copa, todavía están entre nosotros. Siempre que vemos el pan y la copa, somos recordados de la muerte del Señor en la cruz.

Este símbolo de la cruz nos recuerda la constante necesidad que tenemos de recordar que el Señor murió por nosotros.

"Pues, todas las veces que comáis este pan, y bebáis esta copa, la muerte del Señor anunciáis hasta que Él venga". Ciertamente el Señor regresará, lo cual representa un gran consuelo para nosotros. Resulta particularmente significativo que asociemos Su venida con la cena del Señor. ¿Acaso no disfrutamos la cena al anochecer? La cena es la última comida del día. Todas las semanas participamos de la cena del Señor. La iglesia ha venido participando de la misma cena una semana tras otra durante casi dos mil años. Esta cena aún no ha terminado, y nosotros seguimos celebrándola. Nosotros esperamos y esperamos, hasta el día que el Señor regrese. Cuando Él regrese, ya no celebraremos esta cena. Cuando nos encontremos con el Señor cara a cara, ya no habrá necesidad de celebrar esta cena, pues ya no será necesario recordar al Señor de esta manera.

Por tanto, celebramos la cena del Señor para recordar al Señor y anunciar Su muerte hasta que Él venga. La cena del Señor es para hacer memoria de Él. Esperamos que los hermanos y hermanas fijen sus ojos en Él desde el inicio de su vida cristiana. Si uno recuerda al Señor, espontáneamente recordará también Su muerte y, al hacerlo, espontáneamente fijará su mirada en el reino, cuando el Señor regrese y nos reciba a Sí mismo. La cruz siempre nos conduce a Su segunda venida; siempre nos lleva a la gloria. Cuando recordemos al Señor, tenemos que alzar la vista y decir: "Señor, anhelo ver Tu rostro; cuando vea Tu rostro, todo lo demás se desvanecerá". El Señor anhela que le recordemos. Él desea que anunciemos Su muerte de continuo y que la proclamemos hasta que Él venga.

III. EL SIGNIFICADO DE LA MESA DEL SEÑOR

En el décimo capítulo de 1 Corintios encontramos otra expresión para referirse a la reunión del partimiento del pan. No se refiere a ella como una cena sino como una mesa. Como cena que fue instituida en la víspera de Su muerte, esta reunión tiene como fin recordar al Señor y anunciar Su muerte hasta que Él regrese, pero esto es sólo un aspecto de la reunión del partimiento del pan. Esta reunión tiene otro aspecto, el cual es representado por *la mesa* del Señor (v. 21). El significado de la mesa del Señor se halla claramente definido en los versículos 16 y 17, que afirman: "La copa de bendición que bendecimos, ¿no es la comunión de la sangre de Cristo? El pan que partimos, ¿no es la comunión del cuerpo de Cristo? Siendo uno solo el pan, nosotros, con ser muchos, somos un Cuerpo; pues todos participamos de aquel mismo pan". Aquí se hallan implícitas dos cosas: comunión y unidad.

A. Comunión

El primer significado de la mesa del Señor es la comunión. "La copa de bendición que bendecimos, ¿no es la comunión de la sangre de Cristo?". ¿No compartimos acaso la copa del Señor cuando recordamos al Señor? En esto consiste la comunión. El capítulo 11 de 1 Corintios se refiere a la relación que hay entre los discípulos y el Señor, pero el capítulo 10 hace referencia a la relación que existe entre los santos. La cena tiene como finalidad recordar al Señor, mientras que la mesa es para que nosotros tengamos comunión mutua los unos con los otros. "La copa de bendición que bendecimos, ¿no es la comunión de la sangre de Cristo?". Aquí no solamente se recalca beber de la sangre de Cristo, sino también la común participación en esta sangre. A esta común participación la llamamos comunión.

En la frase "la copa de bendición que bendecimos" la palabra *copa* está en singular. La copa de la cual se habla en Mateo 26:27 también está en singular y, según el texto original, se traduce: "Y tomando la copa, y habiendo dado gracias, les dio, diciendo: Bebed de ella todos". Es debido a esto que no nos parece correcto utilizar muchas copas, pues una vez que hay más de una copa, el significado cambia. La copa que bendecimos, ¿no es la comunión de la sangre de Cristo? Todos recibimos de la misma copa. Así pues, el significado de tener la misma copa es comunión. Si no disfrutamos de intimidad entre nosotros, ciertamente no podremos beber de la misma copa, no podremos sorber del mismo vaso. Los hijos de Dios beben de la misma copa. Todos beben de la misma copa. Uno toma un sorbo y luego otro toma otro sorbo. Somos muchos, pero aun así, bebemos de la misma copa. Esto significa comunión.

B. Unidad

El segundo significado de la mesa del Señor es unidad. "El pan que partimos, ¿no es la comunión del cuerpo de Cristo? Siendo uno solo el pan, nosotros, con ser muchos, somos un Cuerpo" (1 Co. 10:16-17). Aquí vemos que los hijos de Dios son uno. En el capítulo 11, cuando se habla del pan, éste tiene un significado distinto del que se menciona en el capítulo 10. El capítulo 11 relata que el Señor dijo: "Esto es mi cuerpo que por vosotros es dado" (v. 24); esto se refiere al cuerpo físico del Señor. En cambio, al mencionarse el pan en el capítulo diez se hace referencia a la iglesia, pues se dice: "Nosotros, con ser muchos, somos un Cuerpo" (v. 17). Nosotros somos el pan, y este pan es la iglesia.

Es necesario que percibamos los diversos aspectos de la mesa del Señor; a saber: la mesa como conmemoración, la mesa como proclamación y la mesa como comunión; además, en la mesa también se ve la unidad. Todos los hijos de Dios son uno de la misma manera que el pan es uno solo. Tenemos un solo pan. Uno parte un pedazo del pan y lo ingiere, otro parte otro pedazo y lo toma. Si todos estos pedacitos que fueron partidos e ingeridos se volvieran a reunir, ¿no tendríamos un solo pan? Si bien este pan es repartido entre nosotros y es ingerido por cada uno de nosotros, todavía sigue siendo un solo pan en el Espíritu. Una vez que el pan tangible es consumido, éste desaparece y es imposible volver a reunir los pedazos que fueron ingeridos, pero, en términos espirituales, el pan sigue siendo uno y es uno en el Espíritu. Cristo, al igual que el pan, es uno en un principio. Mas Dios imparte un poco de Cristo en usted y otro poco en mí. Este Cristo que es uno, ahora se ha dispersado y mora en los muchos miembros. Cristo es espiritual, aunque está disperso, no está dividido; Él sigue siendo uno solo. Dios imparte este Cristo tanto a usted como a mí; mas en el Espíritu, Cristo sigue siendo uno. El pan disperso sigue siendo uno en el Espíritu y no está dividido. Cuando los hijos de Dios parten el pan, no solamente están recordando al Señor, anunciando Su muerte y disfrutando de comunión los unos con los otros; sino que, además, están reconociendo la unidad que existe entre ellos mismos. Así pues, este pan representa la unidad de la iglesia de Dios.

El elemento fundamental de la mesa del Señor es el pan. Este pan es crucial. En un sentido general, este pan representa a todos los hijos de Dios, mientras que, en un sentido particular, representa a los hijos de Dios en una determinada localidad. Si algunos hijos de Dios se reúnen y únicamente tienen conciencia de los allí reunidos, y si su pan únicamente incluye a unos cuantos, dicho pan es demasiado pequeño, no abarca lo suficiente. El pan debe incluir a todos los hijos de Dios de esa determinada localidad y también debe representar a la iglesia en esa misma localidad. Eso no es todo, además el pan debe también incluir a todos los hijos de Dios en la tierra. Tenemos que comprender que este pan proclama la unidad que existe entre los hijos de Dios. Si deseamos establecer nuestra propia iglesia, entonces nuestro pan es demasiado pequeño y no puede representar a toda la iglesia. Si hay una mesa en un determinado lugar, y aquellos que concurren a dicha mesa no pueden afirmar verazmente que: "Nosotros, con ser muchos, somos un Cuerpo", entonces, no podemos participar de ese pan porque dicho pan no constituye la mesa del Señor.

Cada vez que partimos el pan, tenemos que recordar al Señor, y nuestros corazones tienen que estar abiertos a los hermanos y hermanas. Todos los hijos de Dios, siempre y cuando se trate de personas redimidas por la sangre preciosa, se hallan incluidos en este único pan. Es necesario que nuestros corazones sean ensanchados por el Señor, ellos tienen que ser tan grandes como el pan que partimos. Si bien somos muchos, somos un solo pan. Incluso aquellos hermanos y hermanas que no parten el pan con nosotros están incluidos en este pan. Si al partir el pan ignoramos completamente a tales hermanos; entonces nuestro pan no es lo suficientemente grande y nuestro corazón tampoco lo es. Esto no está bien. No podemos albergar el pensamiento de excluir ciertos hermanos y hermanas ni podemos pedirles que se marchen. Este pan no nos permite ser personas estrechas o intolerantes.

Si un hermano que nunca antes compartió el pan con nosotros asiste a la mesa del Señor y es uno que ha sido unido al

Señor, entonces él también forma parte de este pan. ¿Lo recibimos o no? Por favor, recuerden que no somos los anfitriones de este banquete; en el mejor de los casos somos apenas los ujieres. La mesa del Señor no nos pertenece. El Señor establece Su mesa en una localidad bajo el mismo principio en que estableció Su mesa en aquel aposento alto: tal aposento era prestado. Hoy en día, el Señor sólo utiliza un determinado lugar para establecer Su mesa y, por ende, nosotros no podríamos prohibir que otros partan el pan con nosotros, pues esta mesa es del Señor. La autoridad para recibir o no recibir a alguien le pertenece al Señor. Nosotros no tenemos tal autoridad. Nosotros no podemos rechazar a quienes el Señor recibe, no podemos rechazar a ninguno que pertenezca al Señor. Sólo podemos rechazar a aquellos que el Señor rechazó y a aquellos que no pertenecen al Señor. Únicamente podemos rechazar a los que practican el pecado y rehúsan salir del mismo. Simplemente interrumpimos nuestra comunión con tales personas, pues ellas ya han interrumpido su comunión con el Señor. Así como nosotros no podemos rechazar a quienes el Señor recibe, tampoco podemos recibir a quienes el Señor no recibe, o sea, a aquellos que han cesado de tener comunión con el Señor. Por tanto, tenemos que conocer bien a una persona antes de decidir si ella puede ser recibida o no en la mesa del Señor. Debemos ser cuidadosos cuando se trata de determinar si recibimos a alguien en la reunión de partimiento del pan. No podemos ser descuidados al respecto. Lo que hagamos, tenemos que hacerlo en conformidad con el deseo del Señor.

IV. DIVERSOS ASUNTOS RELACIONADOS CON LA REUNIÓN DEL PARTIMIENTO DEL PAN

Finalmente, tenemos que mencionar dos o tres asuntos más. En las reuniones en que partimos el pan debemos preocuparnos especialmente por una cosa: por ser aquellos que ya han sido limpiados por la sangre del Señor, no acudimos a esta reunión para suplicar que seamos lavados con Su sangre. Por ser aquellos que han recibido la vida del Señor, no acudimos a esta reunión para suplicar que se nos imparta Su vida. Por tanto, en esta reunión, deberíamos pronunciar únicamente palabras de bendición. "La copa de bendición que bendecimos".

En realidad, nosotros bendecimos aquello que ya ha sido bendecido por el Señor. La noche en que fue traicionado, "tomó Jesús pan y bendijo ... Y tomando la copa, y habiendo dado gracias" (Mt. 26:26-27). Allí, el Señor únicamente bendijo y dio gracias. Después que el Señor partió el pan, Él y Sus discípulos cantaron un himno (v. 30). La atmósfera de esta reunión debe ser una de bendición y alabanza. En esta reunión, no se exhorta ni se predica. Estaría bien decir algo que se relacione directamente con el Señor, pero tal vez ni siquiera esto sea necesario. Definitivamente cualquier otra clase de predicación es inapropiada (el mensaje en la reunión del partimiento del pan dado por Pablo en Troas, tal como aparece en Hechos 20, constituye una excepción). En esta reunión, debemos limitarnos exclusivamente a elevar acciones de gracias y alabanzas.

Partimos el pan una vez por semana. Cuando el Señor instituyó la cena, Él dijo: "Haced esto todas las veces..." (1 Co. 11:25). La iglesia primitiva partía el pan el primer día de la semana (Hch. 20:7). Nuestro Señor no solamente murió, sino que también resucitó. Recordamos al Señor en resurrección. El primer día de la semana es el día de la resurrección del Señor. En el primer día de la semana, lo más importante es recordar al Señor. Espero que ningún hermano o hermana olvide esto.

Además, es necesario que seamos considerados "dignos" al recordar al Señor. 1 Corintios 11:27-29 dice: "De manera que cualquiera que coma el pan o beba la copa del Señor indignamente, será culpado del cuerpo y de la sangre del Señor. Pero pruébese cada uno a sí mismo, y coma así del pan, y beba de la copa. Porque el que come y bebe, sin discernir el cuerpo, juicio come y bebe para sí". Es, pues, de mucha importancia que, al venir a la mesa, recordemos que es necesario ser considerados dignos. Esto no se refiere a si una persona es digna o no, sino, más bien, se refiere a si su actitud hacia la mesa es digna. Si una persona pertenece al Señor, le es permitido participar del pan. Si una persona no le pertenece al Señor, no puede participar del pan. Por tanto, no es una cuestión de si *la persona* es digna o no. Sino más bien, es cuestión de la actitud que ella tiene hacia la mesa. Es incorrecto que nosotros seamos descuidados y no manifestemos discernimiento del Cuerpo cuando participemos de Él. Es por eso que el Señor desea que nosotros tengamos el discernimiento apropiado. Si bien no es un problema que atañe directamente a nuestra persona, tenemos que comprender que participamos del cuerpo del Señor cuando comemos el pan. Por ello, nuestra actitud no debiera ser una de despreocupación, descuido, menosprecio o ligereza. Tenemos que tomar el pan de una manera que sea digna del cuerpo del Señor. El Señor nos ha dado Su sangre y Su carne. Nosotros debemos recibir tales elementos, así como recordar al Señor con la debida devoción.